S.F.
V.

Elizabeth Hardwick

Verführung und Betrug

Frauen und Literatur

Essays

Aus dem Amerikanischen von
Elfi Brandenburger

S. Fischer

Die amerikanische Originalausgabe
erschien unter dem Titel
»Seduction and Betrayal«
im Verlag Random House, Inc., New York

Satz: Wagner GmbH, Nördlingen
Druck und Einband: Franz Spiegel Buch GmbH, Ulm
Printed in Germany 1986
ISBN 3-10-029904-2

Für meine liebe Freundin Barbara Epstein

Inhalt

Die Brontës

Die Karrieren der drei Brontë-Schwestern – Anne, Charlotte und Emily – verliehen der ganzen Familie eine Art von Ewigkeit. Die Exzentrizitäten des Vaters, sobald sie durch den Ruhm der Töchter der näheren Untersuchung anheimfielen, erwiesen sich als so facettenreich, daß sie einen guten Vorrat an Anekdoten hergaben. Über ihnen, wie über der ganzen Familie, liegt immer ein leiser Zweifel, was Wahrheit und was Erfindung war.

Pastor Brontë war ein gescheiterter Schriftsteller. Er hatte die *Cottage Poems* (Katen-Gedichte) und *The Rural Minstrel* (Der ländliche Spielmann) veröffentlicht, und er besaß sicher die seßhaften Gewohnheiten und ein breites Spektrum von Eigenheiten, die einer literarischen Karriere hätten hilfreich sein können; aber vielleicht war der ehrenwerte Pastor nicht in der Lage, genug von außen aufzunehmen, um seine Kunst zu nähren. Er trug eine Pistole mit sich herum und verschaffte sich manchmal, wenn er wütend war, Erleichterung, indem er durch die offene Tür hinausschoß. Nach einem Gerücht zerschnitt er einmal eines der Seidenkleider seiner Frau, um seinen strengen Maßstäben von Einfachheit und Ernst Genüge zu tun. Was ihn selbst betraf, leugnete Pastor Brontë jeden Anspruch auf Extravaganz und sagte: »Ich streite nicht ab, daß ich ein wenig exzentrisch bin ... Aber unterschiebt mir nicht, daß ich in meinem Zorn Teppiche verbrenne, Stühlen den Rücken absäge und die Seidengewänder meiner Frau zerreiße.«

In der Brontë-Familie gab es fünf Töchter und einen Sohn, und unglücklicherweise setzte der Vater seine Hoffnungen auf den Sohn, Branwell. Nur zufällig wissen wir von Menschen wie Branwell, die für die Kunst bestimmt scheinen, unfähig, etwas anderes zu tun, und die doch nicht das Talent haben, die Zähigkeit oder die Disziplin, eine kreative Anstrengung durchzuhalten. Mit großen Hoffnungen und unter einem bitteren finanziellen Opfer wurde Branwell nach London geschickt, um an der Akademie Malerei zu studieren. Es war eine elende Erfahrung für ihn, und er scheint seine unzureichende Vorbereitung, seine geringe Überzeugung, seinen schwankenden Willen selbst gespürt zu haben. Er betrat die Schule erst gar nicht, gab seine Einführungsbriefe nicht ab und verschwendete sein Geld beim Gin in den Tavernen. Schließlich blieb ihm nichts, als heimzukehren und vorzugeben, er sei beraubt worden.

Einer Geschichte zufolge besuchte der arme Branwell die National Gallery und verzweifelte angesichts der großen Gemälde dort an den eigenen Talenten. Das ist nur schwer zu glauben, denn das Beispiel der Großen wirkt selten abschreckend auf die Mittelmäßigen. Wie auch immer, nichts deutet darauf hin, daß es Branwell an Eitelkeit oder ausgreifenden Vorstellungen von der eigenen Wichtigkeit fehlte. Auch machten die Schwierigkeiten, die in Branwells Wesen lagen, alle weiteren Hindernisse unnötig. Er war hysterisch, süchtig, genüßlerisch. Sehr früh gab er sich dem Alkohol und dem Opium hin; seine wilden Anfälle und sein Elend zerstörten den Frieden der Familie, banden ihre Energien an sich und deprimierten sie. Man mußte mit ihm reden, mußte ihn bewachen, besänftigen und schützen – und nichts half wirklich. Branwell zerstörte sein Leben mit Drogen und Alkohol und starb im Alter von einunddreißig an einer Lungenentzündung.

Vielleicht findet sich das wahre Vermächtnis von Branwell an die Welt in der ungewöhnlichen Gewalt der Gefühle, in der sorgfältig ausgeführten Sprache der Bitterkeit und Frustration von *Die Sturmhöhe*. Es liegt nicht fern, den Ursprung eines Teils von Heathcliffs rasender Enttäuschung und seines Ekels in Branwells erregter Wehleidigkeit und

seinem Gefühl, vom Leben betrogen worden zu sein, zu suchen. Emily Brontë nahm ihrem Bruder gegenüber eine Haltung stoischen Mitleids und beschützender Aufmerksamkeit an. Charlotte andererseits verzweifelte über seinen Verfall, war tief verstört über seine Schwächen und verurteilte ihn wegen der Qualen, die er dem Haushalt auferlegte. Es ist bezeichnend, daß Charlotte darauf bestand, Branwell habe nichts von der Veröffentlichung der Gedichte seiner Schwestern, noch von der Komposition von *Die Sturmhöhe, Jane Eyre* und *Agnes Grey* gewußt. Sie schrieb: »Mein unglücklicher Bruder erfuhr nie, was seine Schwestern in der Literatur getan hatten – ihm war nicht bewußt, daß sie jemals eine Zeile veröffentlicht hatten. Wir konnten ihm von unseren Bemühungen nichts mitteilen, da wir fürchteten, ihm zu große Gewissensbisse um die eigene verschwendete Zeit und die weggeworfenen Talente zu bereiten.«
Dennoch, trotz allem Scheitern und allen Lastern interessierte Branwell die Leute immer. Das Wissen um seinen vielversprechenden Anfang und sein Scheitern schien sich schon früh zu verbreiten. Matthew Arnold schloß ihn in sein Gedicht »Haworth Kirchhof« ein, das er 1855 schrieb, dem Jahr von Charlotte Brontës Tod und zwei Jahre vor Mrs. Gaskells Biographie. Über Branwell sagte er:

O Junge, schläfst du hier, schlaf wohl:
Auch auf dich die Muse
Warf ein Lächeln früh;
Doch irgendein Schatten, dunkel,
(Ich weiß nicht was) trat in dich ein.

Das Auftauchen der Brontë-Schwestern in der Literatur ist in jeder Hinsicht ein glücklicher Umstand, und nichts ist leichter als sich vorzustellen, alle drei wären unbekannt gestorben, ihr Werk verloren. Der Vater wurde vierundachtzig, aber unter den Kindern erschien Charlottes Überleben bis zum Alter von neununddreißig fast wie ein Wunder. Nicht einmal sie, und sicherlich nicht ihre Schwestern, hatten die Möglichkeit, das zu tun, was sie hätten tun können. Dies ist in Emilys Fall besonders schmerzlich. *Die Sturmhöhe* hat eine durchgehaltene Brillanz und Originalität, die kaum zu erklären ist. Das ist eine ganz andere Ebene der Gestaltungskraft und Inspiration als ihre Lyrik; das Grandiose und die Kompliziertheit des Romans machen einem den Sprung bewußt, der ihr möglich gewesen wäre, hätte sie gelebt.

Sie sind eine seltsame Gruppe, die Brontës, niedergeschlagen durch eine anhaltende Erfahrung des Katastrophalen. Der Erfolg von *Jane Eyre,* Charlottes Ruhm, war mit grimmiger Entschlossenheit, mit Hartnäckigkeit erworben. Sie hatte für ihre Unabhängigkeit nicht als ein erregendes Erlebnis sondern als Notwendigkeit gekämpft, eine Art Lebensmittel, um Alltagskörper und -seele zu erhalten. Literarische Arbeit und die Gegenwart der anderen waren der Trost im Pfarrhaus von Haworth. Sicher gab es aufgrund der Gefahren, durch die sie gegangen waren, des Todes von Mutter und zwei älteren Schwestern, eine Familiennähe. Haworth war ein Asyl; aber was sie hielt, war zum Teil negativ: es war zumindest besser, die Freiheit und Vertrautheit der Familie zu haben, als das unterdrückte Leben, das die Gesellschaft besitzlosen, intellektuellen jungen Frauen bot.

Die Betrachtung des Lebens der Brontës hinterläßt in einem ein verwirrendes Gefühl des Unerwarteten und Paradoxen in ihrer Existenz. In ihm verbinden sich Einfachheiten und Übertreibungen, Isolation und die Anziehungskraft skandalöser Situationen. Sie sind sehr ernste, verletzte, sehnsüchtige Frauen, die sich der ganzen Romantik der Literatur und ihrer eigenen Zerbrechlichkeit und ihres Leidens bewußt sind. Sie meinten es ernst, wenn sie von der Bedrohlichkeit des wirklichen Lebens sprachen. Romantik und Entbehrung gehen in ihren Romanen Hand in Hand. Still und unterdrückt mögen die Schwestern gewesen sein, aber ihren Lesern war die beunruhigende Unterströmung intensiver sexueller Phantasie sofort offenkundig. Einsamkeit und Melancholie schienen in ihren Gefühlen mit ungewöhnlicher Energie und Zielstrebigkeit abzuwechseln.

In den Romanen von Charlotte und Anne sind die sozialen Kräfte mit großer Sicherheit erfaßt; aus ihrer eigenen Erfahrung verstanden sie, daß die Unabhängigkeit für das Wesentliche des Geistes und das Gefühl für sich selbst auch zerstörerisch sein kann. In *Die Sturmhöhe* kämpfen die Gestalten mit einer inneren Tyrannei, mit einer psychischen Falle, die gefährlicher ist als die Grausamkeit der Gesellschaft. Die Gestalten leben von sich selbst und voneinander. Sie sind für sich, ohne Beziehung zu irgendetwas außer ihnen Liegendem. Die jungen Leute der beiden Familien haben nur die Falle, die sie füreinander sind, und die Tyrannei der Vergangenheit. Der Strom der Existenz hat keine Landschaft und kein Detail. Im gleichen Sinn sind die Schauplätze, die Heide, die Häuser, spirituelle Orte. Es gibt da eine Dürftigkeit der Schilderung, obwohl die Atmosphäre eines Schauplatzes sehr stark ist, wie die einer Zelle oder eines Kerkers. Die Heidelandschaften liefern die Isolation, die Einsamkeit und die Ferne, die der Geschichte wesentlich sind. So ist sogar die Natur negativ, sie dient dazu, den Gestalten die Erwartungen normaler Gesellschaft fernzuhalten, die Erwartung der Verbundenheit mit anderen. Es ist eine geschaffene, vorgestellte Welt, den Gouvernantenromanen der anderen Schwestern so fern wie nur möglich.

Die Catherine der *Sturmhöhe* ist nihilistisch, verwöhnt, gelangweilt, ruhelos, voller Sehnsucht nach ihrer Kindheit, äußerst schwierig. Sie hat den Zauber eines unberechenbaren schizophrenen Mädchens, aber sie hat wenig zu geben, da sie selbstsüchtig, hochmütig und destruktiv ist. Interessant und modern ist für uns, daß Emily Brontë Catherine die Hauptrolle neben dem rauhen, brutalen Heathcliff gegeben hat. In einem Roman von Charlotte oder Anne wäre Cathy eine oberflächliche Schönheit; eine vernünftige, kluge und unglückliche Heldin hätte sie analysiert und wäre an ihr verzweifelt. Sie wäre nur für eine Nebenhandlung geeignet gewesen. Auch findet sich da ein unromantischer, getriebener Egoismus in den Gestalten, ein Mangel an moralischem Bedürfnis, die im Werk der Tochter eines Geistlichen seltsam sind.

Emily Brontës Lyrik ist beengt durch ihre Kirchenliedsrhythmik und eine recht schmale und provinzielle Vorstellung davon, wie sie die ihr eigenen Visionen umsetzen sollte. Die Romanform setzte in ihr einen neuen, explosiven Geist frei. Die Forderungen der Form, der Schauplatz, die Vervielfachung der Geschehnisse, die Notwendigkeit, die Byron'schen Hauptgestalten, Cathy und Heathcliff, mit dem Prosaischen zu umgeben – den Hunden, den Ehemännern, den Familiendienern, Schwestern und Häusern –, die faktischen Elemente heben die traumgleichen, zwanghaften Gestalten, geben ihnen Leben. Die Handlung von *Die Sturmhöhe* ist ungeheuer kompliziert, und doch gibt es in ihr die gelungenste Einheit von Autor und Gegenstand. Es gibt nichts, was mit diesem Roman in seiner Wut und seinen Wütereien, seiner Unzufriedenheit und zornigen Ruhelosigkeit wirklich zu vergleichen wäre.

Die Sturmhöhe ist die Geschichte einer Jungfrau. Die Eigenart des Buches liegt in der Schroffheit der Charaktere. Cathy ist so hart, gleichgültig und zerstörerisch wie Heathcliff. Auch sie ist von Natur sadistisch. Die Liebe der beiden zueinander ist die Sehnsucht nach einer unmöglichen Vervollständigung. Tröstliches taucht nicht auf; nichts im häuslichen oder selbst im sexuellen Leben scheint in diesem Buch irgendeine Bedeutung zu haben. Emily Brontë stand anscheinend in jeder Hinsicht dem Bedürfnis nach Liebe oder Gemeinschaft, das das Leben ihrer Schwestern quälte, gleichgültig gegenüber. Wir suchen in ihrer Biographie nicht einmal, wie bei Emily Dickinson, nach einem Liebhaber, denn es ist unmöglich, sie mit einem Mann in Verbindung zu bringen, mit einer geheimen, schmerzlichen Leidenschaft für einen jungen Pfarrer oder Lehrer. Da ist in ihr ein kärgliches, unberührtes Zentrum, eine härtere Resignation, die schließlich einem Rückzug gleichkommt.

Die Brontë-Schwestern besaßen die Konzentration und Energie, die die großen literarischen Karrieren des neunzehnten Jahrhunderts auszeichneten. Als *The Professor* die Runde bei den Verlegern machte, beendete Charlotte *Jane Eyre*. Die Veröffentlichung der *Gedichte von Currer, Ellis und Acton Bell* war nur gerade noch eine Publikation. Ein Jahr später waren zwei Exemplare verkauft, und das Buch bekam nur wenige verstreute, unwichtige Besprechungen. Dennoch, es war ein Hervortreten, ein Ereignis, etwas Aufregendes. Emily hatte sich anfangs einer Veröffentlichung widersetzt und war so zurückhaltend in ihren Äußerungen über den Mißerfolg des Buches, daß wir ihre wirklichen Gefühle nicht ermessen können. Keine Entmutigung konnte die Schwestern davon abbringen, die Arbeit an einem Roman, jede an ihrem, zu beginnen. Die praktische Seite der Veröffentlichung, die Fahnen, die Briefwechsel mit Lektoren, die Ernsthaftigkeit des öffentlichen Auftretens als Autorinnen, war ein unendlich bedeutsamer Ausbruch aus der Isolation und Ungewißheit ihres Lebens.

Die Brontës hatten immer einen Sinn für Leistung, auch für die frühen, heimischen Leistungen ihrer Angria- und Gondalhandlungen und -gestalten. Und einige von ihnen empfanden recht früh, daß ihre Talente mit Recht die Aufmerksamkeit der Welt beanspruchen konnten. Branwell schrieb anmaßende Briefe an den Herausgeber von *Blackwell's Magazine:* »Halten Sie Ihre Zeitschrift für so vollkommen, daß es weder möglich noch wünschenswert wäre, seiner Kraft etwas hinzuzufügen?« Wordsworth schickte er eine Notiz, in der er andeutete: »Sicherlich kann es nicht anders sein, als daß in diesen Tagen, da es keinen Dichter gibt, der einen Heller wert ist, sich alle Türen öffnen, wenn ein besserer Mann hervortritt.« Wordsworth bemerkte die Mischung aus »plumper Schmeichelei« und »reichlicher Mißachtung« und antwortete nicht.

Charlotte schickte ein paar Gedichte an Southey. Er war nicht unhöflich, unterbreitete ihr aber die Ansicht: »Literatur kann nicht das Geschäft eines Frauenlebens sein und sollte es nicht sein. Je mehr sie von den ihr zukommenden Pflichten beansprucht ist, desto weniger Muße wird sie dafür haben, selbst als Unterhaltung und Entspannung.«

Eine absolute Notwendigkeit trieb die Brontë-Schwestern an. Sie waren arm, vollständig davon abhängig, daß ihr Vater an seiner Stelle blieb, und ohne jede Hoffnung, sollte er sterben. Sie empfingen eine kleine Erbschaft nach dem Tode ihrer Tante Brackwell, und sie betrachteten dieses Einkommen mit Ehrfurcht und intensiver Dankbarkeit. Aber das war in keiner Hinsicht ein Lebensunterhalt. Die Schwestern waren nicht schön, aber ihr Äußeres kann kaum als eine wirkliche Belastung bezeichnet werden. Ihre Wesensart, die Narben, die der Tod von Mutter und Schwestern hinterlassen hatte, ihr Intellekt und ihre Armut standen einer Heirat im Wege.

Vielleicht belastete auch eine gewisse Enttäuschung über Vater und Bruder ihr Gemüt. Branwells Unvollkommenheiten waren groß und unvergeßlich; die des Vaters waren weniger greifbar. Er war kein Felsen – jedenfalls keiner von der richtigen Art. Als Charlotte schließlich seinen Vikar heiratete, weigerte er sich, die Zeremonie zu vollziehen und entzog sich von da an allen Ernstes ganz der Pflicht, Ehen zu schließen. Der Brontë-Haushalt war in Wirklichkeit der Haushalt von Frauen, von lebenden und toten. Das Gefühl, auf sich selbst angewiesen zu sein, war ihnen von sehr früh an vertraut. Jede der Schwestern empfand das Gewicht der Verantwortung scharf und bis auf den Grund.

Die Sorgen, die verarmte Frauen aus guter Familie im neunzehnten Jahrhundert quälten, können kaum übertrieben werden. Sie waren von der natürlichen Gemeinschaft der bäuerlichen Klasse abgeschnitten. Die Welt der Tess von den D'Urbervilles ist – bei all ihrem Elend und ihrer Ungerechtigkeit – offener, wärmer und lebhafter als die engen, ängstlichen Tage des Nähens am Kamin, mit denen die bürgerlichen Frauen ihr Leben verbrachten. Anstandsdamen, sinnlose Verhaltensregeln und Tätigkeiten verzehrten die Energien intelligenter, bedürftiger Frauen. Das Schlimmste von allem war die Verachtung der Gesellschaft für ihre ungeheure Anstrengung zu überleben. Ihre Lage war unehrenhaft, aber ihre Versuche, sie zu bewältigen, wurden auch nicht gebilligt. Die Demütigungen, die sie in ihrer Arbeit des Überlebens erlitten, bilden ein großes Teil des authentischen Stoffes in den Romanen von Charlotte und Anne Brontë.

Es ist wahrscheinlich, daß es ein ständiges gesellschaftliches Absinken unter den verzweifelten Töchtern mittelloser Landedelleute gab, die sich mit den ärmeren Klassen verbanden. Und einige beschlossen, nach oben zu kommen, wie Thackerays Becky Sharp, die Tochter eines haltlosen Malers und einer Opernsängerin. Becky Sharp besaß »die elende Frühreife der Armut« und die unbekümmerte Gerissenheit der Welt der Bohème. Sie sagte von sich selbst, sie sei nie ein Mädchen gewesen: »... sie war eine Frau, seit sie acht Jahre alt war.« Becky Sharp ist das vollkommene Gegenbild zu Jane Eyre und Lucie Snowe, der Heldin von Charlotte Brontës *Villette,* zwei Mädchen mit einem fast alles auslöschenden Sinn für ihre Bestimmung und ihre Verantwortung. In den Brontë-Schwestern findet man einen unverwechselbar hohen Anspruch und schwaches Temperament; sie erhielten sich etwas vom Methodismus ihrer Mutter und der Tante, die sie aufzog. Selbst Branwell mit seinen flammenden Schwelgereien ist der Typ des Pfarrerssohnes, der an die Stelle jedes Verbots eine Ausschweifung setzte.

Charlotte Brontë schrieb: »Niemand außer jenen, die als Gouvernante gearbeitet haben, könnte je die dunkle Seite der menschlichen Natur angesehener Menschen erkennen; unter keiner großen Versuchung zum Verbrechen, aber täglich der Selbstsucht und der Übellaunigkeit ergeben, bis ihr Verhalten gegenüber denen, die von ihnen abhängig sind, auf eine Tyrannei hinausläuft, unter der man lieber leidet, als daß man sie ausübte.« Die Gesellschafterin einer Dame zu sein, war für eine junge Frau noch schlimmer; die Launen und der Müßiggang der Alten fielen wie ein Leichentuch auf die Jungen.

Schulen hatten auf die Brontë-Kinder immer traumatisch und sogar tödlich gewirkt. Die beiden älteren Töchter, Maria und Elizabeth, wurden auf eine Schule für Töchter der Geistlichkeit geschickt, eine Institution, die gezielt für Mädchen wie sie geschaffen worden war, die damit rechnen konnten, sich alleine durchbringen zu müssen. So wohlbekannte Leute jener Zeit wie Wilberforce und Hannah More förderten und finanzierten sie. Aber die Schule war nichtsdestoweniger ein grausamer Ort – kalt, mit unzulänglichem, schmutzigem Essen und überforderten, tyrannischen Lehrern. Die Kindern mußten lange, eiskalte Wanderungen zur Kirche auf sich nehmen und saßen den ganzen Tag in ihren kalten, feuchten Kleidern. Die Tuberkulose, die die Schule verseuchte, führte zum Tod von Maria, als sie zwölf, und Elizabeth, als sie elf war. Emily und Charlotte waren erst sechseinhalb und acht Jahre alt, als sie zu ihren älteren Schwestern in die Schule gingen. Sie sahen in Schrecken und tiefster Empörung mit an, wie die älteren Mädchen erkrankten und nach Hause geschickt wurden, um zu sterben.

Die Mutter der Brontës war an Krebs gestorben, nachdem sie in sieben Jahren sechs Kinder zur Welt gebracht hatte. All dieser Kummer und all diese Verluste formten die Charaktere der Überlebenden: den religiösen Ernst Annes; das

zurückgezogene, eigentümliche Wesen Emilys; die stoische Entschlossenheit Charlottes.
Für die Schwestern und selbst – nach seinem Scheitern als Maler – für Branwell schien das Leben nichts zu bieten außer der Stelle einer Gouvernante oder eines Hauslehrers in einem privaten Haushalt. Das war ein hartes Schicksal. Die Kinder nutzen aus und quälen; die Eltern nutzen aus und ignorieren. Die soziale und familiäre Position einer Gouvernante war verschwommen und führte zu schmerzlichen Gefühlen des Ressentiments, des Neides, oder einer bitteren Resignation. Die jungen Frauen, die in die Häuser der Wohlhabenden gingen, um dort zu arbeiten, waren klug und ungeschützt; die eine Eigenschaft schien ihre Schutzbefohlenen und Arbeitgeber ebenso aufzustacheln wie die andere.
Die Lehrerin-Gouvernante im Roman neigt – aufgrund des intimen Familienschauplatzes, an dem sie ihr einsames Leben lebt – dazu, in einen fast hysterischen, unterdrückten Erotizismus zu verfallen. Henry James bemerkte die Tendenz der Gouvernante, »sich leicht hinreißen zu lassen.« Sowohl Jane Eyre als auch Lucy Snowe sind überlegene, begabte Mädchen, sehr wie Charlotte Brontë selbst. Sie sind belesen, offen, skeptisch, neigen zum Moralisieren und dazu, ermüdende und geduldige Anstrengungen zu unternehmen, um ihre Selbstachtung und Unabhängigkeit zu wahren. Sie sind schutzlos, dem Schicksal preisgegeben und doch in ihrem Wesen von offensichtlich hoher Qualität, die sich in einem schroffen Talent für schneidende, schlagende Erwiderungen zeigt. Unter der strengen Oberfläche sind sie tief romantisch, voller Sehnsüchte und leiden an Alpträumen. Sie empfinden ein drückendes, schmerzliches Verlangen nach Liebe, und doch arbeiten sie hart daran, sich in die Wahrscheinlichkeit zu fügen, daß sie ein der so sehr gesuchten Wärme entbehrendes Leben werden führen müssen. Verlangen und Sublimierung spielen wie ein schwankender Lichtschein auf ihrem unruhigen Bewußtsein. Unter diesen

Schmerzen werden sie zu scharfen Beobachterinnen, immer sehr darauf bedacht, die drohende Verzweiflung zu kontrollieren und zu bändigen.

Man konnte hoffen, aus der Position einer bescheidenen Gouvernante in einem Privathaushalt zum Lehramt in einem Internat aufzusteigen. Und darüber hinaus gab es den Wunsch, selbst eine Schule zu besitzen – das war die Hoffnung der Brontës, als sie sich ihrem Geldmangel und dem Mangel möglicher Ehemänner gegenübersahen. Emily haßte alles, was mit der Frauenerziehung, wie sie sie zu ihrer Zeit kannte, zu tun hatte, und erblickte in der Freiheit und Vertrautheit ihres Heims eine Zuflucht von der Schule. Selbst für Charlotte war der Gedanke einer eigenen Schule nur ein Ziel, nicht aber die Sehnsucht ihres Herzens. Sie war eine schwere Belastung, die man nur im Vergleich mit anderen Möglichkeiten als vorteilhaft ansehen konnte.

Von Gouvernanten wurde erwartet, daß sie den Kindern eine oberflächliche Ausbildung zuteil werden ließen, aber ihnen wurde in der Regel nicht die Autorität oder der Respekt zugestanden, der diese Ausbildung möglich gemacht hätte. In Anne Brontës Roman *Agnes Grey* sind die jungen Schüler so grausam und selbstsüchtig, daß man das Buch als übertrieben ansah. In fast der ersten Begegnung mit ihren Schutzbefohlenen wird der Gouvernante eine Falle für Vögel vorgeführt. Als sie dem jungen Schüler seine Grausamkeit vorwirft, ist er ungerührt; sie beruft sich auf die Autorität der Eltern, und der Junge sagt:

> »Papa weiß, wie ich sie behandle (die Vögel), und er hat deshalb nie mit mir geschimpft; er sagt, es ist genau, was *er* gemacht hat, als *er* ein Junge war. Im letzten Sommer hat er mir ein Nest mit jungen Spatzen gegeben, und er hat gesehen, daß ich ihnen die Beine und die Köpfe abgerissen habe und hat nichts gesagt; außer daß sie schmutzige Dinger sind und ich achtgeben soll, daß sie mir nicht die Hosen verdrecken ...«

Schreiben war eine Flucht aus dieser Art von Knechtschaft. Zu ihren ungewöhnlichen Gaben kam hinzu, daß die Gefährdungen der Zukunft in den Schwestern einen bemerkenswerten Professionalismus schufen. Die romantischen Aspekte der Tatsache, daß sie überhaupt etwas vollbrachten, sind übermäßig betont worden, und die praktische, tüchtige, ehrgeizige Veranlagung kommt zu kurz. Notwendigkeit, Abhängigkeit, Disziplin trieben sie unerbittlich an; eine Schriftstellerin zu sein, war ein Lebensunterhalt, ein Überleben, es hieß buchstäblich, am Leben zu bleiben. Sie arbeiteten hart, um ihre Bücher veröffentlichen zu können; sie machten sich viele Gedanken um ihre Verträge, kannten die Kümmernisse und Mißverständnisse des Autorendaseins. Emily war enttäuscht über die geistlose Rezeption von *Die Sturmhöhe;* Charlottes erster Roman, *The Professor*, wurde überall abgelehnt. (Die durchgestrichenen Adressen der Verleger auf dem Manuskript zeigten ihre Ausdauer, auch wenn sie für den Empfänger wenig verheißungsvoll gewesen sein müssen).

Zu dem Professionalismus der Schwestern kam eine in dieser Familie unerwartete Neigung hinzu, Skandale zu verursachen. Charlottes Bücher lösten im Leser ein Gefühl des Unbehagens aus und Empörung bei den Personen und Institutionen im wirklichen Leben, die sie in ihren Geschichten benutzte. In den Handlungsführungen der kleinen Gouvernanten lag ein seltsam rebellischer und erotischer Ton.

Mrs. Gaskells *Das Leben der Charlotte Brontë* ist eine der großen englischen Biographien. Die beiden Frauen waren Freundinnen gewesen, und einige Monate nach Charlottes Tod im Jahre 1855 bat der Reverend Brontë Mrs. Gaskell, Erinnerungen an seine Tochter zu schreiben. Das Buch erschien 1857, und die Autorin fuhr sofort danach in die Ferien nach Rom. Ihre Ruhe wurde bald von Protesten gestört. Klageandrohungen zwangen sie, bei der zweiten Auf-

lage Änderungen und Auslassungen vorzunehmen, und erst fast fünfzig Jahre später lag die Originalfassung wieder vor.
Mrs. Gaskells Ziel war es gewesen, einen wahren Bericht vom Leben ihrer Freundin zu schreiben, mit einiger Betonung von Charlotte Brontës »edlem« Charakter, um den Anklagen der »Gewöhnlichkeit« und einer ungezügelten Emotionalität zu begegnen, die gegen *Jane Eyre* und *Villette* erhoben wurden. Einige Funde unterdrückte sie – der wichtigste darunter war die Wahrheit über Charlottes Erfahrung in Belgien, wo sie sich in einen M. Heger verliebte. Mit anderen Details kam sie sehr direkt heraus, zum Beispiel mit der Wahrheit über die Schule für Töchter von Geistlichen und, wichtiger, mit einem Bericht von Branwells Beziehung oder Liebe zu Mrs. Robinson.
Branwell war als Hauslehrer in den Haushalt der Robinsons eingetreten, wo auch seine Schwester Anne eine Stelle hatte. Er verliebte sich in Mrs. Robinson, und der Gatte warf ihn aus dem Haus. Branwell blieb nichts übrig, als in Liebe und Schande nach Haworth zurückzukehren, erfüllt von ungestümen Sehnsüchten und hysterischen Hoffnungen. Mr. Robinson war um einiges älter als seine Frau und starb bald. Als die Nachricht Branwell erreichte, gestattete er sich zu glauben, daß die Frau, die er liebte, nun nach ihm schicken werde. Stattdessen sandte Mrs. Robinson einen Kurier mit einer ganz anderen Botschaft, einer, die wahrheitswidrig aussagte, daß ihr Gatte ihr nur unter der Bedingung Geld hinterlassen habe, daß sie Branwell nie wiedersehe. Die Nachricht wurde Branwell im »Black Bull« übergeben, und hier ist Mrs. Gaskells Schilderung seiner Gefühle:

> Mehr als eine Stunde verging, bevor man ein Zeichen oder ein Geräusch vernahm; dann hörten die draußen ein Geräusch wie das Blöken eines Kalbes, und als man die Tür öffnete, fand man ihn (Branwell) in einer Art Anfall, der der Stumpfheit des Kummers gefolgt war, in die er gefallen war, als er gehört hatte, daß seine Geliebte ihm

> verboten hatte, sie je wieder zu sehen, da sie, täte er dies, ihr Vermögen verwirke. Sollte sie leben und es sich gut gehen lassen! Er starb, die Taschen gefüllt mit ihren Briefen ... Wenn ich an ihn denke, ändere ich meinen Ausruf zum Himmel. Möge sie leben und bereuen!

Mrs. Gaskell schrieb ihr Werk mit vollkommener Sympathie, mit Erfahrung und Inspiration im Gefühl für das Detail und mit einer Stilsicherheit von höchster Reinheit. Natürlich war es nicht in jeder Hinsicht nur erfreulich. Der Vater hielt es aus, aber er machte eine Liste von Taten und Eigenschaften, die ihm zu Unrecht zugeschrieben waren; Mr. Nicholls, Charlottes Ehemann, war verletzt, daß Mrs. Gaskell Charlottes frühen Mangel an Begeisterung für seinen Heiratsantrag so vollständig enthüllte. Andere haben Emily gegen das ziemlich düstere Portrait der Autorin in Schutz genommen; Bedienstete entwarfen ein froheres und gesünderes Bild der Mahlzeiten in dem Pastorat als das der Biographie. Aus den Zurückhaltungen auf der einen Seite und den unbesonnenen Eröffnungen auf der anderen schuf Mrs. Gaskell sich selbst einige Pein und ließ den Anstrengungen späterer Gelehrter Raum.

Ihre Biographie beschäftigt sich nicht nur mit Charlotte, sondern enthält das Leben der ganzen Familie und wirkte sicherlich – da sie so früh erschien – als enormer Schub für das literarische Schicksal der Schwestern und als Beginn der »Brontë-Story«. Das Buch ist nicht nur ein an sich wundervolles Werk, es hält auch das grundlegende Material fest: die Stadt Keighley, das Haworth-Pastorat, die Anekdoten aus Haus und Schule, die Todesfälle, die Briefe, die bewegenden Begabungen und die harte Arbeit der Schwestern.

Winifred Gérin, eine Brontë-Forscherin unserer Zeit, hat siebzehn Jahre damit verbracht, das Leben der Familie zu studieren, und lebt seit zehn Jahren in Haworth. Sie hat sich ein Mitglied der Familie nach dem anderen vorgenommen: *Anne Brontë* 1959; *Branwell Brontë* 1961; *Charlotte*

Brontë: The Evolution of a Genius 1967, und 1971 in ihrem abschließenden Band: *Emily Brontë*. Der interessanteste dieser Bände ist die Studie über Charlotte Brontë. Sie lebte länger als die anderen, und ihr Leben war ereignisreicher.

Mrs. Gérin tut ihre Arbeit in der tüchtigen und gründlichen Manier der Brontë-Gesellschaft. Sie ist eine Enthusiastin und recht übersprudelnd, traditionell, was Dinge des Stils angeht, und folglich finden wir eine gute Menge über das »geliebte Heideland«. Sie weiß, was man im Moment weiß, und weiß es so sicher, daß sie uns davon überzeugt, alles sei entdeckt, gefunden, zu den Akten genommen. In den Dingen der Interpretation ist sie nicht kühn, sondern neigt mehr dazu, auf bestimmten kleinen Details zu beharren. In *Emily Brontë* entwirft sie ein mystisches, mysteriöses Genie und malt es aus, aber niemand und keine Menge an Tatsachen kann Emily Brontës Charakter Fleisch geben. Es ist fast unmöglich, mit ihr zurechtzukommen, sie sich visuell vorzustellen. In einem Moment – gewalttätiger bei Mrs. Gaskell, gedämpfter bei Mrs. Gérin – schlägt Emily mit nackten Fäusten ihrem Hund auf Augen und Schnauze, um ihn von der Gewohnheit abzubringen, in den ersten Stock hinaufzuschleichen und auf den sauberen Bettdecken ein Schläfchen zu halten. Zu anderen Zeiten ist sie eine ehrfurchtsvolle, pantheistische Grüblerin.

Das Buch macht viel aus den emotionalen Spannungen zwischen Emily und Charlotte. Charlottes Indiskretion, die Gondal-Gedichte zu lesen, als sie sie offen auf einem Tisch liegend auffand, ist für die Freundschaft zwischen den Schwestern in Mrs. Gérins Bericht zerstörerischer als in anderen. Es gibt keinen Zweifel über Emilys Zurückhaltung, ihre zögernden Bedenken, was Veröffentlichungen anging. Dennoch erscheint es lohnend, sich daran zu erinnern, daß sie bei der Vorbereitung des Gedichtbandes half und daß sein Scheitern sie weder davon abschreckte, ihren Roman

Die Sturmhöhe voranzutreiben, noch ihn einem Verleger zuzuschicken und ihm sogar zu schreiben, daß sie an einem weiteren Roman arbeitete – der nie beendet wurde und jetzt verloren ist.

Es ist sehr interessant, wie Mrs. Gérin Emilys Gefühle für Branwell darstellt – die dramatischste und tiefste Emotion ihres Lebens, wenn wir dieses Leben richtig zusammengesetzt haben. Ziemlich überzeugend glaubt sie, daß Emilys linkische, schwierige Natur, ihre eigene Unfähigkeit, für sich ein Leben außerhalb ihres Vaterhauses zu finden, sie geneigter machte, mit der Defensivität und dem Scheitern ihres Bruders zu sympathisieren. Ob ihre Sympathie, die stillschweigende Übernahme der Verantwortung für Branwell, aus dem Fehlen anderer Ansprüche in ihrem Leben kam, wissen wir nicht. Sein Leiden an Mrs. Robinson wurde von der Familie für bare Münze genommen, einer Familie, die ebenso ängstlich beflissen wie er selbst nach einem Rahmen suchte, der seine erschreckende Verwöhntheit ebenso fassen konnte wie sein Abgleiten ins Delirium und die vollständige Ermattung von Körper und Geist. Sie waren willens zu glauben, daß dies eine schicksalhafte Liebe, ein Fluch gewesen war.

Emily Brontës Leben war so eng, wie sie es nur machen konnte; sie bemühte sich sehr, die täglichen gesellschaftlichen Pflichten zu reduzieren, und sie hatte weit weniger Freunde als Charlotte. Sie war nur viermal fort von zu Hause: zweimal während ihrer Internatszeit, einmal als Lehrerin und später mit Charlotte in Brüssel. Alle dieser »Erfahrungen« waren qualvoll und wurden freudig wieder aufgegeben. Ein Teil der Schwierigkeit lag in ihrem unnachgiebigen Wesen. Sie war »stärker als ein Mann, einfacher als ein Kind.« Es gab in Emily Brontë keine Hoffnung auf konventionelles frauliches Verhalten, auf plausible Haltungen und Manieren. In gewisser Weise erscheint sie geschädigter und leidender als ihre Schwestern, mehr als sie zur

Einsamkeit verdammt und zu einer ein wenig erschreckenden Innerlichkeit.

Die Blindheit der Kritiker der *Sturmhöhe* gegenüber ist vielleicht kein ganz unerwartetes Mißgeschick für ein Werk von so brillanter, verstörender Kraft. Der Roman wurde als »unerfreuliche Geschichte« bezeichnet, man erklärte ihn für »düster und trübe«. Ein anderer Rezensent schrieb: »Wir kennen nichts in der ganzen Spannweite unserer Romanliteratur, das solche schockierenden Bilder der schlimmsten Ausformungen der Menschheit darbietet.« Auch wenn die Kraft des Buches und das Neue an ihm anerkannt wurden, nannte man diese Kraft »richtungslos«. Der Roman verwirrte selbst Charlotte Brontë, und in einer Einleitung für eine neue Ausgabe, die nach Emilys Tod aufgelegt wurde, sagte sie: »Ob es richtig oder ratsam ist, Wesen wie Heathcliff zu erschaffen, weiß ich nicht: ich kann es schwerlich glauben.« Die nie nachlassende Spannung von *Die Sturmhöhe* hob sich scharf von Charlottes Mischung aus romantischen Elementen und didaktischem Realismus ab.

Der Gedanke an die letzten Jahre von Emily Brontës Leben ist deprimierend. Sie hörte auf zu schreiben, und nichts ist aus den Jahren 1846 bis 1848, als sie im Alter von dreißig Jahren starb, geblieben. Es ist nicht bekannt, ob sie ihre Aufzeichnungen verbrannte, oder ob Charlotte, zu sehr in den Fesseln ihrer Klarheit und Vernunft, die ungedruckten Texte für nicht erhaltenswert befand. Mrs. Gérin glaubt, daß Emilys »Stimmen« verschwanden. Ihr Werk, das sich stärker auf die Inspiration stützte als das ihrer Schwestern, das weniger der Herrschaft des Willens dienstbar war, mag am Ende sehr wohl in ein Schweigen gemündet sein.

Da war auch ihre verzehrende Hingabe an Branwell. »Lange nachdem die ganze Brontë-Familie tot war, sprach das Dorf noch über Emilys Güte gegenüber Branwell in seinem entwürdigenden Zustand. Es gab sehr viele Geschichten darüber, wie sie nachts wach blieb, um ihn einzulassen, und ihn hinauftrug, wenn er zu betrunken war, um zu gehen.« Branwell war ein Fluch. Er schlief den ganzen Tag und redete die halbe Nacht wüstes Zeug vor sich hin. Einmal, schwer betrunken, zündete er sein Bett an. »Nur zufällig ging Emily an seiner offenen Tür vorbei und sah die Flammen, sie stürzte in die Küche hinunter, um einen Krug Wasser zu holen, noch bevor irgendjemand sonst sich von dem Schock erholt oder den daliegenden Branwell auf die Beine gebracht hatte.« Danach nahm der Vater Branwell nachts zu sich.

Als Branwell starb, ließ sich auch Emily sofort in einem unerklärlichen Sturz auf den Tod zufallen. Sie war nach allem, was berichtet wurde, gesund gewesen, aber sie verließ nach Branwells Bestattung nie wieder das Haus, und drei Monate später war sie tot. Während dieser Zeit sprach sie kaum, lehnte es ab, sich um ihren versagenden Körper zu kümmern. Charlotte war entsetzt über die »große Auszehrung, ihre Atemnot nach jeder Bewegung, ihren rasenden Puls ... ihren erschöpfenden Husten.« Emily wollte von medizinischer Behandlung nichts wissen, gab erst nach, als sie Charlottes fieberhafte Furcht am letzten Tag sah. Als der Arzt schließlich kam, war sie tot.

Charlottes Bericht von Emilys Tod ist tief bewegend:

> »Emilys Erkältung und ihr Husten sind sehr hartnäkkig ... Ihre zurückhaltende Natur bereitet mir große Sorge und Unruhe. Es ist zwecklos, sie zu befragen; man bekommt keine Antworten. Es ist noch zweckloser, Heilmittel zu empfehlen; sie werden nie angenommen ... Niemals in ihrem ganzen Leben hat sie vor einer Aufgabe gezaudert, die vor ihr lag, und sie zauderte auch jetzt nicht. Sie sank schnell. Sie beeilte sich, uns zu verlassen. Ich habe nie dergleichen gesehen; aber, in der Tat, ich habe nie ihresgleichen gesehen.«

Es mag in Emilys Wesen ein Hang zum Selbstmord gelegen haben. In ihren Gedichten und in ihrem Roman erscheint der Tod vollkommener als das Leben; er liegt vor uns als die letzte Freiheit. »So freue dich, für die, die leben, denn sie leben, um zu sterben ...«

Als Mrs. Gaskell ihre Lebensbeschreibung von Charlotte Brontë vorbereitete, fuhr sie nach Brüssel, um die Familie Heger zu befragen. Mme. Heger weigerte sich, sie zu treffen, aber sie sprach mit M. Heger und – das nimmt man an – sah die Liebesbriefe, die Charlotte ihm geschrieben hatte. Weder die Gefühle noch die Briefe nahm sie in ihre Schilderung Charlottes auf, obwohl die Verliebtheit, das tiefe Leid, das sie durch diese Liebe erfuhr, zentrale Erfahrungen in Charlotte Bontës Leben und in ihrem Werk waren. Vielleicht hatte Mrs. Gaskell ihr Wort gegeben, den Inhalt der Briefe nicht zu enthüllen; wahrscheinlicher ist, daß es ihr eigener Respekt vor Charlotte war, Sorge um das »Bild« der Autorin, was sie dazu brachte, über die ganze Angelegenheit schnell und schonend hinwegzugehen. Das ließ Raum für spätere Goldgräber, und von ihnen erfährt die Liebesaffäre all die Aufmerksamkeit, die Mrs. Gaskell ihr verweigerte.

Winifred Gérins Biographie geht am ausführlichsten auf die Jahre in der Brüsseler Schule ein. Die unterdrückten und dann wiedergewonnenen Briefe sind vor allem interessant als Bild der jammervollen emotionalen Anspannung eines jungen unerfahrenen Mädchens, das versucht, sich auf die eigenen Beine zu stellen. Ansonsten liest sich die Geschichte von Charlotte Brontës Briefen wie irgendeine unglückliche, phantastische Wendung in einer ihrer Romanhandlungen. Es sind sehr ernste, quälende Dokumente, überhitzt, verzweifelnd und intensiv empfunden.

Daß die Briefe überhaupt existieren, ist seltsam. Man sagt uns, daß M. Heger, angeblich ganz ohne Schuld oder Interesse an Charlottes Leidenschaft, die Briefe zerriß und in den Papierkorb warf. Aus irgendeinem Grund holte seine Frau, die Charlotte prompt und mit Festigkeit aus dem Haus wies, als sie deren Verliebtheit spürte, die armen Briefe wieder heraus und klebte sie haushälterisch zusammen. Mrs. Gérin geht von dem merkwürdigen Einfall aus, daß sie das tat, um »Beweismaterial« in die Hand zu bekommen, aber es ist unmöglich, eine Notwendigkeit für Beweise in einem Fall zu erkennen, der immer als einseitig dargestellt wird – das heißt, als eine tiefe, leidenschaftliche Verliebtheit Charlottes in einen Mann, der nicht das geringste Interesse an ihr hatte und ihr nie Hoffnung machte. Wie auch immer, 1913 übergab der Sohn M. Hegers die Dokumente dem Britischen Museum.

Charlotte und Emily Brontë gingen nach Belgien, um Französisch und andere Fächer zu studieren, um sich auf ihre Zukunft als Lehrerinnen vorzubereiten. Emily blieb nur ein Jahr und kehrte, als ihre Tante starb, bereitwillig zurück, um ihrem Vater den Haushalt zu führen. Charlotte ging für ein zweites Jahr in das Pensionnat Heger zurück, wo sie beide Schülerinnen gewesen waren – dieses Mal aber als Lehrerin für Englisch. In ihrer Entscheidung, dorthin zurückzukehren, spielte eine gequälte Faszination von M. Heger sicher eine Rolle, vielleicht sogar die Hauptrolle. Sie schrieb darüber: »Ich kehrte nach Tantes Tod gegen mein Gewissen nach Brüssel zurück, angetrieben von einem damals unwiderstehlichen Impuls. Ich wurde für meine selbstsüchtige Narrheit mit dem totalen Fehlen von Glück und innerem Frieden auf mehr als zwei Jahre bestraft.«

Die Liebe zu M. Heger bereitete den Boden für die emotionale Intensität und Bedenkenlosigkeit in Charlotte Brontës Romanen. Bis zum Äußersten erfuhr sie eine tiefe, verletzende Frustration. Die Sinnlosigkeit ihrer Liebe, die schreckliche Unrichtigkeit und Unerreichbarkeit ihres Gegenstandes, erwies sich als eine der Quellen des Schmerzes, die zugleich Ursprünge des Wissens sind. Ihr Elend brachte sie dazu, ihr ganzes Leben zu überprüfen, sich der Zukunft zu stellen; und wenn sie wenig fand, was sie hätte zukunftsfroh stimmen können – zumindest konnte sie tief und auf neue

Weise über den Zustand der Einsamkeit und der inneren Verarmung nachdenken. Das war wichtig, denn der Zustand war damals und ist immer der Zustand von vielen. Ihre Vertrautheit mit ihm war erschreckend.

Vorübergehende Erleichterung kam mit dem Erfolg von *Jane Eyre* und ihrer anderen Bücher. Dieser Roman und der spätere, *Villette,* sind kraftvolle Abbilder weiblichen Empfindens im neunzehnten Jahrhundert. Lucy Snowe und Jane Eyre ermutigen an jedem Punkt zu einer Identifikation mit Charlotte Brontë selbst. Die beiden Gouvernanten sind Waisen – ein vorsichtiger Weg, die Tiefe ihrer Verlassenheit deutlich zu machen. Anne Brontës Roman *Agnes Grey* ist insofern ungewöhnlich unter den Gouvernantengeschichten, als das Mädchen noch beide Eltern hat und sich Arbeit sucht, um den niedergehenden Familienfinanzen aufzuhelfen. Die meisten Gouvernanten in der Romanliteratur sind seltsam allein – wie tapfere kleine weibliche Wesen in einem Märchen. Sie gehen einsam ihres Weges mit kaum einer Münze in der Tasche; sie bestehen strenge Prüfungen in unvertrauten, bedrohlichen Gegenden und werden von gütigen Fremden gerettet. Schatten, Verzweiflung und Furcht sind ihre Wirklichkeit, selbst wenn sie sich die Litanei ihrer Selbstversicherungen und ihrer Hoffnungsseufzer vorbeten, daß ihre Tugenden sich irgendwie, auf irgendeine Art und Weise auszahlen werden.

Im Pensionnat Heger in Brüssel wurde Charlotte Brontë – allein, stolz, verstört – mitten in ein verwirrendes Familienleben geworfen. Sich in M. Heger zu verlieben war etwas, dem sie ebensowenig widerstehen konnte, wie Branwell die Gegenwart von Mrs. Robinson hätte leugnen können. Im Institut Heger stieß sie auf ein durch die Fülle und Verschiedenartigkeit der von dem Paar Heger übernommenen Verantwortungen erhöhtes Leben. Da waren Kinder, häusliche Pflichten, Schüler, die Leitung einer Schule; ernsthafte Arbeit für Mann und Frau als Lehrer und Verwalter; eine wichtige Rolle im Leben der Stadt; Verwandte, Geschäftigkeit, Sorgen, Neuigkeiten. Charlotte kam in dieses Leben, als hätte sie plötzlich eine Bühne betreten und begonnen, eine Rolle zu spielen, über deren Grenzen und Privilegien noch nicht entschieden worden war. In einem Moment war sie Familienmitglied; im nächsten war sie eine ausgeschlossene, ignorierte Angestellte, eine Besucherin aus einem fremden Land.

In *Villette* erleidet Lucy Snowe einen Nervenzusammenbruch, als sie in der Ferienzeit allein in der großen, leeren Schule zurückbleibt – eine Rücksichtslosigkeit der Familie vielleicht, aber eine, die nicht immer leicht zu vermeiden war. In der Wirklichkeit, in ihrem zweiten Jahr in der Schule, scheint Charlotte Brontë dieselbe einsame Qual und Frustration erlitten zu haben wie ihre Heldin, dasselbe Gefühl der Verlassenheit. Im Buch und im Leben war der Sog der Hysterie und der Bedrohung sehr real.

Als sie als Lehrerin in die Schule in Brüssel zurückkehrte, empfand Charlotte Brontë mit Freude und Genugtuung die Verbesserung ihrer Position. Ihr Aufstieg wurde ihr noch deutlicher, als sie begann, M. Heger und seinem Schwager an den Abenden Englisch beizubringen. Es ist unzweifelhaft, daß die Lehrerin dieses neue Gefühl von Macht und Können sehr genoß – und ihr Schüler war ihr ebenso teuer wie das Vertrauen, das man ihr erwies. Die Ehefrau spürte bald – in der Art von Ehefrauen und Direktorinnen – die Störungen und Stürme einer Verliebtheit. Der Englischunterricht wurde abgebrochen. Das erzürnte Charlotte Brontë aus jedem nur möglichen Grund. Vor allem unterstrich es ihre Ohnmacht: *daran* schien noch so viel Intelligenz, Können oder harte Arbeit nichts zu ändern. Der Unterricht bedeutete Selbstachtung, Kompetenz und eine Möglichkeit, M. Heger nahe zu sein.

In ihrer Situation in dem Pensionnat ist Charlotte einer ihrer Heldinnen sehr ähnlich: eine arme, kluge Lehrerin, die sich

Hals über Kopf in den Herrn des Hauses verliebt. Die Welt, die die Gouvernante bewohnt, ist ein Ort der Ausgeschlossenheit. Diese scharf beobachtenden, idealistischen, emotionalen Frauen verzweifeln mitten in einer weltlichen Gesellschaftskomödie, die sie in keinem Moment auch nur beachtet. Man sagt, daß Anne Brontë sich in einen lebenslustigen, koketten jungen Vikar, William Weightman, verliebt habe, aber diese Liebe war ein geheimes Leiden, eine stumme, verborgene Marter.

Armut ist in der Liebe, wie die Brontës sie sehen, die deformierende Bedingung. Armut verbietet einem, seine Liebe auch nur einzugestehen; in *Villette* macht die Armut Lucy Snowe zu Dr. Johns Vertrauter und Pseudo-Schwester; es ist undenkbar, daß er ein romantisches Interesse an ihr haben könnte, obwohl er sie offensichtlich sehr schätzt, dies aber in einer engen, ausschließenden Weise. Im Laufe von Mr. Rochesters Flirt mit der oberflächlichen Miss Ingram versucht Jane Eyre ihre eigenen Werte einzuschätzen, kann sie indessen nur in einer negativen Darstellung ihrer Rivalin ausdrücken. Über Miss Ingram denkt sie:

> Sie war aufsehenerregend, aber sie war nicht echt; sie hatte ein hervorragendes Auftreten, besaß viele Fertigkeiten, aber ihr Verstand war flach ... Sie war nicht gut, sie hatte nichts Eigenes. Sie trat für einen hohen Ausdruck des Empfindens ein; aber die Gefühle der Sympathie und des Mitleids waren ihr fremd ...

Sympathie, Mitleid, Intelligenz, Güte, Echtheit – das sind die Reize, die Charlotte Brontë durchzusetzen wünscht. Da ist etwas Verblasenes in der Hoffnung der Heldin, diese Tugenden Männern aufzudrängen, die in ihrem Geschmack, was Frauen betrifft, konventionell und sogar ein wenig korrupt sind. Die moralische Überlegenheit der Heldin geht einher mit einer überlegenen Leidenschaft, einer Hingabe, die hochsexuell ist, weit sexueller, das empfindet man deutlich, als die der egozentrischen und weltlichen Frauen, die von den Männern vorgezogen werden. (Diesselbe Leidenschaftlichkeit findet sich in George Eliots Texten.) Charlotte Brontës Heldinnen leben mit der Idee, die besten Seiten der Männer, in die sie verliebt sind, zu lieben und zu schützen: sie empfinden eine anspruchsvolle Hochachtung für Klugheit, Ehre und Einzigartigkeit. Mr. Rochester, M. Paul und Dr. John in *Villette* sind überragende Männer und auch sehr attraktiv und maskulin. Mädchen mit glücklicheren Aussichten brauchen solche Qualitäten nicht so sehr zu schätzen und können stattdessen nach anderem suchen, besonders nach Geld. So liegen die Dinge in den Romanen.

Als sie in Brüssel ankam, war Charlotte Brontë sechsundzwanzig, und M. Heger war dreiunddreißig. Seine Frau war ein paar Jahre älter. Nach *Villette* zu urteilen, war die Schule ein Schlachtfeld sexuellen Konflikts, intellektueller Anzüglichkeit, nationaler und religiöser Gegensätze und weiblicher Konkurrenz. Sie war eine stimulierende und enervierende Bühne. Unbewußte Wünsche trieben durch die Flure.

Alles Ungewöhnliche an Männern faszinierte Charlotte Brontë. Leslie Stephen mag sagen, daß »Mr. Rochester sich vielen aufgedrängt hat«, aber Tatsache bleibt, daß Rochester eine Schöpfung von großer Originalität und beträchtlichem amoralischem Zauber ist. Er ist ein freier und sinnlicher Mann, für den die Autorin eine hilflose Bewunderung empfindet. Er hat eine Tochter von einer Geliebten und viele andere Affären. Er hat eine geistig gestörte Frau, die er auf dem Boden seines Hauses versteckt, und doch macht er Heiratsanträge, einmal einer selbstsüchtigen und lächerlichen Kreatur und dann Jane Eyre. Natürlich ist der Gedanke an eine bigamische Verbindung für Jane Eyre verboten, und sie flieht; dennoch ist er verführerisch und drängt sich in das Traumleben der Autorin. Sie selbst hatte an jedes Manöver gedacht, um diese steinernen Hindernisse von Ehefrauen zu umgehen, die nicht von sich aus wichen.

Im Pensionnat Heger hörte der abendliche Unterricht auf, eine Gereiztheit wuchs zwischen Charlotte und Mme. Heger. Mrs. Gérin glaubt, daß die Ehefrau nach dem Herkommen kontinentaleuropäischer Ehen klug und still daran arbeitete, Charlotte zu isolieren und ihre überdrehten Gefühle ohne Skandal und Störung einzudämmen. Wenn wir die wirkliche Ehefrau auf die schriftstellerische Schöpfung der Mme. Beck, der Direktorin in *Villette,* projizieren dürfen, sehen wir, daß Charlotte sich gegen eine kraftvolle und interessante Frau gestellt hatte:

> ... als ich zu Madame aufsah, erkannte ich in ihrem Antlitz etwas, das mich überlegen ließ, bevor ich mich entschied. In diesem Moment sah sie nicht aus wie eine Frau, sondern eher wie ein Mann. Macht von einer bestimmten Art zeichnete sich stark in all ihren Zügen ab, und diese Macht war nicht meine Art von Macht; weder Sympathie noch geistige Verwandtschaft noch Unterwerfung waren die Gefühle, die sie weckte. Ich stand auf – war weder beschwichtigt noch gewonnen, noch überwältigt. Es schien, als liege hier eine Herausforderung vor, ein Kampf zwischen verschiedenen Gaben, und ich empfand plötzlich die Unehrenhaftigkeit meiner zaghaften Haltung, die ganze Kleinmütigkeit meines trägen Mangels an Ehrgeiz.

Die beiden Frauen hatten irgendeinen offenen Streit. (Mrs. Gaskell bietet religiöse Differenzen an; Mrs. Gérin besteht darauf, daß es Liebe zu dem Schuldirektor war.) Charlotte kündigte, und die Kündigung wurde zu ihrer Überraschung angenommen, obwohl M. Heger eingriff und sie das Semester beendete. Dann kehrte sie nach Haworth und in ein langes Fieber der Liebe und Sehnsucht zurück. Das Leiden schien sich zu steigern. Sie schrieb Briefe und wartete jämmerlich auf Antworten. Es gab Antworten, wahrscheinlich nur Ratschläge für die Gründung einer Schule; als sie später heiratete, vernichtete Charlotte die

Briefe. Der Ton der Korrespondenz von ihrer Seite ist schmerzlich. »Mir zu verbieten, Ihnen zu schreiben, eine Antwort zu verweigern, hieße mir die einzige Freude auf Erden zu entreißen.«

Der letzte Appell wurde geschrieben, persönlich überbracht von einem Freund, der nach Brüssel reiste. Charlotte Brontë wartete sechs Monate auf eine Antwort, die nie kam. Sie hatte geschrieben:

> ... ich sage Ihnen offen, daß ich inzwischen versucht habe, Sie zu vergessen, denn die Erinnerung an einen Menschen, den man wahrscheinlich nie wiedersehen wird und den man nichtsdestoweniger hochschätzt, quält zu sehr; und wenn man diese Art von ängstlicher Unruhe ein oder zwei Jahre durchlitten hat, ist man bereit, alles zu tun, um wieder Frieden zu finden. Ich habe alles getan; ich habe Beschäftigung gesucht ... Es ist in der Tat demütigend, die eigenen Gedanken nicht beherrschen zu können, Sklave einer Reue zu sein, einer Erinnerung, Sklave einer fixen und übermächtigen Idee, die sich zum Herrscher über den Verstand aufwirft. Warum kann ich nicht gerade soviel Freundschaft für Sie empfinden, wie Sie für mich – weder mehr noch weniger? Dann wäre ich ruhig, so frei – dann könnte ich ohne Anstrengung zehn Jahre schweigen.

Jane Eyre und Lucy Snowe sind einfache Mädchen. Sie leiden unter allen Nachteilen und müssen sich auf Intelligenz und ein Maß ironischer Selbstbehauptung verlassen, um Eindruck auf die Welt zu machen. Sie besitzen Würde und machen eine zitternde Anstrengung, um durchzukommen, vielleicht sogar zu gewinnen. Aber wie sollen sie das tun? Beide, Charlotte Brontë und George Eliot, gehen hart mit den Launen schöner Frauen ins Gericht; es ist so schade, daß nur hübsche Mädchen den edlen und komplizierten Helden gewinnen können, den die Heldinnen und die Autorinnen gerne für sich hätten. Aber intelligente Frauen lernen es, sich zu bescheiden. Verlust und Entsagung sind Schwestern. Empfindlichkeit, Emotionalität flammen auf, aber Pflicht und Menschenverstand und der Sinn für das Praktische wehren die Katastrophe ab.

In Charlotte Brontës Romanen scheint eine seltsame Kultiviertheit den Heldinnen eigen zu sein, ohne daß sie selbst sich dessen ganz bewußt sind. Sie verstehen gewisse weltliche Dinge, besonders die von verdeckt sexueller Natur. Lucy Snowes Gedanken über ein Gemälde im Museum von Brüssel schockierte den Helden des Romans:

> Dargestellt war eine Frau, beträchtlich mehr, schien mir, als lebensgroß ... Sie war wirklich sehr wohlgenährt; sehr Schlachterfleisch – von Brot, Gemüse und Flüssigem ganz zu schweigen ... Sie lag halb hingestreckt auf einer Couch – warum, wäre schwer zu sagen; helles Tageslicht strahlte um sie; ein schwaches Rückgrat konnte sie nicht vorschützen; sie hätte eigentlich stehen oder zumindest kerzengerade sitzen müssen. Es kam ihr nicht zu, den Mittag auf einem Sofa zu verrekeln ... Und für die elende Unordnung, die sie umgab, konnte es keine Entschuldigung geben. Töpfe und Krüge – vielleicht sollte ich sagen, Vasen und Pokale – waren um sie herum verstreut; Blumen lagen wie weggeworfen zwischen ihnen, und eine absurde und unordentliche Masse von Vorhangstoff erstickte die Couch und überlud den Fußboden. Als ich in den Katalog sah, fand ich, daß die Reproduktion dort den Namen Cleopatra trug.

Demütigung ist die Begleiterin von Lucy Snowe und Jane Eyre. Die Demütigung hat mit der unerträglichen Intensität ihrer Empfindungen zu tun und mit der Tendenz der anderen, einfach zu vergessen, daß diese neugierigen, analysierenden Beobachterinnen genauso lebendig und voller Ansprüche sind wie sie selbst. Aus diesem Grund besitzen die Gestalten eine Art Zweischneidigkeit, und das ist Teil der Faszination, die unser Interesse an ihnen wachhält. Etwas an ihnen ist nicht erklärt; sie verstehen sich selbst nicht ganz, und bei aller Klugheit und Energie stehen sie am Rand des Nervenzusammenbruchs.

Unabhängigkeit ist eine ungewollte Notwendigkeit, aber eine Lebensbedingung, über die viel nachgedacht wird. Alle Kraft wird man aufbieten müssen, um sie aufrechtzuerhalten; sie ist Schicksal, eine Bestimmung, der man sich stellen muß, auch wenn man sie nicht genießt. Charlotte Brontës *Shirley* befaßt sich mit dem Bedauern und dem Trost einsamer Frauen, mit dem Stoizismus und der Geduld, die sie zu erlernen versuchen. In ihrem Leben und in ihren Romanen hat man es immer mit einer gereizten Kompliziertheit von Launen und Charaktereigenschaften zu tun, mit Vorsätzen und Mängeln, mit Ehrgeiz und Unsicherheit. Das Gewicht familiärer Verluste drückt sie nieder, und in ihr gibt es wirklich so etwas wie eine Waise, die Lebensbedingung, die sie für ihre Heldinnen aussuchte.

Dennoch war sie enorm energievoll, und ihr Leben war reich an Freundschaften. *Sie* ging nach Brüssel zurück, und es war Emily, die mit Freuden zu Hause blieb. Charlottes erfundene Gestalten sind eine Verteidigung ihrer selbst, ihrer Eigenschaften, und eine Verkörperung ihrer Phantasien. Im Leben heiratete sie, als sie neununddreißig war, den Vikar ihres Vaters, einen netten und treuen Mann, für den sie wenig von der Leidenschaft empfand, die sie vor so langer Zeit M. Heger entgegengebracht hatte. Die Vertrautheit schien indessen die Reize ihres Gatten zu steigern; sie mochte ihn lieber, wenn sie ihn in der Umgebung seiner Jugend sah, mit denen, unter denen er aufgewachsen war und die ihn gerne hatten. Dann erkrankte Charlotte Brontë an Tuberkulose und an Schwangerschaftskomplikationen. Sie starb – am Rande häuslicher Zufriedenheit, wenn auch nicht romantischer Erfüllung.

Die Brontë-Schwestern halten wieder, auf neue Weise, unsere Vorstellung gefangen. Sie waren begabt, sehr gebildet, in besonderem Maße selbstgelehrt – und verzweifelt. Ihre Ernsthaftigkeit und Armut trennten sie für immer von den Interessen und Albernheiten der respektablen jungen Mädchen. Es war Charlottes Ziel, die schwierige Lage einfacher, armer, idealistischer junger Frauen darzustellen. Manchmal gab sie ihnen mehr Rechtschaffenheit und aufrechte Gedanken, als wir ohne weiteres ertragen können, aber sie kannte ihre Verletzlichkeit, die Vernachlässigung, die sie erwarteten und erfuhren, die geistigen und psychologischen Narben, die ihnen zugefügt wurden, die Art, in der ihre verzweifelten Anstrengungen kaum beachtet, noch weniger bewundert oder verziehen wurden.

Wie leben ohne Liebe, ohne Sicherheit? Kaum eine andere viktorianische Frau hatte soviel darüber nachgedacht wie Charlotte Brontë. Die gewaltigen, gähnenden Mißgriffe in der Konstruktion der Handlungen – verrückte Frauen auf dem Dachboden, seltsame Erscheinungen in Belgien – repräsentieren ein Leben, dem sie nicht ins Gesicht sehen konnte; diese Schauerroman-Ausflüchte zeigen den Verstand, der bis zum Zerspringen gespannt war, verzweifelt auf der Suche nach einem Ausweg. Wenn die Mißgriffe nur der üblichen Praxis populärer Romane der Zeit zugeschrieben werden, können wir die große Menge echten Gefühls nicht erklären, die in sie eingegangen ist. Sie stehen für die verborgenen Wünsche eines unerträglichen Lebens.

Die Sturmhöhe ist frei von diesen Mängeln, weil Emily Brontë sich die Liebenden nicht in irgendeinem gewöhnlichen häuslichen Sinn vorstellte. Ihr Fühlen kann nie erfüllt und auf die Ebene von Routine und Sicherheit herabgebracht werden. Der Roman spielt auf einer höheren Ebene als die Romane der anderen Schwestern, denn er ist nicht an das Alltägliche, das Gewöhnliche gebunden – ein Durst nach den gewöhnlichen Arrangements des Lebens ohne die Möglichkeit, sie anders zu erreichen als durch exotische Zufälle und Eingriffe. Jane Eyre rettet Mr. Rochester unablässig – als er vom Pferd stürzt, als ein Feuer ausbricht, als er mit Blindheit geschlagen wird. Dies ist der an Umwegen reiche Pfad zur Dominanz, wie ihn sich ein glückloses Mädchen vorstellt. *Die Sturmhöhe* ist dem Regressiven nahe, der Anarchie des Instinkts; aber Charlottes Bücher verstehen, daß es manchmal notwendig ist, sich auf eine strenge Überlegenheit des Geistes und des Willens zu besinnen.

Alle Brontë-Schwestern trugen die Hoffnungslosigkeit ihrer Klasse und ihrer Lage mit sich. Wir sind erstaunt über das, was sie *nicht* hinzunehmen bereit waren. Sie lehnten die Knechtschaft der erstarrten Haltungen und Karrieren ab, die Sklaverei schlechtbezahlter Arbeit; sie reagierten mit Groll auf die unerträgliche Gleichgültigkeit oberflächlicher Menschen gegenüber der Anstrengung und der Not jener, die gesellschaftlich weniger glücklich gestellt waren. Die Schwestern ergriffen die Entwicklung ihres Talents als eine ehrenvolle Lebensweise, und darin waren sie heroisch.

Ibsens Frauen

Ein Puppenheim

Ibsen konnte nie sehr lange freundlich gestimmt bleiben. Er schien das Fett der Galle im Blutstrom zu haben, gesammelt in einer Jugend, die so bitter, häßlich und demütigend war, wie ein Mann sie nur ertragen konnte. Das Schicksal zwang diesen großen Kopf und diesen zornigen Ehrgeiz vom sechzehnten bis zum zweiundzwanzigsten Jahr zur Arbeit in einer Drogerie in der beißenden Kälte der kleinen Ortschaft Grimstad. Guter Name. Er grollte seiner Familie, weil sie ärmer als arm war; aus relativer Wohlhabenheit glitt sie in große Bedürftigkeit ab – die Art von Schicksalschlag, die verräterisch war wie ein Geburtsmal in der neugierigen, kleinlichen Provinzwelt von Ibsens Leben – und von seinen Stücken.

Die Familie Ibsen mußte aus der Stadt auf einen elenden kleinen Bauernhof in der Umgebung ziehen. Vater Ibsen hatte die Neigung zum Bankrott und zur Zwielichtigkeit, die Ibsen wieder und wieder in seiner Arbeit benutzte, dazu den sardonischen Witz des Kleinstadtversagers, der zuviel trank. Ibsen waren sie alle verhaßt, außer vielleicht seine Schwester, und er selbst zog sich etwas von der Härte des Herzens zu, die jene haben, die mit ihrer Familie nicht zurechtkommen können. Ibsens Mutter war nach der Auskunft des Biographen Halvdan Koht zu Beginn eine empfindsame Frau, die Musik und Malerei liebte, aber ihre ganze Seele und Energie versanken bald in der Sorge für ihre Kinder und in der Geduld, mit der sie den immer bankrotten Vater und das Geschwätz seiner Saufabende ertrug. Man könnte aus Ibsens interessanten Frauengestalten schließen, daß er eine besondere Liebe für seine Mutter empfand. Es war nicht ganz so einfach. Als seine Schwester ihm schrieb, daß seine

Mutter gestorben sei, antwortete er erst vier Monate später.

Dennoch, er hatte alles gelernt, und sein Ehrgeiz nährte sich von seinem eigenen Unglück. In *Hedda Gabler* sagt Tesman über die Zukunft: »Ja, mein Gott, von der wissen wir doch überhaupt gar nichts!« Und Lövberg antwortet: »Nein, das stimmt schon – dennoch läßt sich dies oder jenes darüber sagen.« Und so ist es auch bei Ibsen. Er ist zurückhaltend, schützt sich selbst vor zuviel Gefühl, und doch hatte er über alles, was ihm widerfahren war, dies oder jenes zu sagen. Er scheint Frauen als ein irritierendes Problem empfunden zu haben, und das machte seine Art, sie literarisch einzusetzen, seltsam, originell und dem Versuch einer Annäherung ähnlich – als seien sie ein Rätsel. Seine Frau tat alles für ihn, war treu und bemerkenswert willensstark. Als ihr Sohn geboren war, verkündete sie, daß dies damit abgemacht sei. Keine weiteren Kinder! Und so hatte der kleine Sigurd keine Brüder oder Schwestern. Ibsen dachte darüber, so weit wir wissen, ohne große Aufregung nach; er fragte sich einfach, was das über seine Frau aussagte. Seine Schwiegermutter war Schriftstellerin gewesen. Es gab in der Thoresen-Familie, in die er eingeheiratet hatte, einen klaren, skandinavischen, radikalen Skeptizismus. Was ihn betraf, so war Ibsen froh, dem verhaßten Norwegen fern zu sein, zu schreiben und zu schreiben und sich am Abend ein wenig zu betrinken.

Als er älter und bekannt wurde, bekam er begeisterte Briefe von der Art junger Frauen, die sich gerne mit einem berühmten Mann sehen lassen. Ibsen beantwortete diese Briefe mit mehr als der in solchen Fällen üblichen Albernheit; er traf sich mit einigen der Mädchen. Aber auch hier blieb er zurückhaltend; er traute ihnen nicht allzuweit und ließ es meistens auf Liebesbriefen beruhen. Emilie Bardach, das wichtigste dieser jungen Mädchen, sagte, seine ganze Freude im Leben liege darin, Ehefrauen ihre Männer wegzunehmen. Ibsen war von diesem Grad an Rücksichtslosigkeit wie hingestreckt. Die »Maisonne im September seines Lebens« war ein Dämon. Das Dämonische an ihr interessierte ihn, aber am Ende konnte er sagen: »Sie hat mich nicht gekriegt, aber ich sie für meine Arbeit.« Emilie war zum Teil Modell der »inspirierenden« Hilde, die sich dem alternden Baumeister Solness an die Fersen heftet. Sie schickte Ibsen ein Photo von sich mit der Aufschrift »Die Prinzessin von Marzipanien«, ein Kosename, der in dem Stück auftaucht. Der große Mann war sehr verärgert. Das ging zu weit. Das Photo wurde verbrannt.

Ein Puppenheim wurde natürlich von der Frauenrechtsbewegung aufgenommen. Am Anfang war das angenehm, aber schließlich konnte Ibsen einer Zurechtweisung nicht widerstehen. Er hielt eine Ansprache vor der norwegischen Gesellschaft für Frauenrechte und sagte, er wisse nicht, was diese Rechte seien. Ihm gehe es nur um Freiheit für alle Menschen.

Die Stücke handeln von der Schriftstellerei, verkleidet als Architektur oder Bildhauerei (der Ehrgeiz nach Größe), von provinzieller Enge und Heuchelei, von der bürgerlichen Ehe, Geld, erblichen Makeln aller Art – von Syphilis bis zur Tendenz, sich zu verschulden. Er hatte offenbar alles, was er brauchte, von Grimstad gelernt: Bankrott, Zorn, die Marterqualen in den kleinen Wohnstuben von Christiania. Und dann war da die große, anhaltende poetische und dramatische Energie, die ihn Tag um Tag, Jahr um Jahr weiterarbeiten ließ.

Ibsens realistische Dramen unterscheiden sich in gewisser Weise von denen der Dramatiker nach ihm. Seine Psychologie ist der nahe, die wir aus dem Roman kennen; Charaktere entwickeln sich in interessant irregulärer Weise, sie gehen mal ein bißchen in diese, dann ein wenig in eine andere Richtung. Seine Menschen sind nicht ganz fixiert. Sie wachsen, bewegen sich, sind ihrer Richtung im Leben nicht sicher. Angesichts solcher Charaktere können Dialog und dramatische Konflikte uns nicht alles sagen, was wir wissen möchten. Wir würden gerne mit Hedda Gabler in die Vergangenheit zurückgehen und mit Nora Helmer in die Zukunft. Wir empfinden das Bedürfnis, der uns umgebenden Szenerie einiges hinzuzufügen. Die Gestalten ergreifen unsere Phantasie und verschwinden, gerade als wir beginnen, sie kennenzulernen. Der Vorhang fällt.

Es ist kein Fehler der Dramaturgie; nein, das alles ist perfekt gemeistert. Das Problem hat etwas mit der Art von Gestalt zu tun, über die Ibsen schreiben wollte, besonders mit den Frauengestalten. Ihre Motivation ist stimmig, aber unvollständig. Vielleicht hätte der fließende, dahintreibende, poetische Ton Čechovs besser zu diesen Frauen gepaßt. Dann hätten wir nicht ganz dieselbe Form der dramatischen Lösung erwartet, die Ibsens dramatische Technik fordert. Man sieht tiefer in die Dramen hinein, und da finden sich Andeutungen, kleine Fragmente hier und da, umherirrende Stückchen Biographisches, für sich stehende faszinierende und geheimnisvolle Suggestionen. Wir haben das Gefühl, daß Ibsen selbst gewisse Gestalten aus einem grübelnden Zweifel und einer tiefen, fesselnden Ungewißheit heraus geschaffen hat.

Seine Stücke zu studieren, ist verstörend in jener ertragreichen Art der besten Literatur. Man ist voller Nachfragen. Wo sind die Mütter von Hedda und Nora? Beide Frauen sind von ihren Vätern aufgezogen worden. Was ist mit diesen *ménages à trois,* die so oft in seinen Stücken auftauchen – eine Frau mit ihrem Mann und dem Hausfreund, dem Doktor oder Assessor, der *jeden* Abend herüberkommt? Oder dem Haus mit der Ehefrau und einer anderen Frau, einer raubgierigen, idealistischen Frau, voller verheerender Pläne? Selbst in seinen Grundauffassungen ist Ibsen enorm kompliziert. Man weiß bei ihm nie. Es gibt Brüche in seinem Liberalismus und seinem sozialen Verantwortungsgefühl; und dennoch schwankt er nie in seiner Verachtung für das »Geschäft«, die Geistlichkeit und die gesellschaftliche Heuchelei der norwegischen Kleinstädte. Er haßte auch das Zerstörerische der reinen Abstraktion (»das Ideal«), wenn sie dem wirren und nie fleckenlosen Überlebenskampf aufgezwungen wurde.

Ist Ibsen »unser Zeitgenosse« – um Jan Kotts Formulierung zu gebrauchen? Er teilte den größten Teil seiner Themen mit der Prosaliteratur seiner Zeit. Dazu kommt, daß es immer die besondere Bindung zwischen dem Norwegen des 19. Jahrhunderts und dem Amerika des 19. Jahrhunderts gegeben hat: derselbe quälende, geschäftige Puritanismus, das Kleinstadtleben, das sich auf den Rädern von Schande und Skandal, Trunkenheit und Betrug bewegte. Man denke an den provinziellen Charakter der Agonien: die Nachbarn, die Stellung in der Stadt, die Rechenschaft, die für jede Kleinigkeit abzulegen war, die Notwendigkeit von Vorsicht und die Versuchung zum Exzess. Einige dieser Kulissen sind verschwunden, und was davon übrig ist, mag gebrochen und rissig sein, aber Nachbarn und Familien und Klatsch, Langeweile, Ehe, Geld und Arbeit sind immer noch der Stoff, um den das Drama des Lebens sich bewegt.

Seit einiger Zeit hat das Interesse an den Frauengestalten Ibsens zugenommen: an der Notlage der Frau Alving, dem Chaos von Hedda Gabler, dem Ehrgeiz von Rebekka West. Das sind alles dramatisch interessante Portraits, aber die Weltliteratur bietet kompliziertere und mit reicherer Vorstellungskraft ersonnene Frauen. Was uns jetzt aufs neue an Ibsen trifft, mag genau das sein, was uns vor einem Jahrzehnt oder so an ihm trocken erschien – er sieht Frauen nicht nur als individuelle Gestalten und in dramatischen Konflikten gefangene Schicksale, sondern auch als ein »Problem«. Er scheint, soweit ich mich entsinne, der einzige zu sein, der erkennen läßt, daß er sich um die nackte Tatsache des Weiblichen Gedanken gemacht hat. Als Frau geboren zu sein: Was heißt das?

Er grübelte über die leere Leinwand, auf die die Details des Charakters gemalt wurden. Erst bist du eine Frau, und dann bist du ruhelos, zerstörerisch, selbstaufopfernd, was immer du sein magst. Kein Zweifel, es steckt darin eine skandinavische Struktur, irgendein sozialistisches Brüten, es hat etwas mit den herrischen Thoresen-Frauen in der Familie seiner Gattin zu tun, mit seiner Frau selbst. Frauen erschienen ihm sehr stark, unberechenbar; sie entzündeten seine literarische Phantasie, und deshalb brauchte er sie, aber er wollte nicht verschlungen werden, nicht in neuen Leidenschaften ertrinken. Er war nicht häuslich und lebte gerne in Hotels und gemieteten Häusern in Italien oder Deutschland, verbrachte den Sommer in einem Häuschen am See, schreibend; er brauchte das ganze Spektrum weiblicher Häuslichkeit nicht, ihr Bedürfnis nach festem Besitz, Wurzeln.

Was kann *Ein Puppenheim* uns sein? Daß Nora ihren Mann verläßt, kann kaum unsere Aufmerksamkeit fesseln. Das einzige, was noch gewöhnlicher und geläufiger sein könnte, wäre, wenn ihr Mann sie verließe. Die letzte Zeile, die historische »Ansprache«, steht in der berühmten Szenenanweisung, mit der das Stück endet. »Unten fällt eine Tür dröhnend ins Schloß.« Die Tür ist die Tür der Selbstbestimmung. Wir können uns irgendwie vorstellen, daß sie sich nun schließlich geöffnet hat, aber warum war sie vorher verschlossen?

Ein Puppenheim handelt von Geld, von der Art, wie es Türen öffnet. Hier ist noch einmal die Handlung: Nora Helmer ist die bezaubernde junge Mutter von drei Kindern. Sie ist seit acht Jahren verheiratet. Als wir ihr zuerst begegnen, behauptet sie immer wieder, glücklich zu sein, aber sehr schnell stellt sich heraus, daß mühselige Tage und Nächte hinter ihr liegen. Dennoch, die Ehe ist lebendig, und Nora glaubt, glücklich zu sein. Sie steht tatsächlich am Rande eines besseren Lebens – die Dinge haben eine günstige Wendung genommen. Noras Mann, Helmer, ist bisher ein um die Existenz kämpfender Anwalt gewesen, aber für ihn ist bezeichnend, daß der Mut und die Aggressivität, die zu einem Überleben als selbständiger Akademiker nötig sind, seinem Temperament widerstreben. Er braucht den Rahmen einer Firma. Helmer ist gerade zum Direktor der Aktienbank ernannt worden. Es ist ein Aufstieg in den Begriffen der Selbstachtung, der sozialen Stellung und, am besten von allem, des Geldes.

Es ist Heiligabend, der Baum wird von einem Dienstmann hereingebracht, und fast der erste Satz des Stückes ist: »Wieviel?« Nora gibt dem Mann eine Krone und sagt in ihrem ersten Ausruf der Befreiung: »Behalten Sie nur.« Diese Großzügigkeit, diese Erweiterung ihrer Möglichkeiten und ihrer persönlichen Selbstverwirklichung sind für Nora die Süße des Lebens. Ihre Geldsorgen sind überwältigend gewesen; natürliche Großzügigkeit, das Vergnügen an Extravaganzen hat sie ihnen opfern müssen. Es ist wahr, das Geld ist auf schrecklich irritierende Weise noch nicht ganz da. Helmers Gehalt wird erst in drei Monaten das erste Mal gezahlt werden. Egal, Nora hat Geschenke für die Familie gekauft statt, wie in den Jahren zuvor, die Nächte aufzusitzen und Putz und Gaben selbst zu machen. In einer Stimmung von Hoffnung und Nachsicht knabbert sie an süßem Gebäck, das ihr Mann ihr, durchaus in Übereinstimmung mit unseren zahnmedizinischen Vorstellungen, »verboten« hat.

In den ersten Wortwechseln mit Nora nennt Helmer sie »seine zwitschernde Lerche« und sein »Eichkätzchen«, seine kleine »Verschwenderin«, sein »Leckermäulchen«. Das sind keine Beleidigungen – weit davon entfernt. Die Wörter stellen die Münzen der Zuneigung dar, von denen sie in den mageren Tagen gelebt haben. Aber trotzdem sehen wir sofort, daß Helmer vorsichtig ist und Nora nach Raum im Leben, nach Spontaneität hungert. »Keine Schulden! Niemals Geld leihen!« erklärt der Ehemann. Aber er gibt angesichts der verschwenderischen Forderungen der Feiertage ein wenig nach und zählt Nora ein paar Scheine in die Hand. »Geld!« sagt sie und schlägt den donnernden Grundakkord an. Als sie gefragt wird, was sie gerne zu Weihnachten hätte, erklärt sie, daß sie Geld möchte. Für Helmer ist das ein Anlaß, über ihre Ähnlichkeit mit ihrem Vater die Stirn in Falten zu legen. Auch der gab gerne Geld aus. Der Gatte glaubt an die Vererbung erworbener Eigenschaften, und auch wenn er seine kleine Frau über alles liebt, erkennt er, daß sie nicht ganz frei von genetischer Unvollkommenheit ist.

An diesem Punkt wird ein Besucher angekündigt. Die gesellschaftliche Welt von Ibsens Stücken ist außerordentlich restringiert, eingeschlossen in einen engen Rahmen, von der Geographie Norwegens abgeschnitten; die langen, dunklen Winter sorgen für gesellschaftliche Wiederholung, und im Zentrum aller Dinge gibt es eine Art von Einsamkeit. Wenn die Glocke läutet und die Augenbrauen angesichts des unerwarteten Besuchers hochgezogen werden, muß es fast mit Sicherheit, wenn es nicht jenes überzählige Mitglied des geheimnisvollen Dreiecks ist, ein alter Schulfreund entweder der Ehefrau oder des Gatten sein. Jeder andere, den man kennt, ist sozusagen zur Hand. Dieses Kleinstadtleben hat immer moralische Konsequenzen; die Mitspieler leben mit der Drohung von Ärger auch in den kleinsten Angelegenheiten. Als Rosmer einige seiner theologischen Ansichten ändert, ist das ein Skandal. Der Irrtum oder die Ausschweifung der Vergangenheit wirft einen langen, langen Schatten. Kleinstädte erinnern sich immer daran, wie man gewesen ist, als man jung war; sie glauben selten all die guten Dinge, die sie später von einem gehört haben, seit man woanders hingegangen ist.

Der Besuch in *Ein Puppenheim* ist Frau Linde. Sie ist Heiligabend angekommen. Wer Schulfreunde besucht, die er seit Jahren nicht gesehen hat, ist in einer Notlage. Etwas

Schreckliches ist dort draußen geschehen. Aber in Ibsens Stücken werden Menschen in Not ziemlich zurückhaltend willkommen geheißen. Niemand hat viel zu geben; Geld, Liebe, Freundschaft haben einen hohen Preis. Dies ist eine bürgerliche Welt, die sich gerade noch halten kann; sogar eine kleinbürgerliche, was das verfügbare Geld betrifft. Die meisten der Gestalten können sich nur auf Erziehung und Ausbildung berufen, nicht auf Reichtümer. Noras Gatte ist im letzten Augenblick Direktor der Bank geworden; Hedda Gablers Mann, Tesman, ist ein Gelehrter mit sehr wenig Geld; ihr Vater war beim Militär und hat nichts hinterlassen; Eilert Lövborg ist arm; seine Geliebte, Thea, ist arm; Rebekka West in *Rosmersholm* ist arm. Frau Alving in den *Gespenstern* hat genug Geld, aber die Katastrophen, die sie erlebt hat, sind schlimmer als die Armut.

Frau Linde ist eine Vertraute, ein dramatisches Mittel, recht flüchtig skizziert, aber in ihren Umrissen von praktischer Vernunft und schwerer Pflicht ist sie ein interessanter Gegensatz zu Nora. Frau Linde ist in die Stadt gekommen, um eine Stellung zu suchen. Geld hat ihr seit ihrer Geburt mitgespielt. Ihr Vater starb, und nach und nach mußte sie für ihre Mutter und ihre jüngeren Brüder sorgen. Schließlich heiratete sie, verzichtete auf Liebe, um ein Mindestmaß an Sicherheit zu finden. Aber das Unglück setzte ihr immer noch nach. Ihr Mann starb, aber nicht, bevor sein Geschäft in Schwierigkeiten geraten war. Er hinterließ sie ohne Geld und sogar ohne »Trauer oder ein schmerzliches Vermissen«. Sie hatte eine vollständige Niete gezogen – und am Ende gab es nicht einmal eine Rente. Sie überlebte. Frau Linde ist ausdauernd, wenn auch etwas depressiv. Sie hat immer gearbeitet.

An diesem Punkt beginnt Nora, die Handlung des Stückes zu enthüllen. Als sie von Frau Lindes Unglück hört, von ihren lebenslangen Opfern, kann Nora nicht widerstehen und gesteht die Schwierigkeiten ein, die sie, die glückliche, erfolgreiche junge Ehefrau, durchlebt hat. Sie ist in einen Sumpf geraten, um denen zu helfen, die sie liebt, und sie ist stolz auf ihre anhaltenden, wenn auch unkonventionellen Anstrengungen, sich daraus zu befreien. Auch Nora hat Entscheidungen getroffen, hat schwerwiegende Konsequenzen getragen. Ja, sie hat einen Mann und drei »allerliebste Kinder«, aber sie hat Wege finden, hat arbeiten müssen – »leichte Handarbeit, Sticken, Häkeln und dergleichen« – und Abschreiben von Texten spät am Abend. Ihr Geheimnis ist, daß sie nichts Geringeres auf sich genommen hat, als das Leben ihres Mannes zu retten.

Als sie gerade geheiratet hatten, war Helmer in dem Versuch, im rauhen kommerziellen Klima Norwegens zu überleben, krank geworden. Wir haben keinen Grund zu bezweifeln, daß er ohne eine Reise in den Süden, zur Sonne, gestorben wäre. Der bittere norwegische Winter, der Husten, die Lungenerkrankung, die Drohung der Bronchitis sind vollkommen überzeugend. »Aber in solchen Fällen ist es doch ein großes Glück, wenn man's hat – das Geld«, sagt die vom Kampf um jeden Pfennig erschöpfte Frau Linde über Noras Jahr in Italien.

Natürlich hatten sie das Geld nicht. Nora hat es, ohne ihrem Mann, der sich dem Gedanken gewiß widersetzt hätte, etwas zu sagen, von einem in Schande gefallenen Geldverleiher, Krogstadt, geborgt. Dieser Mann ist ein Schulkamerad von Helmer gewesen, ein Bewunderer von Frau Linde, und die Kleinstadt und seine Familie schämt sich seiner, weil er sich früher einmal einer Fälschung schuldig gemacht hat. Er wurde nicht wirklich verurteilt, sondern lebte weiter – nun zur Wucherei gezwungen – mit einem kleinen Posten in Helmers Bank und von der Gesellschaft fallengelassen. Nora wandte sich an Krogstadt, um das Geld für das Jahr in Italien insgeheim auszuhandeln; sie fälschte auch die Unterschrift ihres Vaters auf dem Schuldschein, weil sie keinen anderen Ausweg sah. Aber sie haben ihr Jahr in der Sonne gehabt, ihrem Mann geht es gut, und sie hat den Kredit mit Zinsen pünktlich und genau all diese Jahre hindurch zurückgezahlt – mit »Schreibarbeit« und den Pfennigen, die sie ihrem Haushaltsgeld abgespart hat.

Lügen waren nötig, aber Nora bezweifelte nie, daß sie etwas getan hatte, was sowohl notwendig als auch ehrenhaft war. Überdies war die Reise nach Italien eine jener Notwendigkeiten, die auf glückliche Weise mit einer Sehnsucht des Herzens übereinstimmen. Wenn sie ihr hübsches Kostüm hervorholt und in einer mediterranen Feier der Lebensfreude die Tarantella tanzt, wird uns deutlich, daß sie, indem sie das Leben ihres Mannes rettete, das beste Jahr ihres Lebens verbrachte. »Ich scheine die Närrin, die ich nicht bin«, sagt Cleopatra.

Frau Linde spricht von ihrer Einsamkeit, und Nora ruft aus: »So ganz allein ... Wie schrecklich hart das für dich sein muß!« Aber als Frau Linde ihre augenblickliche Lage darstellt – ihre Mutter tot, die Söhne groß und selbständig, sagt Nora plötzlich: »Wie du dich erleichtert fühlen mußt!« Frau Linde fühlt sich nur »unaussprechlich leer«. Sie hat niemanden, für den sie lebt, und doch »ist man gezwungen, immer eifrig tätig zu sein«. Diese Frau hat ein hartes Leben einsamer Arbeit hinter sich. Sie ist sehr tüchtig, zeigt sogar Talent für das Geschäftliche, und Helmer hat keine Schwierigkeiten, ihr eine Stelle in der Bank anzubieten.

Dennoch ist Frau Linde ein Paradox, die Art von Rätsel, die im Kern dieses Stückes liegt. Sie ist fähig und eine harte Arbeiterin, aber sie ist *nicht eigenständig*. Nora ist unpraktisch und unerfahren, liebt »schöne Handschuhe« und möchte, daß ihr Haus hübsch aussieht – und sie ist zugleich *im Inneren eigenständig*, ein freier Geist. Schließlich verläßt sie ihren Mann und ihre Kinder, um sich selbst zu finden, aber es ist nicht die abschließende Geste, die sie frei macht. Anna Karenina verließ ihren Mann und ihren Sohn, aber sie war tragisch abhängig, von den Qualen der Liebe schließlich in eine verheerende Eifersucht und den Selbstmord getrieben.

Frau Linde mit ihrer Geschäftserfahrung ist vorsichtig und konventionell wie Helmer. Sie sagt Nora: »Eine Ehefrau darf doch ohne die Einwilligung ihres Mannes kein Geld aufnehmen.« Nora empfindet das als Unsinn, eine Formalität. (In diesem Schluß ist sie prophetisch, was unsere moderne Praxis angeht.) Sie ist nicht unehrlich und wehleidig wie Krogstadt. Stattdessen scheint sie den Triumph des Kredits und den Kampf, ihn zurückzuzahlen, zu genießen. Sie hat nur die ehrenhaftesten Absichten, was das Geld und die Zinsen angeht. Krogstadt ist ein wirklicher Betrüger, der auf jede Chance springt, ohne die Konsequenzen tragen zu wollen. Er jammert über seinen Ruf. »Alle Wege versperrt.« Es wird sehr deutlich gemacht, daß er mehr geachtet worden wäre, wenn er das Gefängnis auf sich genommen hätte. Stattdessen ist er irgendwie durchgekommen, aber er hat den Schatten, der auf seinem Namen liegt, nicht tilgen können.

Niemand versteht das Laster besser als Ibsen. Er weiß, wie ein Krogstadt ist. Der Ausgestoßene kümmert sich nicht um die Wirklichkeit, sondern nur um seine Phantasien. Krogstadt hat Noras Schicksal in der Hand; die Tatsache, daß sie das Geld fast zurückgezahlt hat, beeindruckt ihn nicht. Er weiß, daß sie die Unterschrift ihres Vaters gefälscht hat. Also gut. Sie muß Helmer dazu bringen, ihm seine Stellung bei der Bank zu erhalten, ihm dieses bißchen Achtung zu lassen. Und dann plötzlich ist die kleine Position nicht mehr genug. Krogstadt beginnt zu träumen, die Träumereien eines wirklichen Fälschers. Er will nicht mehr nur ein einfacher Schreiber sein, nein, er muß Helmers rechte Hand werden und bald selbst Direktor! Diese hochfliegende, bombastische Träumerei in einigen wenigen Zeilen ist meisterlich. (Der alte Ibsen in seinen Schnapsträumen, kein Zweifel!) Schließlich beschließen Frau Linde und Krogstadt, die Zu-

kunft miteinander zu bestehen. Es ist ein Fall von Angebot und Nachfrage.
Helmer entdeckt den Kredit und die Fälschung. Er ist außer sich vor Wut und zeigt in keiner Sekunde das »Wunderbare« des Verstehens oder der männlichen Ritterlichkeit, das Nora vorgeblich erwartet hat. Er hält sie für eine verschlagene kleine Idiotin, die in einem Augenblick des Wahnsinns alles niederreißen kann, was ein Mann mit schmerzlichster Anstrengung aufgebaut hat. Als er merkt, daß unter Umständen nicht alles enthüllt werden wird, daß sie davonkommen können, legt sich seine Wut. Aber für Nora ist dies eine tiefe moralische Enttäuschung. Helmer ist nicht nur ein Esel, sondern auch noch ein Feigling. Sie entschließt sich, ihn und die Kinder zu verlassen, denn sie hat das Gefühl, daß sie sich über die Ehe und das Glück Illusionen gemacht hat und nun lernen muß, worum es im Leben wirklich geht.
Die Verwandlung der mädchenhaften, bezaubernden Ehefrau in die radikale, mutige Heldin, die allein aufbricht, ist immer irritierend gewesen. Teil des Problems ist, daß wir nicht glauben, und daß Schauspielerinnen und Regisseure nicht glauben, daß die Nora der ersten Akte, die strahlende Frau – mit ihren Kindern, ihren Geschenken, ihren Kosenamen, ihrer Extravaganz, ihrem Vergnügen an der Vorstellung von »Haufen von Geld« – eine geeignete Kandidatin für die Frauenbefreiung sein kann. Nein, diese Rolle sollte gerechterweise der deprimierten, einsamen, ohne Liebe lebenden Frau Linde in ihrer trostlosen Schufterei zukommen.
Die Wahrheit ist, daß Nora immer schon frei war; das zeigt sich in ihrer Fröhlichkeit, ihrem Mangel an Selbstmitleid, ihrer Impulsivität, ihrem großzügigen Wesen. Und Nora hat Helmer nicht einen Augenblick getraut. Hätte sie das getan, so hätte sie ihm schon vor langer Zeit von ihrem Problem erzählt.
Nora behielt ihr Geheimnis für sich, auch weil sie stolz

darauf war, die Verantwortung für das Leben ihres Mannes auf sich genommen zu haben. Aber sie schwieg auch, weil sie an Geist und Verständnis ihres Mannes nicht glaubte, weil sie seine Konventionalität und Furcht gründlich kannte. Noch während er den Brief öffnet, der von ihrem Borgen und Fälschen berichtet, *bevor er es weiß*, denkt sie: Adieu, meine Kleinen. Natürlich erweisen sich ihre schlimmsten Befürchtungen als richtig. Helmer benimmt sich sehr schlecht, sagt, das habe ich dir immer gesagt, und faselt davon, daß sie die Tochter ihres Vaters ist. Wenn Nora bei ihm geblieben wäre, hätte er ihr, das kann man sich vorstellen, ihre Sünden ewig vorgehalten. Zumindest hätte Helmer für immer Witze über ihre Torheit gemacht und dabei abends in seine Geldbörse gesehen.

Es ist schwierig, die Nora zu spielen. Nicht, daß die Rolle in der üblichen Weise die Schauspielerin sehr forderte. Es ist eher, weil diese temperamentvolle junge Frau eine solche emotionale und intellektuelle Entfernung zurücklegen muß. Man versucht im allgemeinen, die frühe und die späte Nora durch eine Unterströmung von Hysterie am Anfang des Stückes miteinander zu verbinden – eine Bereitung des Bodens durch übertriebene Munterkeiten hier, ein wenig Atemlosigkeit und Hektik da. Hysterische Sorge aber kann die beiden Noras nicht zusammenhalten. Ihre Panik ist etwas Vorübergehendes, sie beruht auf Realitäten. Sie hat mit den bedrückenden praktischen Problemen zu tun, die der grauenhafte Krogstadt in seiner Entschlossenheit, Nora für seine eigenen unehrlichen Zwecke zu benutzen, heraufbeschwört.

Die Hysterie, die Sorge bieten keinen Weg. Die einzige Art, in der die beiden Noras miteinander versöhnt werden können, liegt darin, daß die Schauspieler und die Zuschauer die Auffassung fahrenlassen, daß eine unabhängige, mutige Frau nicht häuslich, unternehmungslustig und bezaubernd sein kann. Wenn das Stück heute geschrieben worden wäre, hätte Nora Helmer schon lange verlassen. Sie passen nicht zusammen. Sie besitzt Lebenslust und einen gesunden Menschenverstand, die fälschlich als hochfliegend und mädchenhaft erscheinen, weil der leere und in seiner toten Konventionalität erstarrte Helmer sie dazu macht.

Ein Austausch über Schulden: Helmer sagt, nimm einmal an, einem Mann geschähe etwas Schreckliches, und er ließe seine Familie mit einem Kasten voller unbezahlter Rechnungen zurück. Nora antwortet: »Wenn ein solches Unglück einträfe, wäre es mir ganz gleichgültig, ob ich Schulden hätte oder nicht.« Sie zeigt diese Art untergrabende Intelligenz und Echtheit das ganze Stück hindurch. Ihr Geist ist immer frei und originell gewesen; sie ist befreit durch ihre Intelligenz und ihre Lebenslust.

Seltsam, daß Helmer ein Puppenheim haben möchte und doch den Details häuslicher Kreativität so feindlich gegenübersteht. Wieder und wieder verläßt er mit der Miene einer unerträglichen Eigenliebe die Bühne, wenn es um Nähen oder um Fragen des Haushalts geht. In einer Szene macht er sich über die Armbewegungen einer strickenden Frau lustig. Er flieht die Gegenwart der Kinder, als sie aus der Kälte hereinkommen, und sagt dazu: »Jetzt wird es hier unerträglich für Leute, die nicht Mütter sind.«

Noras Kinder – dies ist eine ganze Dornenhecke! Helmer verlassen, gut, aber die Kinder zusammensammeln und mitnehmen, und dann seine Wochenend- und Ferienbesuche arrangieren. Selbst in Ibsens Tagen lehnte eine Schauspielerin die Rolle mit den Worten ab: »Ich könnte meine Kinder nie verlassen.« Noras Liebe zu den Kindern erscheint echt. Das Kindermädchen weist darauf hin, daß sie über das gewöhnliche Maß hinaus daran gewöhnt sind, mit ihrer Mutter zusammenzusein. Helmer, wieder in einer Lektion über Vererbung, sagt, daß lügende Mütter verbrecherische Kinder hervorbringen. Nora schaudert, als sie dabei an ihre Zinszahlungen denkt. Die Kinderfrau, der sie schließlich die

Kinder hinterläßt, ist die Frau, die auch sie aufgezogen hat, aber dennoch ist dies ein schwerwiegender Schritt. In einer der bezeichnendsten Dialogstellen zwischen Mann und Frau sagt Helmer: »... aber niemand opfert derjenigen, die er liebt, seine *Ehre.*« »Das haben Millionen von Frauen getan«, antwortet Nora.

Als Helmer sagt, daß sie die Kinder nicht verlassen könne, hätte sie sagen können: »Millionen von Männern haben das getan«, und ihre Antwort hätte dem heutigen Verhalten entsprochen. Nora scheint sagen zu wollen, daß sie ihre eigenen Kinder nicht auf die alte Weise aufziehen kann und daß sie Zeit braucht, um eine neue zu entdecken.

Nichtsdestoweniger ist die Trennung ziemlich beiläufig, und das trübt unsere Bewunderung für Nora. Ibsen hat ihr Verlassen der Kinder auf dieselbe moralische und emotionale Ebene gestellt wie das Verlassen von Helmer, und wir können dem, in unserem Herzen, nicht zustimmen. Es ist nicht nur das Verlassen, sondern auch die Art, wie das Stück keine Zeit hat für Leiden, für Schwankungen des Herzens. Ibsen ist am Ende zu sehr ein Mann gewesen. Er hat die männliche Praxis, ob zugegeben oder nicht, beim Wort genommen: wo die Selbstverwirklichung auf dem Spiele steht, dürfen Kinder kein Hindernis sein.

In William Archers Vorwort zu *Ein Puppenheim* gibt es die Vorstellung, daß die Frau, die das Modell für Nora abgab, in Wirklichkeit das Geld geliehen hatte, um ihr Haus neu einrichten zu lassen! In dem Gedanken liegt etwas Verlockendes, etwas von Nora Helmer. Der wirkliche Fall war elender und komplizierter. Die borgende Frau war eine Intellektuelle, eine Art Schriftstellerin, die eine literarische Korrespondenz mit Ibsen führte. Man verabredete sich, und der Biograph Halvdan Koht schreibt, daß »sie keineswegs das war, was er [Ibsen] erwartete, sondern jung, hübsch, lebhaft.« Sie wurde nach Dresden eingeladen, und Ibsen nannte sie »die Lerche«. Einige Jahre später heiratete die

Lerche und lieh heimlich Geld, um ihren Mann aus Gesundheitsgründen mit nach Süden zu nehmen. Sie hatte Schwierigkeiten, das Geld zurückzuzahlen, und Ibsen drängte sie, es ihrem Mann zu gestehen. Sie beichtete, und er verlangte in seiner Wut die Scheidung. Die Frau erlitt einen Nervenzusammenbruch und wurde in eine Nervenklinik eingeliefert. »In dieser Katastrophe wurde die Ehe gelöst.«

Das Stück und der wahre Hintergrund geben einen wundervoll reichen Kommentar zueinander ab. Sobald wir hören, daß das Vorbild der Nora intelligent und ehrgeizig war, fällt alles an seinen Platz. Es ist nicht nötig, sich nach Motivation und Charakterwandel, nach plötzlichen Eröffnungen zu fragen. Ibsen hat Nora nicht zu einer Schriftstellerin gemacht, aber er hat sie, wenn wir genau hinsehen, außerordentlich intelligent gemacht. Sie ist die sympathischste aller seiner Heldinnen. Es gibt nichts Bitteres, Rücksichtsloses oder Selbstzerstörerisches in ihr. Sie hat die Liebenswürdigkeit und Ausdauer, die die Schlüssel zu moralischer Kraft sind. Nora ist wohlwollend und fair. Selbst als sie Helmer verläßt, dankt sie ihm dafür, daß er gut zu ihr gewesen ist. Dr. Rank, dem Hausfreund, der sie liebt, gegenüber ist sie ehrlich, und ihr Flirten hat nichts von dem schweren Zynismus von Hedda Gablers Beziehung zu *ihrem* Hausfreund, Assessor Brack, und nichts von dem bitteren Ehrgeiz von Rebekkas Verhältnis zu Rosmer an sich. Nora will nichts für sich erreichen, und wir können sie uns in der nihilistischen Verfolgung eines Architekten *(Baumeister Solness)* oder eines Bildhauers *(Wenn wir Toten erwachen)* nicht vorstellen. Noras Freiheit ruht auf der Wärme ihres Wesens.

Es ist üblich, Nora am Anfang zu leicht und am Ende zu schwer zu spielen. Die Person, die in Akt Eins und Zwei so bezaubernd gewesen ist, trägt in Akt Drei ein schäbiges Reisekostüm und steht plötzlich als altjüngferliche Gouvernante vor einem. Wenn das Stück einen Sinn ergeben soll, muß die Frau, die beschlossen hat, ihren Mann zu verlassen, genau dieselbe Frau sein, die wir am Anfang kennengelernt haben. Wir sollten ohne weiteres voraussagen können, daß sie bald wieder lachen und plaudern wird und ihre Makronen in Frieden essen und ihren Freundinnen erzählen wird – sie kehrt in ihre Heimatstadt zurück –, als was für ein Spießer sich Helmer herausgestellt hat. Sonst ist ihre Freiheit nichts wert. Noras Befreiung ist keine Verwandlung, sondern die Anerkennung eines Irrtums, der Tatsache, den falschen Mann geheiratet zu haben. Ihr wirkliches Problem ist Geld – am Anfang und am Ende. Wovon wird sie leben? Welche Arbeit wird sie tun? Wird sie ihre Kinder wiederbekommen? Wen wird sie heiraten? Als der Vorhang fällt, ist das nur das Ende von Band I.

Weil Nora frei und ganz ist, stellt sie nicht das rätselhafte Gewirr von Trug und Ausflucht, unterdrückter Wut und Unehrlichkeit dar, das eine so eigenartige Tendenz in den Frauen von Ibsens anderen realistischen Stücken ist. *Ein Puppenheim* ist eine Komödie, hat ein *happy end* – außer was die Kinder betrifft. Das Drama ist vor mehr als neunzig Jahren veröffentlicht worden, und wir haben nur wenig gefunden, was wir ihm hinzufügen könnten. Was die knirschenden Ehen angeht, so sind die Kinder immer noch da, eine Frage der Improvisation, gegen feste Prinzipien ist das Problem resistent. Zum Glück sind einige der extremeren Ibsen-Heroinen – Hedda Gabler, Rebekka West und Irene – kinderlos, und das macht es der moralischen Sensibilität des Publikums leichter, ihre Selbstmorde und Abstürze zu ertragen.

Hedda Gabler

Hedda Gabler ist eine der bösartigsten romantischen Gestalten in der Literatur. Sie wird dem Zuschauer nicht als Groteske angeboten, und sie ist auch nicht als Hilfmittel gedacht, das die Handlung voranbringt und einen kontrastreichen Hintergrund abgibt für jene helleren, freundlicheren Geister. Sie steht, ganz im Gegenteil, im Zentrum des Geschehens auf der Bühne; Ibsen gesteht ihr das zu, und die ambivalenten Attraktionen ihres Wesens ziehen unsere Aufmerksamkeit um so enger an sich, nach innen, in jene leeren Räume hinein, die weder sie noch wir mit Motiv und Absicht füllen können. Hedda ist niederträchtig und kleinlich in großen wie in kleinen Dingen.
Die einzige andere romantische Gestalt von der gleichen Härte und Grausamkeit ist Heathcliff in *Die Sturmhöhe*. Er gibt sich nicht die Mühe, Höflichkeiten oder Verstellungen vorzuspiegeln. Dennoch sind wir mit Heathcliff ein wenig, wenn auch nicht ganz, durch seine alles andere negierende Liebe zu Cathy versöhnt, durch die Tatsache, daß er als Kind verlassen und von dem natürlichen Sohn seines Adoptivvaters grausam gequält wurde. Auch zeigt Heathcliff eine Art von Entwicklung: er geht fort und gewinnt ein Vermögen, und das macht deutlich, daß allen Leiden zum Trotz männliche Kraft und Kontrolle in ihm stecken. Allmählich eignet er sich durch Willenskraft und Rücksichtslosigkeit den Earnshawbesitz an – aber natürlich verliert er am Ende alles, was seinem Leben eine Bedeutung hätte geben können.
Geschöpfe des Willens gehen Schritt um Schritt auf den Sieg und zugleich auf den Verlust zu. Zumindest trifft dies auf die Literatur zu, wo Komposition und Vollendung eine

Rolle spielen. Solche Gestalten lassen die Zufälligkeiten der Existenz nicht zu. Der rasende Wille würde alles um ihn herum zerstören, wenn nicht die Forderungen der ästhetischen Struktur den faszinierenden, alle Regeln verletzenden, dominierenden Helden stürzten. Wie Heathcliff zieht Hedda Gabler uns an und stößt uns gleichzeitig ab. Sie sind beide sozusagen Stars, erschaffene Gestalten, groß, aber irgendwie ohne Symmetrie. Wir wissen nicht, wie wir zu ihnen stehen, und oft sind sie einfach übertriebene, unvorstellbare Geschöpfe, die sich selbst und ihre Launen in beliebiger Raserei auf uns werfen. Und doch berühren ihre Geschichten uns; sie sind nie langweilig. Es gibt kein Nachlassen der Spannung. Irgendein Element universellen psychischen Lebens und psychischer Wahrheit bringt uns dazu, an ihre Möglichkeit zu glauben, selbst wenn wir sie nicht klar und definitiv unter den Begriffen realistischer Kausalität mit ihren Handlungen in Verbindung bringen können. Ruhelosigkeit, Stimmungsschwankungen, Besessenheit. Alles kommt uns in Fragmenten entgegen, in verstörenden Splittern. Man hat das Gefühl, daß das Leben ihr Maß an Willkür nicht zu tragen vermag, und ein Teil der Spannung ihres Charakters ist die angsterfüllte Erwartung zu erfahren, wie sie denn nun stürzen werden.

Hedda Gabler ist insofern ungewöhnlich, glaube ich, als sie überhaupt keine Motivation hat. In einem gewissen Sinne wollen wir sie gar nicht definiert sehen. Sie ist lästig, problematisch und doch eine Art von Heldin, über die man am Ende des Stückes ebenso grübelt wie am Anfang. Ihre Fehler sind tief und trübe, wühlen in den dunkelsten, kältesten Quellen der Destruktivität. Sie kann niemanden lieben, außer vielleicht ihren toten Vater, aber sie ist eine Versuchung, etwas sehr Besonderes, wie die Schlange von der Natur durch eine beiläufige Fügung des Schicksals auserwählt, drohende, willkürliche, betörende Kälte darzustellen.

Hedda hat mit Medea, Phädra oder Klytemnestra nichts

gemein. Sie sind verletzt, betrogen worden; sie sind eifersüchtig; sie kennen die Liebe und daher auch die Notwendigkeit der Rache für ihren Trug. Sie haben Sehnsüchte für die Zukunft, und sei es nur, gewisse Bedingungen der Vergangenheit zu zerstören. Ihre Handlungen stehen mit ihren Gefühlen in Einklang. Hedda Gabler teilt mit Hamlet die Eigenheit, daß sie sich für eine irritierende Zahl von Deutungsmöglichkeiten hergibt. Aber Hamlets Vater ist ermordet worden, und seine Mutter hat den schuldigen Onkel geheiratet.

Bei Hedda haben wir gar nichts. Sie ist nicht die Königin von Theben, die Fürstin von Helsingör oder auch nur von Ibsens Christiania; sie ist stattdessen aufzufassen als eine provinzielle, irgendwie (wiederum unklar) kompromittierte Frau im Alter von neunundzwanzig Jahren, jung verheiratet mit dem dümmlichen und wenig beeindruckenden Gelehrten Jörgen Tesman. Sie betritt die Bühne an einem seltsamen Punkt ihres Lebens; es geht bergab, sie sitzt fest. Mit Jörgen Tesman verheiratet zu sein, ist für sie ein bitteres Ende; es ist die negative Seite des überwältigenden, mitleidslosen Geschicks. Es ist nichts Ehrfurchtgebietendes oder Grandioses daran; es ist eher peinlich. Statt der Verrätereien, Tode, Morde und Eifersüchte der Alten ist es Heddas Drama, das Leben in Bedenkenlosigkeit und Großartigkeit begonnen zu haben und mit einem Versager zu enden. Als wir ihr zuerst begegnen, hat sie gerade mühsam ertragene Flitterwochen mit einem benommenen, gelehrten Einfaltspinsel hinter sich. Es ist unerträglich; schon die Atmosphäre kündigt von Beginn an nicht tragische Unglücklichkeit, sondern eine leere, lähmende, lächerliche Ehe an. Die seltsame Modernität der Handlung liegt darin, daß die Arbeit des Schicksals zu gähnender Langeweile geschrumpft ist. Wir empfinden, daß Jörgen Tesman zu gut für Hedda ist, aber keine Frau im Publikum könnte sich je in ihn verlieben. Es ist schwierig, irgendwo Sympathie loszuwerden, als die Szene sich entfaltet.

Hedda nimmt jede Gelegenheit wahr, sich schlecht zu benehmen und andere zu verletzen. Manchmal tut sie das mit einer trägen Kleinlichkeit und manchmal mit bösartiger Entschlossenheit. Von Natur aus ganz Eis und Gleichgültigkeit, vollbringt sie ihre Untaten ohne Anwandlungen von Erregung oder Gefühl; und deshalb ist es schwer, im Gedächtnis zu behalten, daß Hedda das ganze, vier Akte währende Stück hindurch keinen einzigen anständigen, großzügigen Impuls zeigt. Wir sehen sie von ihrer besten Seite, wenn sie nichts über den ihr eigenen Stil hinaus darbietet. Hedda Gabler fordert einen heraus und unterhält, und sie ist die faszinierendste, menschlich interessanteste von Ibsens Frauen. Schauspielerinnen sehnen sich danach, die Rolle zu spielen, und sie hat seit 1890 ein treues Publikum. Das Verwischte, das Trübe ihres bösen Wesens sind in sich selbst dramatische Entdeckungen. Das Publikum, zumindest die Frauen in ihm, kennen ihren eigenen Jörgen Tesman; und der Mann im Publikum ist jederzeit bereit, mit Hedda seinen Frieden aufs Spiel zu setzen.
Hedda Gabler handelt nicht selbst, außer vielleicht am Ende. Davor verwirklicht sie ein Kleinstadtgeschick, das ganz und gar in ihren Gefühlen und in ihrem Temperament stattfindet. Ihre Destruktivität hat keinen politischen oder philosophischen Inhalt; kein zorniges Aufbegehren gegen Armut, Schicksal, Ungerechtigkeit, Pech. Die zerstörerischen Alternativen sind wiederum negativ: Wer sonst? Wo sonst? fragt sie, und es gibt keine Antwort. Negative Kräfte sind für Heddas Integrität vernichtender als unerfüllte positive Wünsche. Das ist die Originalität von Ibsens ungewöhnlicher Kraft in diesem Werk. Die Götter haben mit Hedda nicht ihr Spiel getrieben. Sie hat, wenn überhaupt, ihr Spiel mit den Göttern getrieben. Sie hat getan, wozu sie Lust hatte, ohne Reue, ohne Gedanken an das Leiden anderer. Aber selbst das ist negativ. Nichts, überhaupt nichts für sie selbst erbringen ihre Handlungen. Andere werden bekla-

genswert verletzt, ruiniert, sogar getötet, aber sie ist deshalb nicht im geringsten reicher oder glücklicher.
Am Ende des Stücks gibt es zwei Leichen, und natürlich ist die Hedda Gablers eine von ihnen. Und doch ist das Stück nicht im wirklichen Sinne große Tragödie. Es bleibt eine brutale und brillante Inszenierung provinziellen Lebens, eine, deren dramatische Faszination uns ergreift und uns dennoch nicht von Trauer und Mitleid betäubt zurückläßt. Einiges von der emotionalen Enttäuschung am Ende des Stücks mag Ibsens Entschluß, alles für uns aufzuräumen, zuzuschreiben sein. Hedda hat ein wertvolles Manuskript verbrannt, und ein vielversprechender junger Denker liegt erschossen in einem Bordell – dies sind die Verluste, die in uns Gefühlsaufwallungen wecken könnten. Aber der Verlust ist nicht endgültig. Am Ende ordnen Heddas Gatte, Tesman, und die Geliebte des jungen Mannes, Thea, die Notizen zum großen Buch des jungen Lövborg, und sie ordnen zugleich ihr eigenes Leben. Eine Tragödie hinterließe nicht Thea und Tesman mit ihrem Lebenswerk vor sich oben im Studierzimmer. Schließlich haben sie die Menschen verloren, die sie liebten, und daß sie sich damit trösten, Textfragmente zusammenzukleben und für die Nachwelt herauszugeben, ist schon recht niederdrückend. Und was ist mit der Wirkung des dramatischen schließlichen Schusses hinter der Bühne, als Hedda sich sauber in die Schläfe schießt? Es ist ein unvergeßliches Denouement, bei dem man nicht so sehr Trauer empfindet, eher *Bravo!* rufen möchte in Bewunderung für soviel Können, verrückten Mut und äußerste, vollständige Gleichgültigkeit.
Hedda Gabler ist ein fremdartiges Stück über eine Fremde. Wo liegen ihre Schwächen? Moralisch ist sie ganz und gar Schwäche. Es gibt in ihr keine kompensierende Tugend, aber einen Vorteil besitzt sie, den Vorteil, Stil zu haben. Das ist es, was uns überwältigt, was unsere Aufmerksamkeit erobert und festhält, was uns, sogar gegen unseren Willen,

eine Art Komplizentum, Bewunderung empfinden läßt. Hedda ist kühl – in dem älteren Sinn des Wortes. Sie verbirgt nicht Aufruhr und Ehrgeiz hinter angestrengter Kontrolle. Ihre Gleichgültigkeit ist echt. Sie liebt nicht. Niemand in dem Stück hat ihre Gefühle tief berührt. Die Unmöglichkeit oder die Unfähigkeit, jemanden zu mögen, ist die entscheidende Bedingtheit ihres Wesens. Sie ist indessen nicht der Grund ihres Handelns; sie ist nur eine Bedingtheit, der entscheidende Zug ihres Charakters und ihrer Situation. Sie steht neben anderen Details, vielen anderen Details, zum Beispiel der Tatsache, daß sie eine Lügnerin ist. Sie ist die Grundlage ihres Stils, der Stoff, aus dem das Bild, das sie von sich vermittelt, zusammengesetzt ist. Diese Bedingtheit macht sie enorm interessant.

Man hat viele Begriffe gefunden, um Hedda zu beschreiben, darunter den der »Hyperästhesie« – ein Begriff, der auf eine Entgleisung der Sensibilität hinweist. Und auch eine Art der Anästhesie – Frigidität. Es liegt etwas zu Hoffnungsvolles in dem Gebrauch irgendeiner medizinischen oder physiologischen Bestimmung von Heddas Charakter. Das wäre so, als würden wir die Tatsache betrauern, daß sie die Segnungen einer »Behandlung« oder jener sexuellen Kenntnisse nicht genossen hat, an die man heutzutage angeblich so einfach herankommt. Wir wissen es nicht. Wir wissen, daß sie narzißtisch ist – eine sehr viel ältere Veranlagung, äußerst hartnäckig und unausrottbar. Aber das Seltsame ist, daß sie nicht sonderlich introvertiert oder selbstanalytisch scheint. Da ist wenig Genuß in ihrer Selbstliebe. Sie ist von einer frucht- ja, nutzlosen Art, und so empfindet sie, als sie am Ende endlos in den Spiegel sieht, wenig Leidenschaft für das, was sie da erblickt. Es ist wieder negativ. Sie liebt sich selbst lediglich mehr als irgendjemanden sonst, aber sie liebt sich nicht sehr.

Der Egoismus löscht Heddas Gefühl für andere, ohne ihr übermäßige Freude an sich selbst zu geben. Sie ist ganz destruktiv, aber nicht paranoid oder schizophren. Sie hat sogar etwas von einer Rationalistin an sich, von einer Skeptikerin, und die Posen der Romantik verändern ihr Leben nicht. Sie erwartet nicht, daß die Dinge gut ausgehen, hat wenig Glauben daran, einen Erretter zu finden. Wie anders sie ist als ihre alte Schulfreundin Thea, der das Leben jede Wunde geschlagen hat und die doch voller Glauben ist. Glauben an die Kunst und an das Denken, an die Liebe, an die Möglichkeit, eine gefährlich labile Seele wie Lövborg auf den richtigen Weg bringen zu können. Hedda andererseits scheint in dem Wissen geboren zu sein, daß Lövborg nicht für immer nüchtern bleiben wird und daß er es irgendwie schaffen wird, furchtbare Hindernisse zwischen sich und die Vollendung des Buches, sogar die Vollendung des Lebens, aufzutürmen.

Ein anderer interessanter Zug an Hedda ist, daß sie, obwohl jeder Absicht »entfremdet«, auf all jene kleinen Konventionen, die die Oberfläche schmücken und die Sicherheit geben, sehr achtet, vielleicht sogar Respekt vor ihnen hat. Hedda weiß, wiederum im Gegensatz zu der romantischen Thea, daß es auf lange Sicht einfach zu viele Probleme schafft, die Konventionen zu brechen. Und man müßte dazu einen Grund haben, einen leidenschaftlichen Grund, den sie nicht besitzt. Sie spricht von ihrer Langeweile, aber was heißt das? Langeweile bezeichnet keine positive Befindlichkeit; sie ist wieder negativ, lediglich ein Mangel an irgendetwas, das nicht langweilig wäre. Und wiederum ist es auffallend, daß Heddas Langeweile sie nicht besser macht, sie nicht dazu bringt, sich nach etwas, das außerhalb ihrer selbst liegt, zu sehnen, nach etwas Reinerem, Tieferem als der Gesellschaft des »Westends von Christiania.«

Hedda ist nicht hysterisch. Es ist natürlich, daß Schauspielerinnen einen objektiven Ausdruck für das Geheimnis von Heddas Wesen suchen. Sie können nicht einfach nur *dastehen,* ihre brillanten Zeilen herunterbeten. Sie fragen sich, wie Hedda ist, wenn sie allein ist, für sich. Und da ist es üblich, daß man sich vorstellt, sie wäre offener mit sich selbst als mit anderen. Alleine, dem ins Gesicht sehend, was immer sie sehen mag, stöhnt sie wahrscheinlich und ringt die Hände, um ihre innere Verzweiflung zu zeigen, ihr Unglück. Dies ist ebenso falsch für Hedda, wie es bedeutungslos für Nora ist. Die hysterischen Gesten, die man so oft sieht, wenn Ibsens Heldinnen dargestellt werden, sind ein Versuch – ein geheimer, sogar unehrlicher Versuch –, eine klare und saubere Motivation einzuführen, die der Autor nicht zu liefern wünschte. Hysterische Gefühle und stille Verzweiflung schaffen eine Sympathie, eine Atmosphäre von attraktiven, weiblichen Schwächen, bemitleidenswert, eindringlich, aber nicht sehr ernst. Die stille Verzweiflung bietet sich als die einzige Motivation an, die sich verkörpern ließe. Was würde Hedda tun, allein? Vielleicht nichts. Sie ist unendlich faul, und die Faulen ringen nicht die Hände.

Der Vorhang öffnet sich vor einem Raum in dunklen Farben. Ibsen hat das gefordert, und es mag etwas bedeuten oder lediglich eine Mode der Zeit sein, in der er schrieb. Der Salon ist »geräumig, elegant eingerichtet« – in dunklen Farben. Man blickt auf einen »herbstlichen Garten« hinaus. Hedda ist nicht häuslich. In Christiania, im Leben des norwegischen Hauses, der Familie, ist das in sich vielleicht bereits ein ungewöhnlicher Umstand. In dieser Hinsicht ist sie ein deutlicher Gegensatz zu Nora mit ihrer Liebe zu Dingen, zu Kleidern, Samtbändern, Weihnachtsbäumen, besonderen Geschenken für die Kinder. Sie sind beide extravagant, aber in ganz unterschiedlicher Weise. Heddas Extravaganz hat nichts mit ihr selbst zu tun. Sie kennt keine Rechnungen, wie Nora, und läßt deshalb andere für sich borgen. Sie ist in Wirklichkeit das Objekt von Extravaganz. Undurchschaubar, geheimnisvoll, wurzellos, wie sie ist, erscheint es nur natürlich, daß einfache, ernste Menschen wie ihr Gatte und seine Tante sich vorstellen, daß sie vertrauter, wärmer, menschlicher würde, versetzte man sie in eine ihr gemäße Sphäre. Sie hat, da es andere Beschäftigungen kaum gibt, den lauen Wunsch geäußert, ein gesellschaftliches Haus zu führen. Aber es ist klar, daß Hedda das nicht mit ihrer eigenen gesellschaftlichen Energie verwirklichen könnte. Das würde Geld kosten, und Tesman, ihr Gatte, hat keines, obwohl er sein unterdrücktes Wissen um die Torheit und Kälte seiner Ehe darin kundtut, daß er seine Finanzen bis aufs äußerste streckt, um seiner vagen und demütigenden Vorstellung dessen, wofür Hedda ihn lieben könnte, nahezukommen. Gegenstände werden Hedda nicht dazu bringen, ihn zu lieben, und ohnedies kann Tesman nie genug davon kaufen. Die Opfer, die man ihretwegen auf sich nimmt, sind schmerzlich in ihrer Unzulänglichkeit und in dem furchtbaren Preis, den die Opfernden zahlen. Der dramatische Mittelpunkt der Wohnung, die so jämmerlich für Hedda geschaffen wurde, ist das Porträt ihres Vaters, des Generals Gabler. Er sieht vom anschließenden Raum aus zu, wichtiger als jedes Möbelstück oder jede Ausgabe je sein könnte.

Hedda ist von einer fast sechsmonatigen Hochzeitsreise mit ihrem Mann zurückgekehrt. Tesman ist ein weltfremder Mensch, ganz der zerstreute Professor. Er ist kein dunkler, dicker Casaubon, wie in *Middlemarch,* sondern ein netter, mittelmäßiger Dr. phil., der ohne viel Energie an der Vollendung seiner Dissertation herumschreibt. Tesman ist ein wenig lächerlich und sexuell geradezu spektakulär unattraktiv. Er hat einen dieser verwirrenden Charaktere, die aus einer blinden Unschuld zu bestehen scheinen, die sie davor schützt zu wissen, was sie nicht zu wissen wünschen. Wenn er Gutes tut, dann nicht etwa, weil er Gutes tun will, sondern weil er aus einem weichen und verwischten Selbstschutz heraus handelt.

Der Mann, den Hedda Gabler geheiratet hat, ist viel mehr ein Mädchen als sie. Sie ist von einem General mit Pistolen und Pferden aufgezogen worden. Er ist beschützt worden, von Frauen aufgezogen, von zwei liebevollen, sich selbst aufopfernden unverheirateten Tanten. Seine gute alte Dienerin, eine weitere weibliche Mutterfigur für ihn, kommt, um für Hedda zu arbeiten. All diese abgearbeiteten, alten, sparsamen, sich selbst zurückstellenden Damen haben ihren sauberen, unschuldigen Studenten mit Bestnoten, Jörgen, geliebt. Aber in gewisser Weise sind sie weltlicher als er. Sie zeigen eine rationale Sorge über seine Heirat mit Hedda Gabler. Es ist ihnen so unbegreiflich wie uns, daß sie sich Jörgen Tesman ausgesucht haben sollte.

Die Wahrheit ist, daß Hedda sich Jörgen nicht ausgesucht hat. Sie sagt, daß sie »sich müde getanzt« hat, und sie spricht ohne viel Überzeugung von Tesmans ziemlich fadenscheiniger Respektabilität und seinen mageren Zukunftshoffnungen. »Und da er nun partout die Erlaubnis haben wollte, mich versorgen zu dürfen – ich weiß nicht recht, warum ich ihm das hätte abschlagen sollen?« Tesmans blinde Torheit ist noch nicht einmal durch eine überwältigende Leidenschaft für Hedda gerechtfertigt. Er scheint in die Ehe hineingeschlittert zu sein aufgrund einer Art von stolpernder Eitelkeit, die ihn glauben ließ, daß er, ein trockener Gelehrter ohne auch nur eine Professur, einfach etwas Natürliches tat, wenn er die bedenkenlose, unruhige Tochter von General Gabler heiratete.

Wenig Pathos liegt in Jörgen Tesmans Gefühl für Hedda Gabler, und das ist einer der interessantesten Aspekte von Ibsens Vision in diesem Stück. Dies ist eine von jenen blassen, lieblosen Ehen auf beiden Seiten. Als Hedda sich selbst umbringt, ruft Tesman aus: »Sie hat sich erschossen! In die Schläfe geschossen! Stellen Sie sich vor!« Sie ist für ihn eine Fremde. Die Wahrheit über sie ist, daß alle ihre Bewunderer, einschließlich Assessor Brack, der immer noch da ist, sich von ihr angezogen fühlten, aber zugleich wußten, daß da etwas jedes Glück Bedrohendes in ihrem Wesen lag. Sie war nicht heiratsfähig. Was außer persönlichem Charme hat sie zu bieten? Sie besitzt Vitalität, aber die besteht ganz aus Pferden und Schießen und Leere. Sie geht mit niemanden weiter oder tiefer. Selbst Lövborg, der in seiner Bedenkenlosigkeit für sie eine Versuchung zu einem tieferen Empfinden war, kann sie nicht zugestehen, daß die Grundlage ihrer verführerischen Freundschaft Liebe war. »Nein, nicht ganz,« sagt sie.

Jörgen Tesman ist zu unerfahren und von den angemessenen Gefühlen zu abgeschnitten, um diese Dinge richtig einschätzen zu können. Er hat an seiner Dissertation über »Kunsthandwerk im Mittelalter« gearbeitet, und diese Studien haben ihn nicht gelehrt, Abstand zu Hedda zu halten. Stattdessen glaubt er lieber weiterhin, daß eine Katastrophe ein Glücksfall ist, daß Schulden und Gleichgültigkeit verschwinden werden. Die einzige Hoffnung, die er vernünftigerweise in seinem Herzen verborgen haben könnte, ist die, daß Hedda langsam so würde, wie die Frauen, die er gekannt hat – die hingebungsvollen, opferbereiten, anbetenden alten Tanten und Kinderfrauen. Es liegt etwas fast Schäbiges in Tesmans eigensinniger Albernheit.

Heddas erste gemeine Tat hat in ihrem Mangel an Notwendigkeit und ihrer Tiefe an Kleinheit etwas Brillantes. Diese gekonnte Szene ist von der Art, die die realistischen Regeln der Dramaturgie aufs reichste belohnen: der Autor setzt ein Stichwort, verläßt es, und springt dann plötzlich darauf zurück. Wir wissen, daß Fräulein Tesman, Jörgens geliebte Tante, zu Ehren des heimkehrenden Brautpaares einen neuen Hut gekauft hat. Die Kleinheit, die Engherzigkeit der Beleidigung, die Hedda ausspricht, sind ein Maß ihrer sinnlosen Grausamkeit. Die alte Tante kann sich nur schwer etwas Neues leisten, da sie alles, was sie hat, einschließlich ihrer Rente, für die Einrichtung der Villa verpfändet oder überschrieben hat. Sie legt ihren neuen Hut auf einen Sessel, als das Stück beginnt, Hedda erblickt ihn und macht eine empörte Bemerkung über die unansehnliche Kopfbedekkung; sie tut so, als müsse sie der alten Dienerin gehören. Das ist ekelhaft, und uns bleibt nicht einmal die Entschuldigung, daß es ohne Absicht geschehen sein könnte, da Hedda später eingesteht, daß dies die Art zwanghafter Verletzung anderer ist, zu der sie neigt. »Ja, sehen Sie – so etwas kommt ganz plötzlich über mich – und dann kann ich einfach nicht anders.«

Interessante Gestalten betreten Heddas düsteren Salon. Sie bekommt unerwarteten Besuch von Thea Elvsted, einer Schulfreundin. Thea hat das enge, bittere Leben eines Mädchens des neunzehnten Jahrhunderts ohne Geldmittel hinter sich. Sie ist attraktiv, blond, ein wenig jünger als Hedda – und untröstlich. Ihre ersten Worte sind voller Angst, sprechen von Verzweiflung, davon, niemanden zu haben, mit dem sie reden kann. Ihre Geschichte ist die elende Geschichte intelligenter Frauen, ernst, mittellos, ganz angewiesen auf die geizigen, unsicheren Angebote des Zufalls und die magere, demütigende Arbeit der Gouvernante. Thea hatte eine solche Stellung als Gouvernante in der tiefen Provinz angenommen. Der Landamtmann Elvsted stellte sie an, um seine Kinder zu betreuen. Wie sich herausstellte, war seine Frau Invalidin, und Thea sank von der Stellung der Gouvernante zu der einer Haushälterin, alles einsam und lieblos und ohne jede Zukunft. Die Frau starb, und in ihrer Hoffnungslosigkeit heiratete sie den Landamtmann Elvsted.

Eine jener Möglichkeiten der Transzendenz verwandelt Theas Nichts plötzlich zum freudigsten Versprechen. Sie trifft Ejlert Lövborg, einen alten »Freund« Heddas, Schulkamerad und begabter Konkurrent des prosaischen Tesman. Ejlert ist ein Denker, ein Künstler, ein Bohémien, eine Art Nietzscheanischer Gestalt, deren Karriere und Leistung durch drastisches Trinken zerstört worden sind. Thea verliebt sich in ihn. Aber es ist mehr als romantisch: es ist eine Mission, ein heiliger Bund, eine jener hingebungsvollen

Aufgaben, die das tiefste Wesen einer überlegenen Frau herausfordern. Lövborg ist mehr als ein romantischer Mann; er ist das Werkzeug, durch das Thea ein Ziel auch für ihre eigenen intellektuellen Möglichkeiten finden kann. Sie ist eine Art fortgeschrittene Studentin; sie glaubt an Bildung, an das Schreiben, an die Kunst, an die Kultur. Die Flammen einer leidenschaftlichen Zusammenarbeit erfassen sie. Mit Lövborg zu leben, ihn vom Trinken abzuhalten, ihm dabei zu helfen, die Bücher zustandezubringen, die er schreiben wollte: in diese Mission legt sie ihr ganzes Herz.

In der Einsamkeit seiner Isolation scheint Lövborg sich selbst zu finden. Er hört mit dem Trinken auf – mit jener Versuchung, die für die Männer der nördlichen Länder so grimmig real ist und die für Ibsen selbst in den frühen Jahren seiner Karriere eine intensive Gefahr war. Lövborg schreibt ein Buch, das ein Erfolg wird, und beginnt das Buch seines Lebens, etwas sehr viel Größeres und ihm Wichtigeres. Natürlich hat Lövborgs Erfolg mit dem ersten Buch Folgen. Er kehrt, Künstler, der er ist, in die Stadt zurück, um die Früchte zu genießen. Er ist nicht mehr der ruinierte Mann, der im Distrikt des Landamtmannes lebte und schrieb. Die Arbeit hat ihn gerettet. Er darf sein Gesicht wieder zeigen und hätte sogar ein Recht, sich um die Professur zu bewerben, auf die auch der arme Tesman hofft. Thea denkt mit Schrecken an die Möglichkeiten des Rückfalls, die Lövborgs Besuch in Christiania mit sich bringt. Sie kennt den Mann. Mit Wagemut und in Verzweiflung und Wissen flieht sie aus dem Haus ihres Gatten, um ihrer Mission zu folgen und Lövborg ein weiteres Mal zu retten. Er braucht das.

Das Stück entwickelt sich mit großem handwerklichen Geschick. Lövborg ist vor mehreren Jahren einmal in Hedda verliebt gewesen. Das glauben wir genauso, wie wir nicht ganz an das Schicksal glauben können, das Hedda zu Tesmans Frau gemacht hat. Lövborg und Hedda haben gewisse

Temperamentsaufwallungen von Ungeduld und Ruhelosigkeit gemeinsam. Sie teilen eine Neugier auf das Leben, sind von Gefahr angezogen, und Lövborg ist ganz offen entsetzt, Tesman und Hedda als Mann und Frau anzutreffen. Er sieht es als die Farce, die es ist. Was Hedda angeht, so wirken der neue Ruhm, die »Rettung« durch die weniger glänzende, treue Thea, das gegenwärtige Buch und das zukünftige Buch wie Gift auf sie. Im Sarg ihres Lebens will sie Amusement: sie liebt es, mit Risiko und Gefahr zu spielen; sie fühlt sich gezwungen, die Rettung, die Leistung, die Zukunft zu zerstören.

Hedda treibt Lövborg mit ihrem Spott zum Trinken, zu dem ersten Zug, der zum zweiten führen wird. In dieser Szene zeigt Ibsen einen wahren und durchdringenden psychologischen Realismus. Er versteht Lövborgs geistige Kraft, die Attraktivität seines Wesens, aber er kennt auch die kleinlichen Mechanismen der Selbstrechtfertigung, die elenden Tricks der inneren Disziplinlosigkeit. Lövborg, wie die meisten Alkoholiker, die wieder anzufangen beschließen, sucht jemanden außerhalb seiner selbst, dem er die Schuld für seine plötzliche Entschlossenheit zu genießen geben kann. Er findet eine Entschuldigung von wunderbarer Wahrheit.

Hedda erzählt ihm, daß Thea aus Furcht um die schwankende Festigkeit seines Entschlusses in die Stadt geeilt ist. Sie erklärt, daß Theas Angst um ihn auf der Gefahr beruht, daß er in seine alten Gewohnheiten zurückfällt und die Chance auf Erfüllung seiner Hoffnungen zunichte macht. Der Gedanke, bewacht zu werden, geliebt zu werden, erscheint ihm plötzlich wie etwas ihm Aufgezwungenes, wie ein Eingriff in sein Recht, sich zu ruinieren. Er fühlt sich verletzt, ist empört über Theas vernünftigerweise geringen Glauben an ihn, über ihre Treue, über den Mut, mit dem sie ihr Leben seiner Nüchternheit weiht. Lövborg hebt sein Glas und sagt: »Auf dein Wohl, Thea!« Es ist kein Wunder, daß Shaw ihn eine »männliche Kokette« nannte.

Lövborg betrinkt sich, verliert sein Manuskript, beendet die Nacht in einem Bordell. Die gesichertsten Abläufe konventioneller Handlungsführung erfahren an diesem Punkt des Stücks eine wunderbare Wendung. Instinkt und dramaturgische Technik verschmelzen und eine seltsame Gewalttätigkeit, ein Strom von Anarchie, fließt in diese Szene. Tesman hat das Manuskript gefunden und nach Hause gebracht, aber als ein gramzerfurchter, verzweifelter Lövborg am nächsten Morgen auftaucht, sagt Hedda ihm nicht, daß sein Manuskript in Sicherheit ist. Stattdessen gibt sie ihm, als er droht, sich aus Ekel vor seinem Leben umzubringen, eine ihrer Pistolen und richtet den seltsamen, unvergeßlichen Appell an ihn: »Hören Sie, Ejlert Lövborg – könnten Sie nicht versuchen, daß es – daß es in Schönheit geschieht?«
Hedda steckt nach und nach das Manuskript in den Ofen und sagt dabei, es wäre Theas Kind. Unter anderen brutalen Gefühlen, die die Herrschaft über Heddas Verstand gewinnen, scheint eines ein Protest gegen Romantik, gegen Lövborgs weitläufige Schwärmereien zu sein, was das Buch ihm und Thea bedeute, wie kostbar es sei, daß es für das Leben stehe, für Treue und für Liebe.
Als Generalstochter hat Hedda ästhetische Vorstellungen vom Umgang mit Waffen; sie glaubt daran, daß Feuerwaffen mit Stil gebraucht werden sollten. Lövborg dagegen ist ein Schriftsteller, ein Intellektueller, getrieben von wilden Anfällen der Reue, der Verzweiflung und des unkontrollierten Gefühls. Aber selbst, wenn das vorausgesetzt wird, ist sein Ende wahrhaft ein übles Chaos, voll abstoßenden Schreckens und ohne jede Eleganz. Im Bordell ist die Pistole in seiner Brusttasche losgegangen, und die Kugel bleibt in seinem Unterleib stecken. »Auch das noch!« sagt Hedda mit dem Ausdruck des »Ekels«. »Oh, dies Lächerliche und Niedrige, das sich wie ein Fluch auf alles legt, was ich auch nur anrühre.« Die absolute Trostlosigkeit und Verfehltheit ihrer Existenz scheint wie illuminiert von Lövborgs lächerli-

chem Tod. Wir wissen nicht, was sie von ihm wollte, außer daß sie in irgendeiner Art ein Werkzeug und sei es das Werkzeug des Todes, im Leben eines anderen sein wollte, eines anderen, der exotisch genug war, ihrer Frevelhaftigkeit würdig zu sein. Hedda schießt sich selbst in die Schläfe – in der richtigen Art. Sie ist am Ende wie am Anfang ganz Stil, aber Stil ohne angemessenen Schauplatz. Es ist schließlich nicht mehr als nur eine Serie von Gesten, isoliert, verloren. Thea und Tesman hoffen, das verlorene Buch aus den Notizen Lövborgs wieder zusammenstückeln zu können. Selbst diese Zerstörung ist unvollkommen.

Georg Brandes spricht höchst interessant von der »Grobheit« der Welt in *Hedda Gabler*. Er schreibt: »Sogar da, wo die Unterhaltung in einer Art Freimaureridiom geführt wird, dem Witz nicht fehlt, ist sie ohne alle Verfeinerung.« In den greifbaren Übersetzungen kann man nicht den genauen Ton und Rhythmus erwarten, die gesellschaftlichen Untertöne, aber an dem, was Brandes meint, kann es keinen Zweifel geben. Dies ist einer der faszinierenden Aspekte des Stücks – die Unterströmung von Laster und Korruption. Assessor Brack ist ein öliger, hinterlistiger Sensualist, der die Art von Lebensweisheit besitzt, die ein schlauer Zynismus zu bieten hat. Da ist in der Tat etwas Legalistisches in seinem Wesen – er beobachtet alle Details und ist durch diese Fähigkeit eine Art von Erpresser. Er liebt das stille, verstohlene Drama von »Situationen«. Seine Herrenabende enden in Trunkenheit und grenzen an das Vulgäre – selbst der schüchterne Tesman kommt nicht vor dem Morgengrauen nach Hause. Nichtsdestoweniger haben wir das Gefühl, daß Assessor Brack immer alles kontrolliert, er ist wachsam, ein Bourgeois – und das ist Teil der »Grobheit«.

Madame Dianas Boudoir, wo Lövborg stirbt, erscheint als ein natürlicher Pfeiler der gesellschaftlichen Struktur. Am interessantesten von allem ist Heddas unbestimmte Neugierde auf die Unterseite des Lebens. Sie und Lövborg haben lange Unterhaltungen geführt, einander Dinge eröffnet. »Ach, Hedda – und wenn ich Ihnen dann beichtete – Ihnen berichtete von meinem wüsten Treiben.« Sie gesteht, daß sie ab und zu einen verstohlenen Blick werfen wollte, »in eine Welt, von der man als junges Mädchen eben nichts wissen darf.« Hedda hat tatsächlich einen Durst nach Erfahrung – verbunden mit einem Selbstschutz, der sie daran hindert auszubrechen. So ist am Ende für sie sehr wenig möglich, weder der Kitzel der Bedenkenlosigkeit noch der Trost der Respektabilität.

Aber nicht Madame Diana, Herrenabende und lose Erinnerungen sind für die Grobheit verantwortlich. Es ist die moralische und intellektuelle Flachheit von Hedda, ihre arrogante Kälte und ihre Ignoranz. Ihre Entschlossenheit, die wertvolle, liebesfähige, ernste Thea zu zerstören, ohne Grund oder Gewinn für sich selbst, kommt aus einem Charakter, der nicht nur geschädigt, sondern auch in sich niedrig ist. Ihre Eifersucht auf Thea ist nicht neu, obwohl sie weder in der Vergangenheit noch in der Gegenwart auf einer echten Konkurrenz beruhte. Es ist Iagos destruktiver Zwang, mal in einer Trivialität wurzelnd, mal in etwas Bedrohlicherem, aber nie in etwas, das den zerstörerischen Impulsen adäquat wäre. In Hedda liegt eine Wildheit, die nie erklärt werden kann, und doch scheint sie nicht unwirklich, unglaubhaft. Sie ist sehr real, verwirrt, konfus eher als wirklich komplex. Wir können die Kraft in ihr nicht finden, die unter einer anderen Sonne erblüht wäre, weil ihre Kraft, ihre Präsenz in hohem Maße in all jenen Fehlern und Zwängen enthalten sind, aus denen Ibsen sie geschaffen hat. Sie ist nicht die Blüte der Umwelt, sondern vielmehr ihres inneren Wesens.

Ibsens Regieanweisungen beschreiben Heddas brünette Haare als »von schöner Farbe, doch nicht sonderlich voll.« Theas Haar ist »auffallend hell, fast weißblond, und ungewöhnlich üppig und wellig.« Das erklärt die erinnerte Szene aus ihrer Schulzeit, als Hedda drohte, Theas Haare abzusengen. Auch ist es seltsam, daß Hedda, als sie das Manuskript verbrennt, das Thea Lövborg zu schreiben geholfen hat, so sehr geholfen hat, daß sie es sentimental ihr »Kind« nennen, nicht von Lövborg spricht, sondern von Thea und wieder von ihrem Neid auf Theas Haar. »Jetzt verbrenne ich dein Kind, Thea. – Du mit dem Lockenkopf!« Dies ist der Neid und die Leere einer engen, vulgären Welt.

Einer der Schlüssel zu Heddas Charakter ist die Tatsache, daß sie eine Philisterin ist. Trotz der Wildheit ihres Temperaments und der Glut ihrer Rücksichtslosigkeit ist sie die Tochter eines Generals, ein Kind des militärischen Lebens. Das Philistertum nimmt in ihr eine gewisse aristokratische Einfärbung von Trotz und Arroganz an, und aus dem Grunde paßt sie nicht in die Grenzen des Begriffs, wie Arnold ihn gebraucht hat. Aber sie ist keine Aristokratin; sie hat weder die praktischen Mittel noch die Sicherheit, daß gewisse Wege zu Vergnügen und Komfort immer auffindbar sein werden. Ihr Wagemut ist der einer Spezialistin – in diesem Fall des Militärs –, und er reicht in der Abwesenheit von Pflichten nicht aus. Ohne ihren Vater ist sie wahrhaft entwurzelt, klassenlos, undefiniert, treibend. Sich gegen die Ansprüche von Kultur und Kreativität zu stellen, ohne weltliche Privilegien zu besitzen, die an ihre Stelle treten, verursacht einen großen Aufruhr im Unbewußten. Neid, Zorn und Aggression mahlen und knirschen, und doch ist es schwer, sich der Kultur und der Bildung überlegen zu fühlen, ohne außerordentliche natürliche Vorzüge anderer Art zu besitzen. Die Abwehrhaltungen der Psyche sind immer trügerisch, und ein Ekel gegen das wirklich Wertvolle wird als Sinn für Proportionen, als angemessenes Urteil gerechtfertigt. Eine kalte und kontrollierte Philisterin wie Hedda wird immer im tiefen Empfinden für Kunst und schöpferische Anstrengung eine allgemeine Sentimentalität und Übertreibung sehen. Die arme Thea sagt, als sie davon erzählt,

daß sie ihren Mann verlassen hat, um Lövborg zu folgen, daß sie in seine Wohnung gegangen ist, um ihn zu suchen – Dinge, die eine geachtete Frau jener Zeit nicht ohne weiteres auf sich nehmen konnte –, immer wieder: »Was hätte ich denn sonst tun sollen?« Diese Art, für einen anderen zu handeln – sogar aus Liebe –, diese intensive Teilnahme, das gesellschaftliche Risiko, die Lästigkeit des Ganzen sind für Hedda unbegreiflich. Selbstsucht und Philistertum verbinden sich in Heddas Wesen zu einer großen Kraft. Sie verachtet die Handlungen der Hingabe, die das Vakuum füllen.
Zunächst einmal verachtet sie Tesmans Herumlaufen in den Bibliotheken von Europa während ihrer Hochzeitsreise. Es ist wahr, seine Vorhaben sind bescheiden, und er ist ein nervöser Pedant. Aber wäre ihr Verhalten nicht dasselbe gewesen, wenn er Barockkirchen oder die Französische Revolution studiert hätte, wenn er Gedichte geschrieben hätte, wie Wordsworth? Für Hedda ist eine Konzentration auf Weltfernes absurd. Sie würde sich lieber ein Pferd kaufen, als Tesman ein Buch über sein Spezialgebiet erwerben zu lassen. »Dein Spezialgebiet?« sagt sie, als könne sie nicht einmal behalten, was es war.
Hedda ist an Lövborg so interessiert, wie es ihr möglich ist, an irgendjemandem interessiert zu sein. Trotzdem, als ihr Mann Lövborgs neues Buch mitbringt und fragt, ob sie es sich ansehen möchte, sagt sie: »Nein, vielen Dank.« Als sie das Manuskript verbrennt, zeigt sie ihre Verachtung für die intellektuelle Anstrengung, die ihm zugrundeliegt. Sie spricht davon, als sie Tesman die Zerstörung gesteht, als »nur einem Buch.« Und wenn Lövborg töricht genug ist, sich wegen des Verlusts zu töten, nun, dann soll er es wenigstens »in Schönheit« machen.
Zu einem Zeitpunkt hat Hedda die Idee, daß ihr umständlicher, schüchterner Bücherwurm von einem Gatten in die Politik gehen sollte. Der zynische, weltliche Assessor Brack ist erstaunt, daß sie auf einen so unwahrscheinlichen Gedan-

ken verfallen kann. Natürlich denkt sie kaum daran, daß Tesman es zum Minister bringen könnte. Was sie mit dem Vorschlag enthüllt, ist das müßige Leerlaufen ihres Verstands, der sich jede exotische Sache ausdenken kann, da sie eine fundamentale Verachtung für das hegt, was Tesman tut, was er tun kann, was er immer getan hat – sein ernstes, uninspiriertes Gelehrtentum.

Die Emotionen, die Hedda in uns weckt, sind vorläufig, zögernd, ambivalent. Sie ist das Zentrum unserer Aufmerksamkeit, und doch wissen wir nicht, was wir ihr gegenüber empfinden sollen. Ihr Stil und die Faszination ihrer fruchtlosen Gleichgültigkeit sind stark genug, um anzudeuten, daß ein Hang zu ihrer Natur, wenn auch nicht zu ihrem Schicksal, in uns allen liegt. Wir können kein Mitleid mit ihr haben, weil ihr jeder Instinkt der Güte fehlt, weil sie die Ansprüche der Leben anderer Menschen unbeachtet läßt; und dennoch ist ihre Nachlässigkeit ihrem eigenen Leben gegenüber eine perverse Form der Ehre. Sie ist grob und, schlimmer, seelenlos, aber der kühle, zynische Witz vieler ihrer besten Szenen sagt uns, daß sie nicht dumm ist.

Ist sie mehr Mann als Frau? Vielleicht. Ihre einzige Freude sind Pferde und Waffen gewesen. Sie behandelt ihren Mann wie ein schlechtes Fohlen, das sie bei einer Auktion mitgenommen hat. Ihre Koketterie ist zurückhaltend, unterscheidet sich nicht sehr von den Maskeraden des Junggesellen Brack. Keiner der beiden wird von romantischen Impulsen überwältigt; sie wollen nicht an der Liebe untergehen. Der Gedanke, Mutter zu werden, ist für Hedda unerträglich. Aber das ihr eigene Philistertum – die destruktive Form, die es annimmt – hat etwas mit der Tatsache zu tun, daß das einzige Leben, das sie hat, ein Frauenleben von eingeschränktester Art ist. Natürlich, die Einschränkung geht zum Teil auf die Verdrehtheit ihres Charakters zurück, auf ihre Weigerungen, ihre Auslassungen, ihre Abweichungen. Sie hat nichts vor, das sie wirklich in Anspruch nimmt, man hat von ihr nie verlangt, ein Verstehen intellektueller und kreativer Konzentration zu entwickeln, den Genuß und die Mühe einer solchen Anstrengung.

Hedda Gabler ist eine bürgerliche Frau des neunzehnten Jahrhunderts. Seltsam an ihr ist, daß sie sich in Müßiggang und Unzufriedenheit von den Stützen und Krücken abgewandt hat, mit denen andere Frauen verzweifelt versucht haben, dem Leben Hoffnung und Wärme zu geben. Sie hat keinen Respekt für das, was »die Welt der Frau« genannt wird, und sogar noch weniger für ein Leben der Arbeit und der Ideen. Die Höhle des Nichts, in die sie nach und nach eingetreten ist, scheint nur ein dumpfes Ressentiment am Leben gelassen zu haben. Sie kann zumindest verstohlen am Bürgerkrieg einer Frau gegen eine andere teilnehmen. In dieser Schlacht ist sie ein Fußsoldat. Hedda verachtet andere Frauen durchweg und ist, sobald sie eine Gelegenheit sieht, grausam zu ihnen. Sie ist gemein zu der Bediensteten, gleichgültig dem Tod der alten Tante gegenüber, böse, es zuzulassen, daß Fräulein Tesman verarmt, nur um die ungeliebte Villa einzurichten, und, vor allem, sadistisch Thea gegenüber. Wenn man von Hedda sagen kann, daß sie nur ihren Vater geliebt hat, dann ist ihre einzige andere überlebende Emotion Haß auf Thea. Aber warum sollte sie sie hassen, was ist damit zu gewinnen, was kann es ihr in Wirklichkeit bedeuten?

Thea, die ewige Studentin und Amme des Talents, die deprimierte Frau des Landamtmanns Elvsted, hatte für Hedda in der Vergangenheit wenig Beneidenswertes außer ihrem Fundus an geduldiger Überlebensenergie. Aber diese Energie ist etwas Glühendes und Sinnvolles geworden, als sie sich mit dem verwundeten Künstler, mit Lövborg, verbindet. Diese Energie ist echt, und sie ist radikal. Sie und das Gefühl sind eindeutig genug, Thea den Mut zu geben, ihren Mann zu verlassen und in der klassischen, erleuchteten, einsamen Weise der Heldin ihrem Schicksal zu folgen. Sie sieht in dem ständig vom Rückfall bedrohten besonderen Menschen Lövborg ein Anliegen, einen Glauben, eine Liebe, die sie als Person wahrhaft erfüllen und definieren kann, sie sieht in ihm ein Leben. Thea dominiert nicht in dem Stück, sie ist nicht tief interessant oder jemals in der Lage, uns im Kern unseres Gefühls zu treffen. Sie ist eine Idee, historisch eine zweite Nora ohne Noras Zauber. Ihre gouvernantenhaften, idealistischen Qualitäten rühren in dem kraft- und ziellosen Leben Heddas einen hitzigen Haß auf; es ist der Haß der Arroganten, nicht der Getriebenen. Deshalb ist er ausgetrocknet und vergeblich.

Heddas Erinnerung an ihre Eifersucht auf Theas üppiges, welliges Haar ist ein Symbol trivialen, anhaltenden Neides, eine von Ibsens wundervollen, beiläufigen Einsichten. Wir bedauern Hedda dafür, daß bei ihr die Stürme der Erfahrung oder einfach die Aktivitäten des Lebens nicht in der Lage waren, dieses Überbleibsel, diesen entwürdigenden Fetzen jugendlicher Gier wegzufegen. Ihr destruktiver Mut und ihr Stil haben sie trotz allem nicht aus den Sklavereien ihrer Mädchenzeit befreit.

Als es zuerst erschien, bekam *Hedda Gabler* die schlechtesten Kritiken von allen wichtigen Dramen Ibsens. Die Objektivität, die Distanz, die Ablehnung jeder Doktrin, der geheimnisvolle, drohende Schrecken des Stücks, der Mangel an »Fraulichkeit« in einer sexuell und dramatisch so fesselnden Gestalt – kaum jemand war unmittelbar fähig, die trostlose Größe und die Vorwegnahme dieser Kreation zu sehen. Hedda war, vielmehr als Nora, die wahre Prophezeiung. Kaum eine Frau in zum Beispiel den Filmen Ingmar Bergmans ist ohne sie vorstellbar.

Das Rosmersholm-Dreieck

So weint das betrügerische Krokodil
an den schicksalschweren Ufern des Nil!

Rosmersholm ist eines von Ibsens interessantesten Stücken. Die Oberfläche ist ziemlich klar, und dennoch – die Dunkelheit ist tief und verstörend. Wie in so vielen Ibsen-Dramen gibt es niemanden, den man ohne Ambivalenz mögen könnte. Der Mangel an Positivem belastet einen nur selten; hier aber wird das trübe Negative zur Qual. Wem der drei kann man trauen? Was fordert das Leben hier – und wessen Leben? Es ist – vielleicht – ein Stück über den Tod, den Tod des Jägers, der in diesem Fall eine Frau ist, die von ihrer Pirsch im Wald der sexuellen Konkurrenz mit zwei blutenden Leichen und einem Gefühl der Vergeblichkeit zurückkehrt.

Die Heldin, Rebekka West, ist eine auf grimmige Art attraktive Frau. Sie gewinnt Kontur in der Auseinandersetzung mit der ausweglosen Lage, in der sie sich befindet, dem Dilemma des Überlebens. Sie wird zerrissen zwischen jenen hohen Idealen, die sie dem Leben anbieten möchte, und den niedrigen Leidenschaften und Listen, durch die diese hohen Träume verwirklicht werden sollen. Die häßlichsten Notwendigkeiten und die glänzendsten Hoffnungen werfen sie hin und her, und das erregt höchstes dramatisches und psychologisches Interesse. Früher Verlust hat ihre Intelligenz geschärft, ihren Willen gehärtet, ohne sie auch nur im geringsten dahin zu bringen, die Immoral privater Selbstsucht oder gesellschaftlicher Unmenschlichkeit zu akzeptieren. Sie muß sich selbst fangen, die tödliche Falle, in die sie gerät, selbst auslösen.

Das Drama hat Ibsens übliche Atmosphäre enger gesellschaftlicher Verhältnisse, die Art erstickender, verstrickender Umgebung, die die Verzweiflung über einen solchen Ort mit der Verzweiflung des Gefühls vereinigt. Kälte und die bitterste Hitze des Kampfes um das Überleben stürzen sich in ein elendes Gefecht. Im Hintergrund gibt es schmutzige Politik und feige Konventionalität, aber die wesentliche Handlung, die Rück- und Vorwärtsbewegungen des dramatischen Ablaufes, liegt in den Gestalten und in dem Konkurrenzkampf der beiden Frauen.

Als der Vorhang sich hebt, hat die Ehefrau, Beate Rosmer, sich selbst getötet, und Rosmer ist allein mit der Urheberin des Selbstmordes, Rebekka West. Die Liebenden sind nun frei, das Leben am selben Ort, Rosmersholm, wiederaufzunehmen, wo alles beim Alten geblieben ist, außer daß die Ehefrau beiseitegeräumt wurde wie ein rührendes, aber überlebtes Möbelstück. Die Erinnerung an die Ehefrau umgibt sie, aber es ist keine Erinnerung von sentimentaler Art, obwohl die Trauernden in ihrer recht behaglichen neuen Lage zunächst vorgeben, dies wäre so. In Wahrheit ist die tote Ehefrau das Zentrum eines mitleidlosen und entwürdigenden Machtkampfes gewesen. »Es war damals wie ein Kampf auf dem Kiel eines gekenterten Bootes – zwischen mir und Beate«, gesteht Rebekka schließlich. Das Stück, das mit dem Selbstmord der Ehefrau beginnt, bewegt sich über Enthüllungen, Kompromisse und Drohungen bis zur allmählichen, durch die Umstände bedingten, psychologischen Strangulation der Überlebenden. Rebekka und Rosmer sind frei, aber der Weg ihres Entkommens führt sie zurück, den Tod zu suchen, einander bei der Hand zu nehmen und der Ehefrau zu folgen – in den Wasserfall des Baches, der die Mühle treibt.

Diese Lösung ist auf der Ebene der Wahrscheinlichkeit nicht ganz zufriedenstellend. Der Kreis schließt sich zu sauber. Der Selbstmord der Liebenden, »imitativ«, wie er ist, stellt ein extremes und unnötig körperliches Ende eines Dramas dar, das moralisch und psychologisch ist. Und unsere grobe Erfahrung sagt uns, daß Rosmer und Rebekka einen Weg finden werden, das zu tun, was sie tun möchten. Die Toten sind Vergangenheit. Welche Vorteile auch immer der Lebensraum bietet, den sie freigemacht haben, – sie werden sehr wahrscheinlich schnell von den Lebenden wahrgenommen. Und doch ist der Dreieckskampf zwischen den beiden Frauen so wild und primitiv und sein Lohn schließlich so fruchtlos und leer gewesen, daß wir Ibsen willig bis zum Mühlensteg folgen, auch dann, wenn wir den Sprung in das Wasser nicht leicht zugestehen können.

Vielleicht mag Pfarrer Rosmer, der Gegenstand des Kampfes zwischen den beiden Frauen, die symbolische Waschung und Buße wünschen. Er ist einer jener schwierigen, pedantischen, unausgeglichenen Ibsen-Männer, die es nicht ertragen können, wenn sie nicht ganz mit sich selbst ins Reine kommen. Rebekka West, die komplizierte Heldin, ist etwas ganz anderes. Sie ist von den Kräften der Notwendigkeit und des Willens geformt, Züge, die psychologisch nicht zu selbstmörderischen Impulsen passen. Dennoch, Rebekka besitzt ein ungewöhnliches Verständnis ihrer selbst, und dieses Verständnis ruiniert ihren Sieg über die tote Frau. Als auch sie den Freitod wählt, hat die Haushälterin das letzte Wort: »Die tote Frau hat sie beide geholt.«

Ja, die tote Ehefrau hat die Lebenden geholt, aber sie war nicht die zentrale Kraft. Ekel, Vergeblichkeit, die letztliche Unzulänglichkeit Rosmers sind die zerstörerischen Mächte. Die Psychologie des Stücks ist an jedem Punkt originell und verstörend. Die Beziehungen sind durch Schuld und Konfliktscheu, durch persönliche, versteckte Selbstsucht so kompliziert, daß das Drama Rätsel aufgibt. Glätte und Gewalttätigkeit vermischen sich seltsam miteinander. Die Wendungen und Sprünge der Kausalität sind schwarz, unerwartet, entsprechen aber den Gefühlen der Gestalten genau.

Es ist Ibsens Genie, die Rücksichtslosigkeit von Frauen neben die Eitelkeit und Eigenliebe der Männer zu stellen. In einem Liebesdreieck muß es Brutalität auf einer und Eitelkeit auf der anderen Seite geben; beide sind notwendig als die Bedingungen, der Boden, auf dem die Schlacht geschlagen wird. Ohne das erhöhte Empfinden der eigenen Bedeutung, das einem Mann natürlicherweise zuwächst, wenn er der Gegenstand entschlossenen Besitzdenkens zweier Frauen ist, könnte nichts Interessantes geschehen. Sollte er schnell und überlegt eine der beiden wählen, so wäre der dramatische Nachhall ohne Kraft, sogar ziemlich lau. Das Dreieck fordert das Zusammenwirken zweier in der Demütigung des einen, und hinzu tritt eine Zeit der Vorspiegelung, des Leidens, der Unaufrichtigkeit oder Selbsttäuschung. In *Rosmersholm* ist der Ehemann ungewöhnlich unbedarft und milde. Er weigert sich in aller Wohlerzogenheit, das Drama zu verstehen, das um ihn herum aufbricht, weigert sich, die Gefühlsstürme in sich selbst und in den beiden Frauen zur Kenntnis zu nehmen. So lange er kann, stützt sich Rosmer auf die Krücke der »Freundschaft« und der »Unschuld«, um sich selbst vor der Liebe zu Rebekka und einem geheimen Einverständnis mit dem Selbstmord seiner Frau zu schützen.

Das Dreieck in *Baumeister Solness* ist direkter als die Hemmungen und Sehnsüchte von *Rosmersholm*. Der alternde Baumeister sieht sich der launischen, destruktiven jungen Hilde gegenüber. Das Mädchen hat sich an die Fersen des berühmten Mannes geheftet und spielt mit ihm ein Spiel von sadistischer Koketterie. Solness ist gequält, schwach und doch zu eitel, um die Gefahren, die von dem jungen Mädchen ausgehen, zu ahnen. Bis zu ihrem Auftreten war er vollkommen damit beschäftigt, seine jüngeren Konkurrenten aus dem Feld zu schlagen, und das ist in sich immer ein großes emotionales Drama für einen Künstler. Solness ist, wie Shaw sagt, »ein sehr faszinierender Mann, von dem niemand ahnt, am wenigsten er selbst, daß er seinen letzten

Pfeil abgeschossen hat und schon tot ist.« Frau Solness ist die Niedergeschlagenheit und Depression selbst, wie gelähmt von Trübsinn, angeblich irgendwie ein Opfer, das dem Moloch Ehrgeiz gebracht wurde. Dem brauchen wir nicht unbedingt zuzustimmen, weil Ibsen sie nicht sympathisch genug gemacht hat. Er hat sich nicht vorstellen können, was die Frau eines Künstlers oder eines Mannes von großem Ehrgeiz anderes tun kann, als eifersüchtig, mißtrauisch und krank zu sein.
Das Opfer treibt, wie eine Pflanze Blätter, das Laub der Niedergeschlagenheit aus sich heraus. Depression ist langweilig, Mißtrauen ist entstellend, Krankheit ist repetitiv. Unsere Sympathien sind überfordert, und wir können es dem Ehemann kaum übelnehmen, daß er – natürlich – ein wenig Licht in der Düsternis sucht. Es ist interessant, daß die Ehefrauen in Ibsens Drama in der Regel die Ablenkung durch die junge Frau, die ins Haus kommt, ebenso erleichtert begrüßen wie ihre Ehemänner. Die Zwei ist keine vollkommene Zahl, und die kinderlose, unglückliche Ehefrau faszinierte Ibsen. In *Baumeister Solness* bezieht Hilde tatsächlich während ihres dunklen Besuchs das Kinderzimmer. Es ist ihre Rolle, den verfallenden Baumeister zu inspirieren. »Höher und immer höher«, ruft das schreckliche junge Mädchen. Sie winkt mit dem weißen Schal zu dem schwindeligen Baumeister hinauf, der das Gerüst erklommen hat, und er stürzt in seinen Tod.

In *Rosmersholm* ist Rebekka aus dem Norden herabgekommen. Dieses kalte Land der Härte und Entbehrung zeichnet das Gemüt. Dort lernt man die Lektionen des Lebens, die Furcht vor Armut und Einsamkeit. (In *Ein Volksfeind* erinnert sich Dr. Stockmann an seine Dienstzeit im Norden mit einem Gefühl der Beklemmung angesichts der Lebensbedingungen dort oben. Allein die Kraft seiner moralischen Überzeugungen erlaubt es ihm, seine gegenwärtigen, hoffnungsvolleren Lebensumstände aufs Spiel zu setzen und der Möglichkeit einer Rückkehr in diese kalte, seelenzerstörende Gegend ins Gesicht zu sehen.) Rebekka ist dreißig. Sie ist intelligent, emanzipiert, idealistisch. Ihre Jugend hat sie zugleich gezeichnet und gehärtet. Sie ist wahrscheinlich die uneheliche Tochter von Dr. West, der sie adoptiert, ihr aber wenig Wärme geboten hat.

(Freud glaubt in einer Analyse von *Rosmersholm*, daß Rebekka West die Geliebte von Dr. West gewesen ist und daß sie im Verlauf des Stückes erkennt, daß er ihr wirklicher Vater ist, nicht nur ihr Adoptivvater. Sie hat also mit dem eigenen Vater Inzest begangen, und ihr Verzicht und ihr Selbstmord sind eine Buße für diese Schuld ebenso wie für die Schuld, daran mitgewirkt zu haben, Beate in den Selbstmord zu treiben. Michael Meyers imponierende, gründliche Biographie Ibsens zitiert Freuds Essay mit Zustimmung. Dennoch, ich kann keine Interpreten außer Freud finden, die glaubten, daß Rebekka West die Geliebte von Dr. West war. Wenn dieses erstaunliche Verhältnis tatsächlich angenommen wird, tendierte es sicherlich dazu, alle anderen Probleme des Dramas zu überschatten.)

Als Rebekka nach Rosmersholm kommt, ist sie in einem gefährlichen Zustand. Sie ist frei – oder, besser gesagt, wurzellos. Sie ist unendlich bedürftig, verzweifelt auf der Suche nach einem Ort, an dem sie bleiben, an dem sie wohnen kann. Und was kann das bei ihren hochfliegenden Ideen und ihren bedrohlichen Bedürfnissen schon heißen? Es heißt, sie muß einen Ehemann finden, und das bald. Worauf sonst kann sie hoffen? Die schmalen Möglichkeiten für arme, intelligente Frauen des neunzehnten Jahrhunderts definieren auch hier die meisten ihrer Entschlüsse, bestimmen ihr Drama. Sie suchen immer nach einem Ausweg, aber etwas Ehrenwertes mit entweder gesellschaftlicher oder künstlerischer Befriedigung ist ihre Hoffnung.

Der Himmel wird einer verzweifelten, willensstarken Frau von dreißig kaum einen interessanten, unverheirateten Mann schicken. Nein, er wird ihr den Gatten einer anderen Frau senden und ihr sagen, die Ehefrau, so gut sie kann, loszuwerden. Die Ehefrauen spielen mit, weil sie unweigerlich ihre Fehler und ihre ins Auge starrenden Schwächen haben. Die werden in moralische Streitfälle verwandelt, und der Sieg über die Unzulänglichkeit wird zu etwas ähnlichem wie einem moralischen Kreuzzug. So wird in aller Rechtschaffenheit die Hürde übersprungen.

Die Rosmers sind eine festgefügte Familie, und irgendwie hängt sich Rebekka an sie. Frau Rosmer, Beate, entwickelt eine Zuneigung für sie und lädt sie ein, sich auf dem Anwesen niederzulassen. Frau Solness in *Baumeister Solness* wird angesichts von Hilde mit Ranzen und Bergstock nicht gerade aus ihrer Düsterkeit zu Jubel gerissen, aber selbst sie erlaubt, daß Hilde untergebracht wird. Das stumpfe Leben auf Rosmersholm und in der Villa der Solness-Familie ist derart, daß diese Neuankömmlinge, die den Ehemann natürlich elektrisieren, auch für die Frauen aufregende und erfrischende Rätsel sind. Um der Abwechslung, der Lebhaftigkeit willen ist jeder bereit, das Risiko auf sich zu nehmen. Dieses ist wiederum ein Maß für die Enge des Lebens in Ibsens Stücken, die sinnlose Monotonie, die niederdrükkende Last der provinziellen Gesellschaft und ihrer Haltung.

Auf Rosmersholm gibt es nur Stagnation, aber Rebekka sieht bald kleine Ecken und Risse, wo Inspiration eindringen könnte. Sie macht sich daran, das zu besiegen, was ihrer Meinung nach »die erstickende Wirkung« (das sind Shaws Worte) von Frau Rosmer ist. Während ihres Aufenthalts arbeitet sie ruhig daran, die Ansichten Rosmers zu verändern und zu liberalisieren. Rosmer ist vormals Pfarrer gewesen und kämpft nun um eine weniger orthodoxe Einstellung. Rebekka versucht nicht, die konventionelle Haltung Frau

Rosmers aufzuhellen, obschon es viele Anzeichen gibt, daß auch hier, mit einiger Anstrengung, die Sonne des Idealismus willkommen wäre. Die angeregte Intellektualität – ein echter Bestandteil von Rebekkas Wesen – hat einen stimulierenden, sehr glücklichen Effekt auf Pfarrer Rosmer. Aber er ist immer noch prüde und braucht den Schleier hoher Absicht, um ihre wachsende Liebe zu verhüllen, um sie vor sich selbst »gut« statt »böse« nennen zu können.

Beate Rosmer ist sensibel und hocherregbar. Sie weiß genau, was da vor sich geht und wie das alles unvermeidlich enden wird. Als sich der Vorhang hebt, hat Beate bereits Selbstmord begangen. Sie ist in den Sturzbach unter dem Mühlensteg gesprungen. Rosmer und Rebekka haben ein Jahr stiller Trauer hinter sich, und auch wenn Rosmer es noch immer nicht über sich bringen kann, den Steg zu betreten, gibt es keinen Zweifel, daß es ihm recht gut geht, daß er in vollen Zügen lebt und nicht dazu neigt, sich selbst mit Schuldgefühlen wegen des Freitods seiner Frau zu quälen.

Wir hören nach und nach von Beates Leben und Tod, während sich das Stück entfaltet. In einem wirren, kleinstädtischen Hin und Her über Ideen, Religion und Politik wird der Gemütszustand, der Beate in die Selbstzerstörung führte, allmählich enthüllt. Ihr Leiden war immens kompliziert, zusammengesetzt aus Eifersucht, wirklicher Liebe zu ihrem Mann und einem frühen, lähmenden Gefühl der unvermeidlichen Niederlage und Hilflosigkeit in der Konkurrenz mit Rebekka. Beate war so nervös und verwirrt geworden, daß die Liebenden entschieden, sie habe den Verstand verloren, und dies war die mehr oder weniger akzeptierte Version von den Gründen ihres Selbstmords, obwohl es Leute in der Stadt gab, die das hatten, was überall als »ihre ganz persönliche Meinung« bekannt ist.

Ein Jahr ist seit dem Tod vergangen, und alles hätte gut gehen können, wenn nicht im Verlaufe eines politischen und theologischen Disputs in der Stadt ein geheimer Abschiedsbrief ent-

hüllt worden wäre, in dem Beate ihren Mann und Rebekka von aller Schuld an ihrer Selbstzerstörung freispricht. Das wendet sich gegen Rosmer. Denn natürlich kann man nicht von etwas freigesprochen werden, dessen man nicht angeklagt oder verdächtigt wird. Durch den Freispruch wird Rosmer gezwungen, Beates Leiden mit dem, was er getan hat, in Verbindung zu bringen. An diesem Punkt ist die psychologische Tiefe des Dramas am bewegendsten. In brillanten Gefühlsverschiebungen beginnt das Traurige und Fruchtlose des Dreiecksverhältnisses die Beziehung zwischen Rosmer und Rebekka anzufressen. Rebekka legt ein erstaunliches Bekenntnis ab. Sie gibt die rücksichtslose Demütigung der Ehefrau zu. »Ja, ich wollte Beate weghaben, das gebe ich zu – so oder so, auf diese oder jene Weise. Doch ich glaubte nie und nimmer, daß es wirklich dazu kommen werde. Bei jedem Schritt, den ich tat, den ich wagte in Richtung auf mein Ziel, meinte ich, eine Stimme in mir zu hören, die mir zurief: ›Halt ein! Nicht weiter. Keinen Schritt mehr!‹ – Und dann konnte ich es doch nicht lassen!«
Dies ist das absolute Zentrum des Stückes. Rebekkas Selbstverständnis hebt sie weit über die selbstsüchtige Koketterie Hildes hinaus, aber ihr Verhalten ist auch schlimmer, weil sie älter, besser, in jeder Hinsicht wertvoller ist als diese. Sie hat einen von Strindbergs »psychischen Morden« begangen, einen schrecklichen Mord, mit einem wirklichen Leichnam am Ufer des Flusses. Was sonst hätte sie tun können? Sie tat es, um zu leben. Rebekkas Wille und Notwendigkeit erdrückten Beate. Rosmer und der Besitz Rosmers waren zu einem entscheidenden, lebenserhöhenden Gut geworden. Die Ethik des Kampfes war die Geschäftsethik gewesen – eigentlich gar keine Ethik, nur das Gesetz des Profits. Der Pfarrer ist bereit, wie eine Gesellschaft in neue Hände überzugehen, die alte, überlebte Gruppe wird kaltgestellt und das neue liberale Management in aller Stille installiert. Am Anfang des Stückes sehen wir, wie Rebekka Blumen ins

Wohnzimmer stellt, eine Feinheit, auf die Beate nie viel Wert legte. Rosmer geht von der konservativen auf die liberale Seite der lokalen Auseinandersetzungen über. Die neuen Manager verändern die Dinge.

Als Beate noch lebte, hatte sie für die Liebenden aufgehört, eine Person zu sein, und war ein bloßes Negativum geworden. Die Dinge konnten nicht vorangehen, wenn sie da war, – und was für eine wunderbare Kraft der Pastor sein könnte, wäre da nicht das Gewicht der Vergangenheit ... Aber das ist nicht die ganze Wahrheit. Das Eigeninteresse treibt Rebekka, und seine behende, eitle Selbstzufriedenheit erlaubt es Rosmer, so zu tun, als geschähe nichts.

Während sich die Tatsachen entfalten, gibt es bei Ibsen in der Richtigkeit und Sicherheit seiner Darstellung des Kampfes keinen falschen Schritt. Zuerst versagen die Liebenden Beate jede Teilnahme an ihren Interessen und Ideen. Sie wird ausgeschlossen, weil sie angeblich in der Vergangenheit eine dämpfende Wirkung auf jede Entwicklung skeptischen Denkens in diesem Haushalt gehabt hat. Wir können uns lebhaft vorstellen, wie das Thema gewechselt wird, sobald Beate hinzukommt, und über triviale, langweilige Dinge gesprochen wird, oder aber, wie ein gelangweiltes Schweigen eintritt. Wir sind nicht sicher, daß Beate es nicht verdiente, das Heraufdämmern des neuen Denkens mitzuerleben. Sie war ängstlich, aber sie hatte natürlich auch verstanden, wieviel Rebekka die neuen Gedanken bedeuteten. Rosmers sexuelle Schüchternheit, sein Bedürfnis, sich unschuldig fühlen zu können, ließ ihr keinen anderen Weg. Zum zweiten nahm Rosmer die Tatsache, daß seine Frau hysterische Ausbrüche von Leidenschaft für ihn hatte, sich ihm an den Hals warf, als Beweis ihrer Geisteskrankheit.

Was kann man mit einem solchen Mann anfangen? Beate war natürlich auf der richtigen Fährte. Angst und Ablehnung haben ihr alles gesagt, was sie zu wissen brauchte. Sie sah, daß Rebekka ihn »haben« wollte; die beiden hatten ihre Gefühle gegen alle Ansprüche Beates abgeschlossen, und im Kopf ihres armen Mannes war das alles wirr verbunden mit Radikalismus, Atheismus und einer beglückenden neuen Freundschaft. Beates Charakter und ihre Notlage, wie sie uns durch die Schilderungen anderer vermittelt wird, machen sie zu einer plausiblen Selbstmordkandidatin. Rebekkas Rücksichtslosigkeit und Rosmers geistige Schwerfälligkeit sind eine überwältigende Kraft.

Aber bei Ibsen ist niemals etwas einfach. Als Rosmer schließlich der Eifersucht seiner Frau ins Gesicht sieht, ihrer Qual angesichts seiner Liebe zu Rebekka, haben diese neuen Bedingungen, dieses neue Verständnis seiner eigenen Vergangenheit, einen sehr seltsamen Effekt auf ihn. Er wird sofort von einer Faszination, sogar einer Art triumpierender Bewunderung für das Leiden seiner Frau erfaßt. Mit einer plötzlichen Flut phantasievollen Begreifens setzt er sich an ihre Stelle, vollzieht jeden Schritt ihrer Agonie nach. »Oh, was für einen Kampf muß sie gekämpft haben – und noch dazu allein, Rebekka! Verzweifelt und – einsam!«

Er ist tief beeindruckt von der Tiefe der Liebe seiner Frau, von der Größe ihres Opfers. Was könnte sich damit vergleichen? fragt er sich selbst.

Rebekka drängt ihn, die Toten zu vergessen, zu leben, sich von der Vergangenheit zu lösen. Aber es hat keinen Zweck. Rosmer verkündet nun seine Faszination von der Zerstörung, nicht vom Leben. Er und Rebekka sind in die Dunkelheit geraten. Sie haben begonnen, einander zu mißtrauen und abzulehnen. Asche liegt ihnen auf der Zunge. Rosmer hat Angst vor Rebekka und fordert sie in seinem besonderen norwegischen Wahnsinn auf, sich als Beates Liebe ebenbürtig zu erweisen. Zusammen stürzen sie sich in den Wasserfall. Selbst wenn der Selbstmord nicht ganz überzeugend ist, es gibt kein Leben mehr in ihrer Liebe. Aber sie sterben nicht aus Schuld, sondern an der Sinnlosigkeit des Ganzen, an der Leere, an Selbsthaß.

Was hatte Rosmer Rebekka bedeutet? Sie hatte sich vorgestellt, daß sie durch ihn sich selbst in einer Weise verwirklichen könne, die ihr aus eigener Kraft nicht möglich war. Man muß wohl zugeben, daß in ihrer Lage und Zeit eine intelligente, mittellose Waise kaum hoffen konnte, auf sich allein gestellt in die Geschichte einzugehen. Ihre Pläne einer Befreiung des Denkens, einer freisinnigen Lebensfreude und lebensspendenden Offenheit sind nur die Sehnsüchte ihres persönlichen Temperaments, die durch Armut, den Mangel an Beziehungen, das Fehlen jeder Sicherheit oder Hoffnung in den Staub getreten worden waren. Was nützt es ihr, »eine neue Frau« zu sein, wenn sie sich nirgends richtig niederlassen kann? Und wo soll sie sich niederlassen, wenn nicht auf Rosmersholm?

Rebekka muß, so scheint es, ihre Umgebung manipulieren oder zugrundegehen. Ihr Flirt, sogar ihre Ausbeutung Rosmers würde uns wenig stören – wenn da nur nicht die Ehefrau wäre. Beate ist so etwas wie die Kinder bei Nora. Opfer unter solchen Bedingungen verstören uns. Rebekkas Motive sind, durch die Umstände erzwungen, immer paradox; die Feinheit ihres Geistes mischt sich mit der groben Entschlossenheit, Rosmer an sich zu bringen, seine Verpflichtungen der Vergangenheit beiseitezukehren, jemand anderen zu besiegen. Darin liegt eine Vergeblichkeit und Härte, auf der nichts Großes zu errichten ist.

Was hat Rosmer zu bieten? Er bietet vor allem Geborgenheit – und das ist seine nackte Wahrheit. Er ist wohlhabend, angesehen, besitzt gewisse Möglichkeiten, da er von »alter Herkunft« ist, und ein formbares Wesen – das alles macht ihn begehrenswert. Allein auf Rosmersholm, Beate aus dem Weg, würden er und Rebekka sich auf die Seite der Liberalen schlagen, die klerikalen Repressionen abwerfen, Blumen und Licht hereinholen, auf stilvolle Weise die Traditionen in Frage stellen: dies wäre das gute Leben, wie Rebekka es sich vorstellt. Wenn sie Rosmer nicht

»kriegt«, was kann sie dann tun? Sie weiß, was vor ihr liegt. Sie hat ihre dreißig Jahre nicht verschlafen, sie hat eine »Vergangenheit« – eine elende, tote Liebesaffäre, die ihr nichts gegeben hat. Sie *muß* nach Rosmer und seinem Grund und Boden greifen. Das Element absoluter Notwendigkeit gibt ihrer Situation einen stark vitalen und nachdrücklichen Aspekt.

Dennoch, der Mangel an Skrupeln ist groß, und die Folgen sind häßlich. Rebekka kämpft bis zum letzten Augenblick. Als Rosmer in der ihm eigenen Reue zu versinken beginnt, tritt sie ihm mit einer direkten Frage entgegen: Würde er Beate zurückholen? Rosmer verweigert sich, nicht fähig, die Klarheit und Ehrlichkeit dieser Herausforderung zu akzeptieren.

In einem Dreiecksverhältnis gibt es immer etwas Vulgäres. Selbst unter den gehobensten Umständen ist es ein Kampf um Besitz, geht es darum, etwas zu »haben« oder zu »kriegen«, das, sozusagen, nicht auf dem Markt ist. Die Sieger dieses Kampfes erniedrigen sich durch Verstohlenheit, Korruption und Gier; der Verlierer durch Schwäche und Demütigung. Herzlosigkeit, Niedrigkeit und Ehrgeiz sind das Wesen. Es ist ein Kampf für die Erfahrenen, nicht für die sehr Jungen. Nur die, die gelebt und ausgehalten haben, kennen die Enge der Möglichkeit in einer Lebenszeit. Diese Erfahrung erzeugt die Energie und die brutale Entschlossenheit, die notwendig ist, um durchzuhalten.

Der Kritiker A. C. Bradley, der glühend von der Liebe zwischen Shakespeares Antonius und Cleopatra spricht, merkt nichtsdestoweniger an, daß Octavia, die Antonius aus politischer Raison heiratet, klugerweise im Dunkeln gelassen wird. »Uns widerstrebt Antonius' Verhalten Octavia gegenüber, die Shakespeare als bloße Skizze stehenlassen mußte, damit unsere Gefühle für den Helden und die Heldin nicht zu sehr erkalteten.« In der Tat, jedes Dreieck ist niedrig und hat am Ende eine vermindernde Wirkung auf

die Würde des Mannes, ebenso wie es das moralische Empfinden der Frauen herabsetzt.
Ist Rosmer nicht ein klein wenig komisch? Er ist von Rebekka und Beate in ein Objekt verwandelt worden. Beobachter am Rande erkennen, was ihm an sich selbst verborgen bleibt, besonders seine blühenden Selbstrechtfertigungen. Eitelkeit, Prahlerei, moralische Pomphaftigkeit infizieren seine Gedanken und Handlungen. Man kann ihn letztlich nicht ernst nehmen, und dies vor allem macht die bittere Schlacht um den Besitz häßlich und dumm. Nachdem sie vorüber ist, wird Rosmer unausweichlich von dem Verdacht heimgesucht werden, daß etwas mit ihm geschehen ist, das er nicht erwartet hat. Wird er um seiner selbst willen geliebt? fragt sich das Objekt schließlich, genau wie die reiche Erbin sich des kommerziellen Wertes ihrer Entscheidungen bewußt ist. Bin ich es wert, daß jemand für mich stirbt? fragt das Gewissen schwelgerisch. Die Antwort ist Nein. Bald ist alle Freude – hier haben sie es »Unschuld« genannt – aus der Zukunft gewichen. Rosmer ist verständlicherweise von Angst vor der siegreichen Frau erfüllt. Woher kam ihre Rücksichtslosigkeit? Ist sie für immer gestorben oder liegt sie im Augenblick nur verborgen? Jetzt erinnert er sich daran, daß es in Beates Liebe etwas Großes, Ungewöhnliches, Glänzendes gab. Warum sollte er Beates ausschließliches Gefühl für ihn vergessen und ganz in der neuen Gegenwart leben? Eine solche Liebe ist ein Beispiel, wenn auch sonst nichts, für die nächste, ein Maßstab, ein Vergleich. Sie kann gebraucht werden.
Wir können nicht anders, als mit Rebekka zu sympathisieren, mit ihrer Intelligenz, ihrer Begabung für das Leben und der ungerechten Verkrampfung der Umstände, unter denen sie lebt. Es tut uns leid, daß sie ein Objekt und ein Opfer braucht. Rebekka ist nicht bösartig wie Hedda Gabler, aber sie ist auch nicht uneigennützig wie Thea. Warum konnte sie ihren Idealismus nicht an das schwankende Gewissen Mor-

tensgårds binden, eines Journalisten, der versucht, sich aus den Folgen unglücklicher Fehler zu lösen? Schließlich ist von Rosmer gesagt worden, daß »er niemals lacht.« Nein, in Finnmark hat sie die Risiken der Schande und Abhängigkeit zu genau kennengelernt, um noch Energie für so umfangreiche Rehabilitationen zu haben. Auch ist sie eine äußerst attraktive, stilvolle und vielversprechende Frau. Sie will, daß die Kulissen ihres Lebens diesen Möglichkeiten entsprechen. Die Frage ihrer Geburt läßt sie gleichfalls der Macht alten Reichtums in der Rosmerfamilie zuneigen. Rebekka ist zu schutzlos, um eine Bohémienne oder eine Kreuzfahrerin zu sein, sie will als liberale Patrizierin leben.

Die Bedingungen eines Dreiecksverhältnisses sind immer übertrieben und verzerrt, und das Erregende an ihm ist schnell vergänglich. Wir wissen, daß es sich eines Tages auflösen wird; einer wird aufgeben, beiseitetreten, nachgeben, sterben. Wenn das geschieht, vergiften Enttäuschung und Zweifel den Sieg. Ein Kampf zwischen zwei Männern um eine Frau ist eine etwas andere Konstruktion. Der Mann würde es vorziehen, keinen Vorgänger zu haben; die Notwendigkeit zu obsiegen und zu verdrängen ist irritierend und entwürdigend. Wieviel besser wäre es, wenn sie frisch, frei wäre, das Feld ungepflügt. Nur die Kraft seiner Begierde läßt ihn diese Peinlichkeit aushalten. Es gibt da sogar das Empfinden, daß irgendein natürliches Band mit anderen Männern, ein Band von Schicksalsgemeinschaft oder Herrschaft, zerrissen wird. Einer Frau indessen tut es nicht immer leid, daß es zu einer offenen Schlacht kommt; gewinnt sie sie, ist dies ein Beweis ihrer Kraft, eine Leistung, ein Triumph. Sie rechnet damit, kämpfen zu müssen, denn wie könnte es anders sein? Durch ihn nur kann sie leben, und dafür ist kein Preis zu hoch.

Man hat das Gefühl, daß Wronski, all seiner Liebe zu Anna zum Trotz, sich bald zurückgezogen hätte, wäre ihre Affäre nicht durch sie möglich geworden. Aber sie ist fest entschlossen und so versucht er – wie Antonius – zu glauben, daß »es edel ist im Leben, so zu handeln«. Wronski sagte sich, daß nur die Altmodischen sein Verhalten mißbilligen. Er bringt sogar Ordnung in seine Gedanken und wird aufgrund der Irregularität seiner Situation mit Anna zu »einem Parteigänger jeder Art von Fortschritt«. Vorher hatte Wronski sich gestattet zu denken, daß Karenin »eine überflüssige und langweilige Person« sei. »Zweifellos war er in einer jämmerlichen Situation, aber wie war das zu ändern?« Innerlich weiß Wronski, daß auch er in einer jämmerlichen Situation ist, und er schätzt das gar nicht. Aber er ist von der Liebe und von Annas Besessenheit eingefangen, so wie Rosmer schließlich einsieht, daß Rebekkas Bedürfnis, ihn zu besitzen, eine Falle war.

Der Konflikt in Rosmersholm ist ein aktiver. Die drei Menschen entdecken, erschaffen und zerstören einander. Dies, meinen viele, ist die innere Rechtfertigung und Moral des Dramas. Die Gestalten stehen einem spontanen Geschehen hilflos gegenüber, das sich nur langsam in eine Frage von Besitz und Enteignung, Gewinn und Verlust, verwandelt. Das unterscheidet es von dem Betrug in *Die Schwingen der Taube*. Kate Croy und Densher sind das reine kommerzielle Prinzip ohne Unschuld oder Illusion, und das trifft auch auf Osmond und Mme. Merle in *Bildnis einer Dame* zu. Das ist traurige, kapitalistische Lyrik, die auf der sterbenden Note aller Dreiecke endet: »Wir werden nie wieder sein, wie wir waren.«

Ibsen verweigert Rebekka seine volle Billigung und Sympathie, genau wie Tolstoi diese Anna nicht zugesteht. Sie glauben nicht, daß Frauen nach ihrem Willen leben sollten, verantwortlich nur ihrer Sehnsucht. Die Heldinnen werden verzerrt, destruktiv; eine seltsame, hysterische Leere beginnt sie von den natürlichen Gefühlen abzuschneiden. Als Anna ein Kind von Wronski bekommt, bemerkt sie, daß sie, »so sehr sie es auch versuchte, dieses kleine Kind nicht lieben konnte, und Liebe zu heucheln lag nicht in ihrer Macht.« Die Art von Liebe, die sie für Wronski empfindet, steht außerhalb des Bereichs des Familienlebens – dafür ist selbst Karenin besser.

Als Rebekka zustimmt, im Sturzbach Selbstmord zu begehen, ist das nicht Buße, sondern rasende Enttäuschung über Rosmer und Ekel vor sich selbst. Rosmer ist vielleicht wirklich bereit zu sterben, da er seine Liebe zu Beate wiedergefunden hat, oder seine Liebe zu ihrer Liebe für ihn. Ibsen hat einmal als Erklärung zu *Rosmersholm* gesagt: »Das Gewissen ist sehr konservativ.« Die bebende, ungewisse Faszination, die Ibsen für den Kampf der beiden Frauen empfand, ist die Kraftquelle des Stückes. Er traute Rebekka nicht ganz und hatte selbst Frauen ihrer Art erlebt. Es ist richtig, er war, wie Archer ihn beschreibt, kurzsichtig, klein von Statur, blinzelnd, dünnlippig, mit einem Mund, »dessen Winkel in der Art herabgezogen waren, die einen eisernen Willen andeutet.«

Egal – er war eben auch einer der berühmtesten Männer in Europa und für Mädchen und Frauen in Deutschland, Wien und Skandinavien besonders aufregend. »Fräulein B. ist ganz verrückt nach Herrn I.«, und »Fräulein B. ist tiefbekümmert.« Fräulein B. (Emilie Bardach) war achtzehn und Herr I. war einundsechzig. Er wußte, wie entschlossen die arme, dreißigjährige, brillante Rebekka sein konnte, und wie maßlos verführerisch die nordische Sirene Hilde. Aber seine Dramen sind aus Mißtrauen entstanden, nicht aus Verliebtheit. Und vielleicht verstand er deshalb mit so brutaler Präzision die pathetischen falschen Hoffnungen der Heldinnen, durch Besitz und Aneignung sich selbst besitzen zu können. In dieser Hinsicht gibt es in den realistischen Stükken eine radikale Unterströmung. Wenn sie eine Moral haben, dann die, daß letztlich nichts sich als wert erweisen wird, andere und sich selbst zerstört zu haben.

Opfer und Sieger

Zelda

Zelda Fitzgeralds trauriges, verschwendetes Leben schien vergraben zu sein, überdeckt von den verzweifelten Veilchen von Scott Fitzgeralds Erinnerungen. Es war vorübergegangen, glaubten wir, eingeschlossen in dem trauernden, teuren Scheitern von Fitzgeralds letzten Jahren. »Meine Fähigkeit zu hoffen ließ ich auf den schmalen Straßen, die zu Zeldas Sanatorien führten«, schrieb er. Und warum sollte man es wieder ausgraben? Denn es ist mehr als ein zweimal erzählter Text, gekrönt von Ernest Hemingways verächtlichem Epitaph in *Ein bewegliches Fest.* Immer schon war Zeldas Zusammenbruch, selbst ihr Tod in einem Brand des Betreuungsheimes in North Carolina – »ihr Körper wurde durch einen verkohlten Pantoffel, der unter ihr lag, identifiziert« – umgeben von einer Atmosphäre der Abrechnung, dem Preis, der zu zahlen war für eine nicht auszuhaltende Rücksichtslosigkeit, für Alkohol und Arroganz und Gleichgültigkeit dem eigenen Leben und dem ihrer Nächsten gegenüber. Oder – vielleicht – war auch die Abrechnung, die die Gestalt des Zusammenbruchs, des Wahnsinns annahm, einfach da und erzwang die früheren Ausschweifungen und Exzesse.

Als Menschen waren die Fitzgeralds in meinen Augen nicht sonderlich liebenswürdig. Ihrer Geschichte hängt eine Art Korruption an, die Tonlage eines dekadenten Märchens, irgendeine wuchernde Üppigkeit und Deformation. Sie erscheinen, vor allem anderen, wie ein inzestuöses Geschwisterpaar – brillant, pervers, selbstsüchtig –, ihre hübschen, selbstverliebten Gesichter zu Masken geschmolzen. Manchmal geben sie einem das Gefühl, als sei es fast eine Verarmung, ohne die korrigierende Erziehung jener geläufigen ehelichen Gegensätze von Temperament und Geschmack zu leben.

In diesem Paar waren die Fehler vermehrt wie durch eine gefährliche Verdoppelung; Schwäche nährte sich von sich selbst ohne eine Gegenkraft, und sie waren wie in einer Falle gefangen; Fehler, von einem der beiden begangen, hinterließen überall in ihrem Leben Löcher. Wenn man ihre Briefe aneinander liest, muß man oft auf die Unterschrift zurückgreifen, um sicher zu sein, wer dies geschrieben hat. Ihr Ton, wenn sie über sich selbst schreiben, ihre Stimmungslage, ist die fatale der Wehmut – eine passive, verzehrende, repititive Poesie. Manchmal hat man das Gefühl, daß selbst die glücklichsten und melodischsten Momente dieser Briefe etwas Festgelegtes haben, im Ausdruck erstarrt sind, und daß ihre Gefühle allmählich mit ihrer Manier verschmolzen, der Herrschaft des Stils anheimfielen. Selbst in dem, was sie erlitten, in ihrem tiefen und untröstlichen Kummer, kontrolliert ihre tonale Erinnerung die Worte, formt sie nach der Fitzgerald-Melodie, immer so reuevoll, regressiv und berührt von einer überlegt gestalteten Stilsicherheit.

In der Wehmut liegt der Druck der Verdrossenheit, und selbst die Fitzgerald-Jugend, außerordentlich, erfolgreich und ungewöhnlich, wie sie war, schien so oft bedroht von dieser rückblickenden Langeweile und Leere. Dies zusammen mit bösen Umständen und lähmenden Lastern macht die bloße Existenz von Fitzgeralds brillanten Romanen und Erzählungen zu einem Wunder. Nur am Ende seines Lebens, als er den faszinierenden Roman *Der letzte Tycoon* schrieb, als er müde und hoffnungslos, aber irgendwie, wenn auch nur durch Zeit und Müdigkeit und Distanz, frei vom Selbstmitleid seiner unproduktiven Jahre war, konnte er die Hälfte von sich selbst bezähmen, die Zelda war. Die Stimmung dieses letzten Romans, der dabei keineswegs interessanter ist als die anderen, war zumindest neu, und man spürte, daß ihm eine Ablösung gelungen war, eine Amputation, die er gefürchtet und nach der er sich gesehnt hatte … Aber wie im Märchen war es zu spät.

Wozu dann eine Biographie über Zelda Fitzgerald (*Zelda* von Nancy Milford) und eine Rückkehr zu dieser bereits so gründlich analysierten Ehe? Mrs. Milford ist in ihrer Analyse nicht sehr entschlossen, und sie ist auch in sich keine besonders interessante Autorin. Trotzdem, sich auf die Ehefrau zu konzentrieren – auf den Anhang sozusagen, auf die andere Seite der Frage – ergibt einen eigenartigen Blick, eine andere Bühnenbeleuchtung. Man kann nicht sagen, daß sich Zelda jemals in den Kulissen versteckt hätte, im Halbdunkel der vielen Arbeiten über Fitzgerald – das war kaum möglich für eine Frau, die so überaus sichtbar war. Aber Mrs. Milford hat etwas Neues getan. Einfach dadurch, daß sie sich auf ihren Gegenstand konzentrierte, und vielleicht sogar durch Zufall, hat sie für uns beunruhigende Fragen aufgeworfen, die Gewichte verschoben und es dem Leser ermöglicht, in dieser unglücklichen Frau – einem flüchtigen Paragon der Zwanziger – einen Fall von unerwarteter moralischer Komplexität zu sehen, ein Beispiel besonderen Versagens und den Gegenstand einer Art namenloser strafender Gerechtigkeit – einer privaten, sozialen, kulturellen? – und das Opfer vieler Mißgeschicke, von denen nicht alle unvermeidbar waren. Natürlich, was Zelda angeht, so ist es bekannt, daß viele Fehler in ihr selbst lagen und in ihren Sternen, aber neu, einen verzweifelten Willen zu entdecken, sie zu überwinden, ein starkes Talent und große Intelligenz, die um das Überleben kämpften – und, am überraschendsten, eine unglaubliche Energie und Sehnsucht nach Disziplin. Sie schien jenen verzweifelten Schaffensdrang zu besitzen, den manche erfahren, ohne aber das Künstlertum zu haben, ihn auszudrücken. Nichts davon wurde von denen, die sie umgaben und die über ihr Schicksal entschieden, ganz verstanden oder richtig gewertet.

Zunächst das bösartige Porträt von Zelda in Ernest Hemingways *Ein bewegliches Fest*. In diesen interessanten Kapiteln trifft beide Fitzgeralds wie Seehundbabys der Knüppel des Jägers. Hemingway ist Fitzgerald gegenüber selbstgefällig und herablassend und legt uns Vergebung nahe, indem er Fitzgeralds Schwäche und Qual seiner Frau anlastet. Hemingway sieht Zelda als einen »Habicht«. Sie fand ihn »unecht«. Wenn man Memoiren liest, steht man eigentlich immer unter dem Eindruck des Autors, man neigt dazu, zumindest in groben Umrissen die Anekdoten zu glauben, die er über seine berühmten Zeitgenossen berichtet. Aber manchmal haben wir Schwierigkeiten, zu diesem Glauben zu finden, weil nur der Erzähler sich in seiner Haut wohlzufühlen scheint. Dies ist in meiner Sicht der Fall bei der herabsetzenden Anekdote, in der Hemingway behauptet, daß Fitzgerald, gedemütigt, nach Beruhigung suchend, ihn bat zu beurteilen, ob seine »Maße« – Hemingways Titel für diese kleine Erinnerung ist »Eine Frage der Maße« – adäquat seien, da Zelda, wie er mit großer Verlegenheit und Unsicherheit sagte, behauptet habe, er sei nicht ausgestattet, eine Frau zu befriedigen. Hemingway nahm den armen Bittsteller mit in eine Toilette, warf einen schätzenden Blick auf Fitzgerald und verkündete das herrschaftliche Urteil: alles sei, wie es sein müsse, wenn man es sich im Profil ansehe, so wie man sich die Standbilder im Louvre angucke, und was nicht in Ordnung wäre, sei, daß Zelda versuche, »ihn stillzulegen«.

Es ist sehr schwierig, den armen Fitzgerald, Reißverschluß offen, in ein WC zu versetzen – »le water«, nennt Hemingway den Ort –, aber überhaupt nicht schwierig, sich vorzustellen, daß Hemingway in seine Rolle als sexueller Oberrichter verfällt, messend und urteilend. Ein weiterer Grund, den Details der Erinnerung mit einiger Skepsis zu begegnen, ist die faszinierende Stelle über Zelda am Ende der Passage.

> Zelda war sehr schön und sehr braun ... Ihre Habichtsaugen waren klar und ruhig ... sie beugte sich vor und sagte, ihr großes Geheimnis preisgebend: »Ernest, glaubst du nicht auch, daß Al Jonson größer ist als Jesus?«

In Mrs. Milfords Buch ist diese denkwürdige, in ihrer Abgeschmacktheit schon wieder witzige Bemerkung an Gerald Murphy gerichtet: »Gerald, glaubst du nicht auch, daß Al Jonson genau wie Christus ist?«

Vor ihrem Zusammenbruch provozierte Zelda unter ihren Freunden und bei ihrem Mann eine extreme Ablehnung und Verachtung, indem sie – nach einigen flüchtigen Lehrstunden in ihrer Kindheit – wieder Ballettunterricht nahm, fest entschlossen, Tänzerin zu werden. Das ist sehr interessant, weil diese neue Aktivität, so tritt es uns jedenfalls aus der Anordnung von Zeldas Briefen bei Mrs. Milford entgegen, aus ihren Aussagen und Hoffnungen, mehr oder weniger zu einem Modell dafür wurde, wie ihre Ziele von nun an gesehen wurden. Ihre Sehnsucht nach dem Tanz war von tiefer Intensität und sehr angestrengt; der Ballettunterricht bedeutete ihr vieles: Erlösung (»plötzlicher Ruhm« wurde das von ihren Beobachtern mit wenig Freundlichkeit genannt) und die Rettung vor dem Alkohol, der Untätigkeit, Leere und Abhängigkeit. Sie wollte etwas eigenes haben, wie sie wieder und wieder sagte. Die enorme Disziplin, die der Ballettunterricht fordert, war für sie nicht abschreckend, sondern eher etwas, das sie anzog. Die Geschichte ist als Beispiel ihrer geistigen Verwirrung oft erzählt worden: Sie sprang mitten auf der Straße aus einem noch rollenden Taxi, weil sie fürchtete, zu spät zum Unterricht zu kommen.

Die Ballettbesessenheit kam nach einer ganz besonders schweren Zeit des Streitens und Trinkens über sie. Man nimmt an, daß Fitzgeralds Interesse an der jungen Schauspielerin Lois Moran und seine höhnische Bemerkung, daß »das Mädchen zumindest etwas aus sich gemacht hat«, eine Rolle gespielt haben. Zelda begann ihren Unterricht bei

Catherine Littlefield 1927 in Philadelphia, aber ernst wurde es erst etwa ein Jahr später in Paris, als sie die Schule von Madame Egorova besuchte. Sie ging mit einer »grotesken Intensität« und einer getriebenen, wilden Energie an ihr hartes Studium heran. Ihr Mann war nicht erleichtert und für seine Arbeit befreit, wie man ja hätte erwarten können, sondern von ihrer Konzentration gequält und verärgert. Er neigte dazu, sie als gegen ihn gerichtete Vergeltung zu sehen.

Was Zelda an Madame Egorova bewunderte, sogar liebte, war »ihre Armut und Hingabe«. Die Intensität, die Ausübung, die Entschlossenheit wurden so extrem, daß man Zelda in ein Pariser Hospital brachte, wo ihre Gedanken ganz dem Kummer um dem Verlust »ihrer Arbeit« galten und dem Vorbild Madame Egorovas, die, so sagte sie, »ihr die größtmögliche Seligkeit« gegeben hatte. Später wurden ihre Psychiater im Hospital für die Zerstörung von Zeldas Konzentration und Leidenschaft angeworben. Die Gründe waren immer seltsam, egal, was sie versuchte. Man fand in ihrer Umgebung, daß es, da sie keine »große« Tänzerin, Malerin, Autorin werden konnte, schädigend wäre, so etwas auch nur zu versuchen; es war notwendig, ihre Freude an diesen Dingen zu kontrollieren. Über den Tanz und die Opposition der Ärzte dagegen sagte sie: »Das Licht, in welchem mir die Sache sich darbot, war: ich war am Ende meiner körperlichen Reserven angelangt ... wenn ich nichts Großes zustandebringen konnte, war es nicht wert, weiterzumachen, obwohl ich meine Arbeit bis zum Grad der Besessenheit liebte. ... Es war alles, was ich zu der Zeit auf der Welt hatte.«

Mit dem tiefen Gefühl, ein Unrecht erlitten zu haben, schrieb Fitzgerald: »Nachdem ich den ganzen Tag zu Hause gearbeitet hatte, wollte ich abends ausgehen ... meine Frau dagegen, die den ganzen Tag fort gewesen war, wollte nur zu Hause bleiben und ins Bett gehen.« Eine der natürlichen

Folgen der langen Ballettstunden war das fast vollständige Aufhören von Zeldas Bedürfnis nach Alkohol. Diesem Geschenk wurde offenbar von niemandem große Aufmerksamkeit entgegengebracht, ebensowenig dem reinen Vorteil der Disziplin, der Freude, die sie daran hatte, der ins Auge fallenden guten Dinge, die sich für sie daraus ergaben, da der Tanz ihr nicht Ruhm brachte, wohl aber ein Milieu, in dem sie leben und Arbeit und Befriedigung irgendeiner Art finden konnte. Stattdessen war

> Dr. Florel absolut sicher, daß der Weg zu Zeldas Genesung nicht in weiterem Tanzen lag, und er glaubte auch, daß Scott der Egorova schreiben sollte. Aber er schlug vor, daß Fitzgerald ihr klarmachen möge, daß sie es vorzögen, wenn sie Zelda entmutigte, selbst wenn dies ein klarer Betrug sei.

(Dies war lediglich das erste Ersuchen professioneller Entmutigung, das Gatte und Freunde aussprachen, zum Wohl des Opfers.)

Sie bekamen ihre Antwort von Madame Egorova. Sie war viel positiver, als jeder der beiden Männer es sich gewünscht, aber sicher auch weniger, als Zelda sich natürlich erhofft hätte. Der Brief sagte, was jede aufmerksame, interessierte Person selbst hätte sehen können: sie hatte zu spät begonnen, um eine erstklassige Künstlerin zu werden, aber sie war durch das schiere Maß ihrer Ausdauer und Bemühung eine gute Tänzerin geworden und hätte professionelle Arbeit finden können.

Der berühmte Dr. Bleuler in Europa diagnostizierte eine Schizophrenie. Zelda selbst hielt Dr. Bleuler für einen »großen Schwachkopf«, aber wir haben wenig Anlaß zu glauben, daß andere Ärzte maßvoller oder hoffnungsfreudiger in ihren Prognosen gewesen wären. Ihre geistige Verwirrung war manchmal alarmierend; sie litt zu manchen Gelegenheiten unter Desorientierung, Halluzinationen, Angstzuständen und Depressionen bis hin zu Selbstmordversuchen. Aber diese Zeiten der Niedergeschlagenheit können nur vorübergehend gewesen sein, denn die Briefe während der ganzen Zeit ihrer Krankheit sind viel zu luzide, kontrolliert, voller schmerzlicher Klarheit. Sie war exzentrisch, launisch, lächelte seltsam, hatte Alpträume, neigte zur Zurückgezogenheit, zur Besessenheit – *zu Zeiten*. Aber zugleich ist da, und das ist viel wichtiger, die Luzidität, das fast unerträgliche Leiden an ihrem Zustand und ihre volle Erkenntnis dieses Zustands – und, am wichtigsten und rührendsten, ein außerordentliches Streben und eine gewaltige Anstrengung, gesund zu werden, sich der Wirklichkeit zu stellen, zu funktionieren – vor allem, an etwas zu arbeiten. Dieses letzte, verzweifelte Bedürfnis ist erstaunlich für eine Frau, die eine große Schönheit gewesen war, die Gattin eines berühmten Mannes war und die ein Leben spektakulärer Verwöhnung gelebt hatte, eingeschlossen all die *femininen* Erwartungen von Geborgenheit und Liebe.

Auch am tiefsten Punkt ihrer Krankheit blieb ihr eine geistige Klarheit, die fast tragisch war. Sie verstand, daß etwas nicht stimmte und daß sie sich irgendwie selbst daraus befreien mußte, durch irgendeine starke Anstrengung ihres Geistes. »Ich komme mir selbst schrecklich merkwürdig vor, aber ich weiß, daß ich früher Integrität besaß, auch wenn sie jetzt verschwunden ist ... Du mußt kommen und mir erzählen, wie ich war. Jetzt sehe ich seltsame Dinge, die Arme von Leuten sind zu lang oder ihre Gesichter wie ausgestopft und sie sehen winzig und weit weg aus oder plötzlich unproportional.« Fast schlimmer als das geistige Leiden war ein wütendes Ekzem, das sich über ihren ganzen Körper ausbreitete und es ihr unmöglich machte zu schlafen. Manchmal war sie von Kopf bis Fuß in Bandagen gewickelt. Diese Ausbrüche folgten oft einem Besuch ihres Mannes, und Perioden einer allgemeinen Verbesserung ihres Zustands scheinen, nach den medizinischen Aufzeichnungen, mit seiner Abwesenheit zusammenzufallen.

Als sie noch in Frankreich waren, wurde Zelda nach einem Jahr und drei Monaten Behandlung aus der Klinik entlassen. Ihr Fall wurde zusammengefaßt als eine »Reaktion auf ihre Minderwertigkeitsgefühle (primär gegenüber ihrem Gatten) ...« Man sagte von ihr, sie habe einen Ehrgeiz, der »Selbstbetrug« sei und »Schwierigkeiten im Leben des Paars verursache.« Fitzgerald, der eigenen Schuld müde, war erleichtert, als er hörte, daß es auf beiden Seiten von Zeldas Familie geistige Störungen gegeben hatte. Als ihr Bruder Selbstmord beging, sagte er: »Siehst du – es ist nicht meine Schuld – es ist vererbt.«

Sein Trinken allerdings erschütterte ihn in seiner Selbstgerechtigkeit. Zelda bat ihn aufzuhören, aber er widerstand auch Ratschlägen von solchen Männern wie Dr. Adolph Meyer in Baltimore. Er zog sich auf die Klage zurück, daß Zelda von ihm lebte – in jeder geistigen und materiellen Hinsicht. Sie wohnte

> ... in einem Treibhaus, das mein Geld und mein Name und meine Liebe ist ... Sie benutzt das Treibhaus willig, um sich in jeder Weise von ihm schützen, jeden Keim des Talents nähren zu lassen und ihn auszustellen – und zur gleichen Zeit empfindet sie keine Verantwortung für das Treibhaus und hat das Gefühl, sie könne hinauflangen und jeden Moment ein Stück Glas aus dem Dach herausschlagen, dennoch ist sie klug genug, sich zusammenzukrümmen, wenn ich die Tür des Treibhauses öffne und ihr sage, benimm dich oder geh.

In ihrem Kampf gegen den Wahnsinn und die Abhängigkeit wandte sie sich, wie es viele gestörte Menschen tun – die gebildeten zumindest –, der Hoffnung zu, durch die Ausübung von Kunst Erlösung zu finden. Diese Hoffnung ruht auf der listigen Beobachtung, selbst den Verstörten und Abgeschlossenen erkennbar, daß Künstler das Vertrauen der Gesellschaft nicht in dem Maße benötigen wie andere Arbeiter. Und Zelda hatte seit ihrer Jugend mit ungehemmten, leidenden und erfolgreichen Künstlern zusammengelebt. Es lag etwas Seltsames, nicht ganz Verheißungsvolles in der Anzahl von Dingen, die sie gut konnte. Nach ihrer unterbrochenen Arbeit am Ballett wandte sie sich oft der Malerei zu, obwohl ihre Augen nicht besonders gut waren. 1934 wurden dreizehn Gemälde und fünfzehn Zeichnungen in Cary Ross' Studio ausgestellt, und vorher hatte es eine Ausstellung in der Lobby des Hotel Algonquin gegeben. Vielleicht war diese Ausstellung eher eine Kuriosität. Ein Artikel darüber in der *New York Times* zeigt wieder ihren anhaltenden, leidenschaftlichen Wunsch nach Selbständigkeit und persönlicher Unabhängigkeit.

> Aus dem Sanatorium, das sie zeitweise gegen die Empfehlung der Ärzte verließ, um eine Ausstellung von Georgia O'Keefes Kunst zu sehen, meldete sich Zelda Fitzgerald mit der Hoffnung, daß ihre Bilder ihren einen großen Ehrgeiz befriedigen möchten – sich ihren Unterhalt selbst zu verdienen.

Das Zentrum dieser Studie von Zelda Fitzgerald hat in einer peripheren aber interessanten Weise mit Literatur, mit ihrer Beziehung zur Arbeit ihres Mannes und zu ihrem eigenen Schreiben zu tun. Unglücklicherweise für sie war die herausragende ihrer Begabungen in der Tat das Schreiben. Und auch hier wieder besitzt sie die kostbare Gabe phantastischer Energie – nicht eine Energie von der hektischen, chaotischen, kranken Art, sondern die eines stetigen Fleißes, geformt und aufrechterhalten durch den Glauben an den Wert der Arbeit und die Bedeutung jeder auf sich gestellten Bemühung. Sie scheint aus der Mutterschaft nicht viel bezogen zu haben, und das häusliche Leben beanspruchte ihr Interesse kaum für einen Moment. In einem frühen Stadium ihrer Ehe schrieb ein Freund, Alec McKaig, in sein Tagebuch: »Zu den Fitzgeralds. Das gewöhnliche Problem da. Was soll Zelda tun? Ich denke, sie könnte ein bißchen mehr Hausarbeit tun – Wohnung sieht aus wie ein Schweinestall.«

Andrew Turnbull berichtet: »Einmal erzählte Fitzgerald meiner Mutter, daß nichts zu essen im Haus sei außer fünf Schinken.«

Zeldas größtes Geschenk an den Schriftsteller Fitzgerald war ihr eigenes aufrüttelndes und bedenkenloses Wesen und seine fast lähmende Liebe zu ihr. Aus McKaigs Tagebuch: »Fitz machte eine weitere wahre Bemerkung über sich selbst ... kann sich nicht ausmalen, wie irgendjemand außer ihm selbst und Zelda denkt.«

Und: »Fitz gestand heute abend beim Dinner, daß ›Jelly Beans‹ & ›Ice Palace‹ ganz und gar auf Zeldas Ideen zurückgingen. Ihre Ideen auch vorrangig in seinem neuen Roman [*Die Schönen und Verdammten*] ...«

Teile ihres Tagebuchs und ihre Briefe waren in *This Side of Paradise* (Diesseits von Eden) benutzt worden.

Als Edmund Wilson die Einflüsse auf Fitzgeralds Werk aufzählte (der mittlere Westen, irische Abstammung, Alkohol), sagte der Autor: »... Ihr Katalog ist nicht vollständig ... der größte Einfluß in den viereinhalb Jahren, seit ich ihr begegnete, ist die vollkommene, großartige und herzhafte Selbstsucht und Gemütskälte von Zelda.«

John Peale Bishops Besprechung von *Die Schönen und Verdammten* drückte das Gefühl aus, daß die fiktive Heldin an Zelda, wie sie wirklich war, nicht heranreichte. Fitzgerald, sagte er, habe es nicht geschafft, »die harte Intelligenz, jene komplizierte emotionale Ausrüstung ihres Prototyps« einzufangen.

Artikel und Geschichten, die von Zelda allein oder von beiden zusammen geschrieben waren, trugen aus kommerziellen Gründen manchmal Fitzgeralds Namen. 1924 hatte Zelda Artikel für *McCall's* geschrieben, und »während des verbleibenden Teils von 1927 arbeitete sie energisch an vier Artikeln, von denen drei im darauffolgenden Jahr veröffentlicht wurden. Der erste, ›The Changing Beauty of Park Avenue‹ (Die sich wandelnde Schönheit der Park Avenue), war von beiden unterzeichnet, obwohl Fitzgerald ihn in seinen Aufzeichnungen ganz Zelda zuschrieb ...« 1928 begann sie, Kurzgeschichten zu schreiben. »Jede Geschichte wurde in einem erstaunlichen, aber riskanten Energieausbruch geschrieben ... Fünf dieser Geschichten sollten von *College Humor* veröffentlicht werden ... Nichtsdestoweniger wurden die Geschichten unter dem Namen beider Fitzgerald gedruckt.« Zu dieser Zeit begann Fitzgeralds Sorge um »Material«; er hatte die merkwürdige Auffassung, es gäbe so etwas auch im erzählerischen Bereich, unabhängig von seiner Verkörperung in Stil, Gestalt und Handlung. Er glaubte, daß Zeldas Geschichten »ziemlich tief in Zeldas und meinen gemeinsamen Vorrat an Material gegriffen haben.« Er war unglücklich über bestimmte Gestalten in den Geschichten, »die ich beide in meinem Notizbuch hatte, um sie zu benutzen.«

Sie hatten sich selbst zusammen kreiert, und sie sahen sich immer selbst, ihre Jugend, ihre Liebe, ihre verlorene Jugend und verlorene Liebe, ihre Fehlschläge und Erinnerungen, als eine Art lebender Belletristik. Es erscheint nicht sehr wichtig, daß die Tagebücher und Briefe ausgenutzt, die Geschichten für die zusätzlichen 500 Dollar dem Falschen zugeschrieben wurden. Zelda selbst schien darüber nicht sonderlich bekümmert. Sie schrieb eine humorvolle Pseudorezension von *Die Schönen und Verdammten* im New Yorker *Tribune*, in der sie sagte: »Ich erkannte ein Stück aus einem meiner alten Tagebücher wieder ... und auch Brieffetzen ... Mr. Fitzgerald ... scheint zu glauben, das Plagiieren beginne zu Hause.«

Der wirkliche Grund für Fitzgeralds Sorge um »Material« hatte vielleicht etwas mit der Enge ihres Lebens und ihrer Interessen zu tun. Sie besaßen Schönheit und Ruhm, sie gingen überallhin, und doch standen sie meist außerhalb der Geschichte, erwähnten selten etwas über ihre eigenen Gefühle hinaus. Das Leben war daher – sogar im besten Fall – eine luftleere Zelle, und die persönliche Existenz, die Knoten und Verschlingungen, der Vorrat an Anekdoten war auf lange Sicht wirklich wichtig. Wenn es eine Schuld auf seiten Fitzgeralds gibt, dann könnte sie darin liegen, daß er Zeldas Qualen ausbeutete, um die destruktive, wahnsinnige reiche Erbin Nicole in *Zärtlich ist die Nacht* zu erschaffen.

Dann geschah mitten in Wahnsinn und Einkerkerung etwas Erstaunliches. Zelda brachte ganz plötzlich einen vollständigen Roman hervor: *Save Me the Waltz* (Laß mir den Walzer). Das Drama um diese Leistung ist entmutigend und eine Schande für alle Beteiligten außer Zelda. Sie konsultierte nicht ihren Mann, sondern schickte das Manuskript an Max Perkins bei Scribner's – und der Horror des Ballettunterrichts wiederholte sich. »Am 14. März schrieb Scott in großer Wut an Dr. Squires. Er hatte gerade Zeldas Manuskript bekommen.« Vier Jahre lang, fügte er voller Selbstmitleid hinzu, sei er gezwungen gewesen, nur episodisch an seinem eigenen Roman zu arbeiten, »nicht fähig, voranzukommen, *aufgrund* der Notwendigkeit, Zelda in Sanatorien unterbringen zu müssen ...«

Es gab einen Aufschrei wegen »meines Materials«, und Zelda schrieb die schuldigen Stellen um oder strich sie. Wieder wurde einer dieser herzlosen Briefe versandt, der darum bat, man möge Zelda in ihrer Hoffnung entmutigen. »Dann bat er Perkins, was immer an Lob er Zelda zuerkennen wollte, ›in zurückhaltendem Ton‹ zu äußern«, und fuhr fort – soweit die Aufzeichnungen zeigen, nicht ganz wahrheitsgemäß –, daß die Ärzte im Phipps-Sanatorium nicht wollten, daß man Zelda Anlaß zu Tagträumen von »Ruhm und Geld« gab. Man entschied, sie sei zu labil für Superlative.

Save Me the Waltz ist ein Roman von normaler Länge, recht gut geschrieben; der Stoff bezieht sich auf Zeldas Leben und ist daher eine Mischung von scharf beobachteten Szenen aus dem Süden der Vereinigten Staaten und einer damit kontrastierenden Weltlichkeit. Er ist eine vollkommen achtbare

Leistung, eine, auf die jeder junge Schriftsteller stolz sein könnte, ein Text, den jeder Verleger vernünftigerweise veröffentlichen würde, auch wenn der Roman kein Erfolg war, als er herauskam. Daß er in aller Eile von einer »hoffnungslosen Schizophrenen« komponiert gewesen sein soll, ist, wenn man ihn sich heute ansieht, kaum zu glauben.

Sanatorien, Asthma, Ekzeme, Schuldgefühle, Einsamkeit: nichts hatte Zeldas übernatürliche Energie zerstören können. Die hatte sich ihr nie versagt, ob beim Schwimmen, Tanzen oder Schreiben. Der Tagesablauf in der Klinik in North Carolina war spartanisch: Wandern, Gymnastik, eine enthaltsame Diät und die Förderung von Sittsamkeit und nonnenähnlicher Demut durch das Fehlen von Spiegeln und Kosmetik. Zelda blieb an diesem seltsamen Ort, hielt das alles jahrelang aus, immer an ihre »Grenzen« und ihren »dauernden Gesundheitsschaden« erinnert. Sie starb dort und hinterließ über ihre »Legende« hinaus ein weiteres Denkmal ihrer nicht umzubringenden Energie – einen nicht vollendeten zweiten Roman, den sie *Caesar's Things* nennen wollte.

Was sollen wir aus all dem machen? Zeldas Briefe aus dem Sanatorium sind klar und mutig, und sie sind eine in den Händen brennende Lektüre. Gewisse Schizophrene appellieren mit großer Kraft an etwas in uns, weil es gerade die Begrenzungen ihres Wesens sind, die gehetzte, verantwortungsvolle, das Leben mühevoll bewältigende Menschen daran erinnern, was sie verloren haben – Verträumtheit, eine Enge der Konzentration, Innerlichkeit, Zurückgezogenheit. Auch wecken diese kranken Personen Schuldgefühle seltsamer Art, ob nun bewußt oder nur durch die Eigenheiten ihrer oft strahlenden Fixiertheit. Der Wille, ihnen Schuld zuzuschreiben, sie zur Verantwortung zu ziehen, scheint den ihnen Nächststehenden sehr bald fruchtlos. Stattdessen verweben die Gestörten ihre Beziehungen zu einer unklaren, anhaltenden, schmerzlich unruhigen Verbindung, in der Schuld, ungeduldige Wut und Trauer um die Geheimnisse des Lebens sich immer weiter in erstickender Enge durchdringen. Vielleicht ist das Gefühl, das dem am nächsten kommt, die rätselhafte und unendlich leidvolle Verbindung zwischen denen, die leben, und denen, die langsam sterben.

Fitzgeralds Übernahme der Verantwortung war für ihn – und für seine Frau – eine jammervolle Bürde, aber wir haben das Gefühl, wenn wir an die beiden zusammen denken, daß die Bürde und wie er sie trug, das Zentrum seines moralischen Wesens ausmachte. Es war seine Fabel, seine Geschichte, sein Symbol, Bild, Schicksal, seine Besessenheit. Nur wenige Leben sind so sehr eine Einheit, wie es das Leben der Fitzgeralds war; bei ihnen sind Jugend und mittleres Alter nicht so sehr durch die Kette des Wachsens als in der Schlinge von Ursache und Folge verbunden. Das mittlere Alter ist eine Rechnung, die von der Jugend hinterlassen wird, und die Vorstellung des Bankrotts taucht in ihren Gedanken immer wieder auf. Aber die Verantwortung, das Tragen einer Bürde ist wichtig für Fitzgeralds Bild von sich selbst, vielleicht weil er sich seiner vielen Schwächen schämte. Niemals läßt ihn das Bedürfnis, seinen eigenen Fall noch einmal zu überdenken, ganz los, nie ist er ganz in der Lage, davon Abstand zu nehmen, die Kosten seines Handelns für das Beste an ihm und, was das betrifft, das Schlechteste an ihm, abzuwägen. Er ist uns nicht vorstellbar ohne das Gewicht des Zwanges, für andere Geld herbeischaffen zu müssen, ohne die Erinnerungen, denen er sich um Mitternacht stellen mußte, ohne die kleinen Qualen der Reue und das genießerisch ausgekostete Gefühl des Verlustes.

Dennoch, indem er die Verantwortung übernahm, wie knurrend und unter welchem Opfer auch immer, war es ihm im Gegensatz zu Zelda möglich, darin ein Handeln zu finden, eine Selbstdefinition. Eine ertragene Last ist zugleich ein Buckel auf deinem Rücken und ein Stein in deiner Krone. Verschwunden zu sein, aufgegeben zu haben, sogar seine immense Anteilnahme auch nur vermindert zu haben, hätte in Fitzgerald eine unerträgliche Leere und ein Gefühl maskulinen Versagens hinterlassen. Denn er arbeitete nicht nur in Hollywood und schrieb für die *Saturday Evening Post,* um seine Frau und seine Tochter zu versorgen, er hielt Woche um Woche, Monat um Monat diese unerbittlich strafende Verpflichtung von Briefen, Arrangements, Ratschlägen, Klagen, Wehmut, neuer Hoffnung, neuer Verzweiflung aufrecht. (Hemingway zum Beispiel scheint seine Frauen beiseitegelegt zu haben wie das Tweedjackett vom letzten Jahr. Er kann nicht einmal erklären, warum er die schöne Hadley und seinen bezaubernden Sohn Bumby verließ. Er spricht nur in der nachlässigen Weise, die er und die Fitzgerald-Generation teilten, von »neuen Leuten« und den irgendwie nie erklärten Versuchungen, die »die Reichen« seiner Vergeßlichkeit boten.)

Das Bild, das uns aus Zeldas Briefen entgegentritt, ist verstörend. Die Ehe war ein Unglück, denn sie waren verschwenderische Partner, sie waren wie ein Unternehmen, das alle Zeichen des Zusammenbruchs trägt, weil sie einander in ihrem Wesen so gespenstisch, so lähmend ähnlich waren. Sie genossen ihre Übertreibungen und Verrücktheiten, solange ihr Leben glatt lief; ansonsten war ihre Übereinstimmung eine Katastrophe. Jeder brauchte genau, was der andere nicht hatte. Zelda verbarg, all ihrer Schönheit und Kühnheit zum Trotz, ein tiefes Gefühl persönlichen Ehrgeizes, ein Gefühl, daß eine einzigartige Möglichkeit in ihr lag, wenn sie nur herankam, sie umsetzen konnte. Ihre Energie und Disziplin erbrachten nie viel. Es gab nichts, das sie ganz zur richtigen Zeit ihres Lebens gemeistert hätte, und vielleicht waren es schließlich doch ihr Leiden und ihr Wahnsinn, ihre Zusammenbrüche, die sie in die ängstliche Suche nach einer Art von Gesundheit durch diese hektischen, künstlichen Anstrengungen trieb.

Natürlich konnte aus der Brillanz nichts wirklich Großes

werden. Die Anstrengungen zu leben, wiedergeboren zu werden, frei zu sein, lagen mit ihrer Natur und mit der verborgenen Liebe, die beider Leben ausbrannte, im Krieg. Zeldas Talente waren in keiner Weise mit denen Fitzgeralds vergleichbar. Hat das etwas zu sagen? Bedeutet es etwas? Kunst war die Religion der Zwanziger, und daher waren viele Frauen den stürmischen Göttern der Periode ergeben, Frauen, die aufgerufen waren, Donner und Blitz zu teilen. Zeldas Fall war ein besonderer. Auch sie war anarchisch, inspiriert, brillant, labil, auf ihre Art den Göttern der Künste sehr ähnlich, den Verwöhnten, Begabten und Berühmten überall um sie herum. In ihr aber war der Wahn real und nicht nur Hemmungslosigkeit.

Es ist traurig, daß ihr Wunsch zu lernen, sich ein höheres Können und Ernsthaftigkeit zu erkämpfen, anderen nur als eine Bedrohung erschien. Ihre Versuche, gesund zu werden, waren immer anstrengend, und sie erschienen anderen lediglich als eine weitere Krankheit oder ein tieferer Fall. Welche anderen Wege als Schreiben, Tanzen oder Malen standen ihr offen? Auf jeden Fall ist das Scheitern in diesen Hoffnungen normal, und in der Bemühung liegt nichts Unehrenhaftes. Wäre sie nicht mit Fitzgerald verheiratet gewesen, hätte sich ihr »Ehrgeiz« nicht als »Konkurrenz« dargestellt. Vielleicht wäre der Ausgang derselbe gewesen; er wäre indessen anders betrachtet worden.

Als eine Art Zwilling zu leben, als Mann und Frau oder Bruder und Schwester, ist eine Form des Überlebens. Im Fall von Künstlern sind diese intensiven Beziehungen merkwürdig zweischneidige, undefinierte Formen der Zusammenarbeit – die beiden teilen ihre Wahrnehmungen, ihr Temperament, den Kampf um die Kreation, um die mächtigen Dinge, die von der Kunst abfallen, Reputation, Leistung, Sicherheit, und um die eigene Einzigartigkeit – das vor allem. Dennoch, nur einer der Zwillinge ist als Künstler real, als Person mit einem besonderen Anspruch an die Welt, an die verwöhnende Toleranz der Gesellschaft. Viele Schriftsteller scheinen sich nach diesen bebenden, begabten, herausragenden Zofen zu sehnen, denn sie wissen, daß die Prosaischen, die Zurückhaltenden, die Anspruchsvollen schreckliche tägliche Bedrohungen der Kunst sind, und daß die Gegenwart einer intelligenten, sympathischen, gewitzten Sensibilität, immer zu Diensten, immer heiter und irgendwie kreativ, eine Quelle, sogar eine Quelle von Material ist. Mit Zelda war die Zusammenarbeit frenetisch, fast eine Frage von existentieller Bedeutung – es ging darum, alles zu teilen, die Laster, die Arroganz, die Selbstverwöhnung ebenso wie die zentrale Sicht ihrer selbst und ihrer schönen Destruktivität als den Kern von Fitzgeralds künstlerischer Idee. Und natürlich war Zelda immer ein enormes Problem für einen von Problemen belagerten Mann.

Trotz der schreienden Unterschiede kann sie einen an das exaltierte Zwillingstum von Dorothy und William Wordsworth erinnern und an die Traurigkeit, die immer da ist, drohend, am Ende eines so intensiv und mit so verstörendem Bewußtsein seiner selbst gelebten Lebens. Mrs. Milfords Buch über Zelda Fitzgerald besitzt, was man als beträchtliches »Fraueninteresse« bezeichnen könnte. Vor ein paar Jahren lag das Interesse in der tragischen Grandiosität und dem Glanz ihrer Liebesgeschichte. Jetzt, glaube ich, ruht es ganz auf dem Heldentum ihrer Anstrengungen und der Bitterkeit ihres Scheiterns. Sie war nicht makellos, und sie war reich an Belastungen, aber wir sind plötzlich sehr unzufrieden und mehr als ein wenig aufgebracht darüber, daß dieses seltsame, wertvolle Mädchen aus Montgomery in Alabama unnötige Zurückweisungen und Entmutigungen zu ertragen hatte – in einem Leben, dem soviel unaufhebbares Leiden vorbestimmt war.

Zuletzt empfinden wir für Zelda Fitzgerald genau, was De Quincey für Dorothy Wordsworth empfand: »respektvolles Mitleid.«

Sylvia Plath

In Sylvia Plaths Werk und in ihrem Leben sind die pathologischen Elemente so tief verwurzelt und so widerstandslos hingenommen, daß man nicht dazu neigt, auf allgemeine Prinzipien, gesicherte Ursprünge, Anwendungen oder Lehren zu hoffen. Ihr Schicksal und ihre Themen sind kaum zu trennen und beide sind einzigartig erschreckend. Ihr Werk ist brutal wie das Zuschlagen einer Faust; und manchmal ist es auch in seinen Gefühlen niedrig. Literarische Vergleiche sind möglich, Echos hallen manchmal nach, aber wem kann sie ihrem Geiste nach verglichen werden, im Inhalt oder im Temperament?

Gewisse Rahmen für ihre Destruktivität sind von Kritikern vorgeschlagen worden. Vielleicht war die Tatsache, als Frau geboren worden zu sein, mit ein Grund für die exzeptionelle Härte ihres Wesens, eine Frau, deren Pflichten über den Grund von Genie, Ehrgeiz und ernster geistiger Labilität gelegt waren. Oder waren es die Fünfziger, als sie das College besuchte, als sie heranwuchs – steckt darin etwas? Vielleicht; aber ich empfinde bei ihr ein besonderes Fehlen von nationalen und heimatlichen Wurzeln, empfinde das besonders in ihrer Lyrik, und das würde ich auf ihre Vorfahren auf beiden Seiten zurückführen. Sie waren ihr gegeben, und sie akzeptierte sie als Bürde, nicht als Geschenk; aber da waren sie nun einmal und schnitten sie irgendwie von allem ab, was sie nicht waren. Ihr Vater starb, als sie acht Jahre alt war, und das war ernst, entscheidend. Aber dieser interessanteste Teil ihrer Geschichte ist so versengt von Ressentiment und Bitterkeit, daß man nur aus dem besonderen hohen Brennen der Bitterkeit schließen kann, daß es sich um abgetötete Liebe handelt.

Bei allem Drama ihrer Biographie umgibt Sylvia Plath eine eigenartige Distanz. Ein Schicksal von so gewalttätiger Selbstdefinition bringt uns die wirkliche Person nicht immer näher; es tendiert mehr dahin, Ikonographie auszulösen, unsere Annahmen und Reaktionen gefrieren zu lassen. Man spricht von ihr als von einer »Legende« oder einem »Mythos« – aber was bedeutet das? Sylvia Plath war ein strahlendes Talent, das sich im Alter von dreißig selbst zerstörte; und sie wird, so scheint es, eine der interessantesten Lyrikerinnen in der amerikanischen Literatur bleiben. Als »Ereignis« steht sie neben Hart Crane, Scott Fitzgerald und Poe eher als neben Emily Dickinson, Marianne Moore oder Elizabeth Bishop.

Die Umrisse ihres Wesens sind seltsam, besonders in ihren trotzigen und weitgefächerten Möglichkeiten, ihrem Gefühl für Beherrschung, für das Handwerk und die Vorbereitung, die sie sich fast demütig und fleißig als Grundlage eines überwältigenden Ehrgeizes aneignete. Sie kam in Winthrop, Massachussetts zur Welt. Die Eltern ihrer Mutter waren Österreicher; ihr Vater war ein in Polen geborener Deutscher. Er war Professor für Biologie, spezialisierte sich unter anderem auf die Züchtung von Bienen. (Die Ambivalenz von Gefahr und Süße, die sich mit dem Bienenkorb verband, wurde ein Totem, ein Emblem im Werk der Tochter.) Ihr Vater starb, und die Familie zog nach Wellesley, Massachusetts, um bei den Großeltern zu leben. Sylvias Mutter wurde Lehrerin, und sie besuchte die Schulen am Ort und später Smith College. Als Schülerin und Studentin war Sylvia Plath durchgehend erfolgreich, offenbar getrieben von dem Wunsch, alles zu meistern, was das Leben bot: Studium, Kochen, Reiten, Schreiben, Haushalt, eine Mutter zu sein. In ihrem Charakter scheint es keinen Platz gegeben zu haben für Trägheit, Unfähigkeit oder für die Weigerung.

Ein früher dramatischer Tod gibt einer Person im literarischen Sinne ein wirkliches Leben, eine pulsierende Biographie. Leute entdeckten, daß sie in ihrer Schulzeit ein vehementes, verstörendes Genie gekannt hatten; die bloße Nähe wurde zu einer Herausforderung, und das kurze Leben ist der Gegenstand von Memoiren geworden, die nicht besonders nützlich sind. Sylvia Plath kommt dadurch nicht näher, ihr Glanz wird nicht klarer. Gedichte sind ihren Gedichten gefolgt, haben ihre Aussage gemacht, und auf die meisten dieser Gedichte ist ihre eigene schroffe Eloquenz die angemessene Zurückweisung. Wir besitzen keineswegs alle ihre Briefe, und die, die sie in ihrem letzten Jahr geschrieben haben muß, verfolgen einen auf eigenartige Weise – das heißt, die sie geschrieben haben muß, wenn sie die abhängige, bedürftige Beziehung hatte, die aus einem Brief eine Tat machen kann, eine wahre Wiedergabe des Gefühls. Die Briefe – zumindest die Auszüge, die wir bisher gesehen haben, tendieren zum Minimalen, Flachen, Unterdrückten, Unpersönlichen, deuten eher auf einen Mangel an echter Nähe zum Empfänger als auf den Wunsch, etwas über sich selbst zu sagen. A. Alvarez hat in seinem Buch *Der grausame Gott* der lebenden Person, wie er sie sah, den größten Dienst erwiesen. Er ist zurückhaltend, besitzt eine tiefe Kenntnis von Sylvia Plaths Lyrik, und er ist bewegt vom Leiden ihrer letzten Tage und vom Augenblick des Selbstmordes.

Sylvia Plath ging mit einem Fulbright-Stipendium zur Universität Cambridge. Sie traf und heiratete später den bedeutenden Lyriker Ted Hughes, und nach etwa einem Jahr in Amerika kehrten sie zurück, um in England zu leben. Sein erster Gedichtband, *The Colossus,* wurde 1960 veröffentlicht, im selben Jahr, in dem ihre Tochter Frieda geboren wurde. 1962 kam ihr Sohn Nicholas zur Welt – und dann wurde das Leben hart und verstörend. Trotzdem gelang es ihr, die Gedichte zu schreiben, die später unter dem Titel *Crossing the Water* (Die Überquerung des Wassers) herauskamen. Getrennt von ihrem Mann, kam sie mit zwei kleinen Kindern nach London zurück, versuchte zu leben und zu arbeiten und allein in einer kahlen Wohnung während eines der kältesten Winter des Jahrhunderts zu überleben. *Die Glasglocke* wurde, kurz bevor sie im Februar 1963 starb, unter einem Pseudonym veröffentlicht.

In den letzten frostigen Monaten ihres Lebens suchte sie, wie eine auf die Stigmatisierung Wartende, eine fast halluzinatorische Kreativität heim – sie schrieb die erstaunlichen Gedichte von *Ariel* und die des späteren, *Winter Trees* (Winterbäume) genannten Bandes.

Die kreative Heimsuchung kam nicht vom Himmel, sondern aus der Hölle der Raserei. Dennoch, so kraftvoll ist die Kunst dieser Gedichte, daß man sich auf verwirrende Weise erhoben fühlt, während man die quälenden Zeilen liest. Die Gedichte sprechen von Tod, Raserei, Haß, Blut, Wunden, Schnitten, Verstümmelungen, Selbstmordversuchen, Stichen, Fiebern, Operationen – es ist ausgeschlossen, mit ihnen zurechtzukommen. Es gibt keinen Trost in der Erfahrung der Gedichte, aber sie sind lebendig, voller Verletztheit, Aufregung; eine knirschende, mühsame Freude an der Vollkommenheit der bildlichen Sprache überwindet die Vorbehalte des Geistes.

Es gibt auch Gedichte über Kinder, ihre eigenen, die sie intensiv liebte. Und doch verbinden sich »Kind« und »Baby« als bloße Begriffe oft mit Bildern von Schmerz und Tod. Viele der Gedichte sind Tiraden, in einer solchen Tonhöhe der Eloquenz und Leidenschaft vorgebracht, daß sie einem den Atem nehmen. Sie, die Dichterin, ist auf erschreckende Weise immer präsent. Orestes wütet, aber Aeschylos lebt bis zum Alter von fast siebzig Jahren. Sylvia Plath aber ist beides, Heldin und Autorin; als der Vorhang fällt, liegt ihre Leiche auf der Bühne, ihrer Handlung zum Opfer gebracht.

Sie besitzt die seltene Eigenschaft, zumindest in ihrem Werk niemals ein »netter Mensch« zu sein. An ihr gibt es nichts von mystischer oder schizophrener Vagheit. Kein verträumter Bindungsverlust, keine magische Ungenauigkeit, Ungeduld und Mangel an poetischem Urteil. Sie ist statt dessen ganz Kraft, Ego, Energie, Ausdauer – und doch auf verrückte Weise konzentriert, verwirrend. Der Ekel ist ein sehr starkes Gefühl in ihrem Wesen, aber sie stellt sich den Dingen mit klassischer Unerschrockenheit und verliert nie ihre Würde. Deshalb ist ihre Vision mächtiger und reiner als die lose Beliebigkeit anderer Poeten ihrer Zeit.

Sie ist zu allem fähig – das wissen wir. Alvarez erinnert uns daran, wie typisch für sie die Szene in *Die Glasglocke* ist, in der sie einen Skihang herunterrast, ohne skilaufen zu können; er erinnert sich an ihr Draufgängertum beim Reiten und erzählt davon, wie sie in einem selbstmörderischen Ausbruch, der dem letzten voranging, ihr Auto zerschellen ließ.

Es ist nicht die Rücksichtslosigkeit, die Sylvia Plath so abschreckend macht, sondern die Destruktivität sich selbst und anderen gegenüber. Ihre Mutter empfand *Die Glasglocke* als »niedrigste Undankbarkeit«, und wir können uns nur über ihre Unschuld wundern, etwas anderes erwartet zu haben. Dem Mädchen in dem Roman – so weit wir wissen, eine genaue Wiedergabe der Wirklichkeit – fällt das Ich auseinander, und die erstickende Enge ihres Gemüts ist so extrem, daß nur der Tod – und als das fehlschlägt, Elektroschockbehandlung – irgendeine Art von Erleichterung bringen kann. Menschen, die in dieser Weise leiden, haben in ihren Köpfen einfach keinen Platz für die Qual anderer – und später scheinen viele von ihnen ihre Prüfungen nur durch eine alles auslösende Distanz zu überleben. Aber selbst in der Erinnerung – und *Die Glasglocke* wurde ein Jahrzehnt nach den Geschehnissen geschrieben – fragt Sylvia Plath nicht nach den Kosten.

Es liegt ein Schatten von Paranoia auf ihrem Roman und auch auf ihrer Lyrik. Die Person, die uns da entgegentritt, ist gnadenlos und bedrohlich, eingeschlossen in Bilder der Gewalt. Wenn sie, wie viele bemerkt haben, kein Mitleid für sich selbst zu empfinden scheint, so hat sie auch keinen Impuls zu Selbstkritik oder Selbstanalyse. Es ist eine saure Welt, eine treibende, schwüle Atmosphäre der Rache. *Die Glasglocke* scheint ein realistischer Bericht von ihrem Selbstmordversuch während des Sommers vor ihrem Abschlußjahr auf dem Smith College zu sein. Aber der Roman handelt auch vom Wahnsinn, und das trennt ihn von den Gedichten. Der Tod ist in der Lyrik eine Handlung, eine Möglichkeit, eine Geste, in sich selbst geschlossen, unmotiviert, nicht hinterfragt.

Die Glasglocke beginnt mit der Zeile: »Es war ein seltsamer, drückender Sommer, der Sommer, in dem sie die Rosenbergs auf den elektrischen Stuhl brachten.« Die Rosenbergs haben keineswegs etwas mit der Handlung zu tun, und ihre Erwähnung ist das Werk einer Intelligenz, die sich fragt, ob das Leiden eines einzelnen Ich allgemeine Bedeutung haben kann. Auch hat die Hinrichtung der Rosenbergs auf dem elektrischen Stuhl in Sylvia Plaths unheimlicher Erkenntnis von Verbindungen aller Art – Geräusche, Empfindungen – und in ihrer poetischen Anordnung des Materials eine metaphorische, wenn nicht sogar realistische Verwandtschaft mit der Elektroschockbehandlung am Ende des Buches. Schließlich bedeuten die Rosenbergs für Sylvia Plath einfach Tod. »Ich konnte nicht umhin, mir zu überlegen, wie das wäre, lebendig verbrannt zu werden, an den Nerven entlang.«

Nach einem Sommer in New York geht das Mädchen nach Massachussetts zurück, und der Wahnsinn beginnt, über sie hereinzubrechen. »Ich hatte seit einundzwanzig Nächten nicht geschlafen. Ich dachte, das Schönste auf der Welt müsse der Schatten sein, die Millionen sich bewegenden Gestalten und Sackgassen des Schattens. Es gab Schatten in Schreibtischschubladen und Schränken und Koffern, und Schatten unter Häusern und Bäumen und Steinen, und

Schatten hinter den Augen und dem Lächeln von Menschen, Meilen und Meilen davon auf der Nachtseite der Erde.« Selbstmord zu begehen ist Verzweiflung, Forderung nach Hilfe, aber ich sehe nicht, wie man die Tatsache ignorieren kann, daß er in Sylvia Plaths Werk gesäumt ist von Freude und Triumph. In *Die Glasglocke* denkt sie daran, sich in der Badewanne die Pulsadern aufzuschneiden und stellt sich vor, das Wasser werde »von Mohnblumen prunken« – ein Bild wie die in ihren späten Gedichten. Als sie unfähig ist, es zu tun, will sie zur Übung »ein wenig Blut vergießen«. – »Da empfand ich eine kleine, tiefe Erregung, und ein heller Saum von Rot quoll an der Lippe des Schnitts auf. Das Blut sammelte sich dunkel, wie eine Frucht, und lief meinen Knöchel hinab in das Gefäß meines schwarzen Lacklederschuhs.« Diese Passagen und andere, weit brillantere in ihren Gedichten zeigen ein Gemüt im Zustand einer sinnlichen Verzerrung, das den Tod ebenso sucht wie den Schmerz und sich mit grausiger Klarheit die Verstümmelung von Seele und Fleisch vor Augen hält. In dem Gedicht »Daddy«:

Jede Frau liebt einen Faschisten,
Den Stiefel im Gesicht, das viehische,
viehische Herz eines Viehs wie du.

Bei Sylvia Plath ist die Unterwerfung unter, die Suche nach Schmerz aktiv, gewalttätig, *ernst,* sie hat nichts mit der Swinburneschen Tonlage der Züchtigung und der spielerischen Erniedrigung zu tun. Immer, hinter jeder Stimmung, ist da der Zorn – aus welchem Grund, wissen wir nicht, nicht einmal in dem Roman, wo die Szene offen und explizit ist. In einigen Gedichten richtet sich der Zorn direkt auf den Vater, in anderen indirekter, aber sehr intensiv, auf ihren Ehemann.

Der echte Selbstmordversuch, bei dem sie nur durch viel

Glück und einen Zufall mit dem Leben davonkam, ist in seinen Details niederdrückend. Das Mädchen geht in eine kalte, feuchte, spinnwebenverhangene Ecke eines Kellers hinunter. Dort versteckt sie sich hinter einem alten Balken und schluckt fünfzig Schlaftabletten. Das Gefühl des Untenseins, der Dunkelheit und Feuchte, der unerträglichen Verrottung und Kälte wird um seiner Häßlichkeit und Schmerzhaftigkeit willen genossen. »Sie mußten rufen und rufen/ und die Würmer von mir sammeln wie klebende Perlen« (»Lady Lazarus«).

In der Wirklichkeit gab es eine Suche der Polizei, Zeitungsschlagzeilen, die leere Tablettenflasche wurde entdeckt; es war dramatisch, unvergeßlich. Sylvia Plath wurde gefunden, in die Klinik gebracht und mit Elektroschocks behandelt, und »die Glasglocke«, in der sie zu ersticken drohte, hob sich schließlich. Der Roman hat nicht die Qualität der Gedichte, aber er ist frei von groben Fehlern und Peinlichkeiten. Vielleicht legte sie nicht die letzte Anstrengung in ihn hinein, aber er ist eher in seinen Absichten als in seiner Darstellungsweise begrenzt. Das Buch hat einen interessant kalten, unfreundlichen Humor. Wir sympathisieren mit der Heldin aufgrund ihres geduldig aushaltenden Mutes, sich dem allen zu stellen, und aufgrund ihres Leidens. Das Leiden ist mehr oder weniger empirisch beschrieben, als wäre es etwas Natürliches, und man leidet mit ihr, weil sie selbst so hart und gläsern über ihr Leben schreibt.

Dieses autobiographische Werk hat einen kahlen, ziemlich vom College bestimmten 1950er Stil, und doch sind die Haltung, die Distanz und bittere Gleichgültigkeit von einer tiefen Stimmung der Teilnahmslosigkeit gefärbt. Die Vergnügungen und Empfindungen der Jugend – zum Yale-Prom eingeladen zu werden, ihre Jungfräulichkeit zu verlieren – wirken in einem Szenarium des Zerfalls, der Wut und einer perversen Liebe zum Schrecklichen ziemlich irreal. Die Verführung von Esther Greenwood, wie die Heldin heißt, ist bemerkenswert grotesk und irgendwie auf düstere Art angemessen. Der Akt führte zu einer gefährlichen, langen, sehr ungewöhnlichen Blutung. Das Blut – von dem die Autorin besessen ist – fließt so reichlich, daß das Mädchen gezwungen ist, zu einem Arzt zu gehen. Sie verfolgt den jungen Mann recht grimmig mit der Forderung, die Rechnung des Doktors zu bezahlen, wie um in gewissem Ausmaß Vergeltung für etwas zu üben, an dem sie im Interesse der Erfahrung selbst aktiv beteiligt war.

Die grauenvollen Themen, die Selbsteinschließung, der Schmerz, das Blut, die Raserei, die Verliebtheit in das Scheußliche – all das findet sich in der *Glasglocke*. Aber in einem Sinne weich, zurückgenommen. Die Gedichte in *Ariel* sind viel gewalttätiger. Ja, das berühmte Gedicht »Daddy« ist vielleicht das bösartigste Porträt, das man in der Literatur findet.

Selbstmorde gibt es recht häufig, aber die Liebe zum Tod, die spielerische Freude am Umgang mit ihm ist selten. Hart Crane, Virginia Woolf, viele andere begingen Selbstmord. Nicht wenige glauben, daß sich sogar Sappho von einem Felsen ins Meer stürzte. Wir stellen uns diese destruktiven Handlungen als mehr oder weniger plötzliche Entschlüsse oder als den Gipfelpunkt einer unerträglichen Depression vor, die ein Gefühl des Unwerts und der Hoffnungslosigkeit mit sich bringt, eine Verzweiflung, die sich Gesundung nicht vorzustellen vermag.

Einige der Tagebucheintragungen Virginia Woolfs in den Tagen vor ihrem Tod tragen dieselbe glitzernde Verachtung eines Sylvia-Plath-Gedichts wie »Lesbos« in sich.

Bösartigkeit in der Küche!
Die Kartoffeln zischen.
Es ist ganz Hollywood, fensterlos.

Weiter heißt es:

Du hast ihre Kätzchen vor dem Fenster
In eine Art Zementbrunnen gesteckt
Wo sie kacken und kotzen und weinen und sie sie nicht hören kann.

Dieses Gedicht wurde in den letzten Wochen von Sylvia Plaths Leben geschrieben, und ich habe keine Ahnung, ob es sich um eine wirkliche Szene handelt oder nicht. Die exzessive Gewalt der Sprache scheint, so bemerkenswert sie ist, aus einem Hirn zu kommen, das im Wahn dahinrast und doch eine unheimliche Sprachbeherrschung ausübt. Klang, Rhythmus und Metaphorik deuten auf das genaue Gegenteil des Wahnsinns.

In der Eintragung in Virginia Woolfs Tagebuch findet sich dieselbe Ungeduld. »Sie puderten sich und malten sich an, diese gewöhnlichen kleinen Nutten ... Dann bei Fuller's. Eine fette, modische Frau in roter Jagdkappe, Perlen, kariertem Rock vertilgt schwere Kuchen. Ihr schäbiger Abkömmling stopft sich auch voll ... Woher kommt das Geld, das diese fetten weißen Schnecken füttert?«

Zorn und Verachtung. Und doch, als Virginia Woolfs Tag kommt, drückt der Schmerz der Krankheit sie nieder und sie empfindet nur Entschuldigung, Dankbarkeit und Depression. In ihrem Brief an ihren Mann heißt es: »Liebster, ich bin sicher, daß ich wieder verrückt werde. Ich habe das Gefühl, daß wir nicht noch einmal durch diese schrecklichen Zeiten gehen können ... Ich kann nicht mehr kämpfen. Ich weiß, daß ich Dein Leben verderbe, daß Du ohne mich arbeiten könntest.« Sie beschwerte ihre Röcke, und es gelang ihr, sich im Fluß zu ertränken.

Bei Sylvia Plath ist der Selbstmord ein Auftritt. »Lady Lazarus« beschreibt ihn mit einem rasenden, selbstgewissen Stolz. Es gibt keine Entschuldigung und keine Furchtsamkeit. Selbstmord ist eine Bestätigung der Macht, der Kraft – nicht der Schwäche – der Persönlichkeit. Sie ist kein armes

Tier, das sich davonschleicht, aufgibt; im Gegenteil, sie ist stark, drohend, gefährlich.

> Ich hab es wieder getan.
> Ein Jahr in jeden zehn
> Schaffe ich's –

Manchmal ist es ein ruhiger Auftritt, wie in »Rand«:

> Die Frau ist vollendet.
> Ihr toter
> Körper trägt das Lächeln des Geleisteten,
> Die Illusion einer griechischen Notwendigkeit

Gelegentlich, wie am Ende von »Letzte Worte« werden Häuslichkeit und Vernichtung miteinander vermischt:

> Wenn die Sohlen meiner Füße kalt werden,
> Wird das blaue Auge meines Türkis' mich trösten.
> Laßt mir meine Kupferkochtöpfe, laßt meine Rouge-
> töpfe
> Wie Nachtblumen um mich blühen mit ihrem Duft.
> Sie werden mich in Bandagen legen, mein Herz
> in einem sauberen Paket zu meinen Füßen
> stauen ...

Sylvia Plath ist so vom Gedanken an den Körper im Moment des Todes gefangengenommen, daß sie mich an Mishima erinnert, obwohl es ihre Sorge nicht ist, »fit« zu sein, wie er es gerne sein wollte, sondern nur ihren Körper zu empfinden. Bei beiden dieser Selbstmorde wird die Handlung als Wert behauptet, als eine Definition, als ein reiner Sprung. Sie wird sogar als schön empfunden, »rein und nackt wie der Schrei eines Babys«.
Die Umstände ihres Selbstmordes in London, die Erwartung,

daß ein Mädchen früh kommen würde, um die Kinder versorgen zu helfen, das Wissen, daß der Mann in der Wohnung unter ihr früh aufstand, die Notiz mit dem Namen und der Telephonnummer des Arztes: diese Tatsachen ließen Alvarez spekulieren, daß Sylvia Plath nicht *ganz* beabsichtigte, sich umzubringen. Sie *riskierte* den Tod – und verlor.

Der Selbstmord gilt aus dieser Sicht als ein Hilfeschrei, einer, der nicht auf normale Art ausgestoßen werden kann. Die nackte Tatsache ihres Todes war ein tragischer Gipfelpunkt, und doch ist nicht der Tod selbst, sondern ihre Besessenheit vom Tod ihr unerklärliches Sujet. Folter, Verstümmelung, Zerstörung werden als in sich interessant angeboten ohne irgendeine Andeutung, daß sie ein »Problem« seien. Mishima versuchte, seinen Tod mit Ideen einer nationalen Politik zu dekorieren, die natürlich lächerliche Phantasien waren. Sylvia Plath scheint ihre Selbstzerstörung immer als einen erregenden Akt der Verachtung zu beschreiben.

Vielleicht ist es wichtig, daran zu erinnern, daß die Gedichte vom Selbstmord sprechen, nicht vom Tod als dem wartenden Denouement jeden Lebens. Das Seltsame dieser Tatsache ist fast unerschöpflich, und die Gedichte brechen mit dem universalen Thema des Vergehens der Zeit, des körperlichen Verfalls, der Vereinigung mit Gott oder mit welcher Vorstellung auch immer sich der Tod in der englischen poetischen Tradition verbunden hat. Die Idee, sich selbst zu töten, die Sinnlichkeit einer solchen Handlung, das Drama, der Ausblick darauf, der auf der Erinnerung früherer Versuche beruht, kann nichts anderes als eine Verzerrung, als Dekadenz sein. Der Todeswunsch, dieser hinkende, trödelnde Gefährte des Lebens, ist, wenn er existiert, ein instinktives Komplement zu den gewaltigen und komplizierten Anstrengungen des Überlebens. Er ist nicht identisch mit dem ständigen Zwang hinunterzuspringen, sich die Kehle durchzuschneiden, Tabletten zu schlucken, das Gas aufzudrehen.

Die Selbstmörder sind also dann eine Gruppe für sich,

Techniker, Planer, Rechner. Anne Sexton hat Teil an diesem Wunsch, und ihre Prosa und das Gedicht über Sylvia Plaths Tod sind seltsam, übermütig, beiläufig und ziemlich hastig, als erzähle man eine Anekdote in der Furcht, unterbrochen zu werden. Sie spricht über sich und Sylvia als »Todeshöker« und erzählt mit großer Aufregung davon, wie sie »ihre Tode in der Bar des Ritz in Boston« durchsprachen. Empfindet die Atmosphäre nach, stellt euch die Szene vor, sagt sie. »Wir sprachen über den Tod mit einer brennenden Intensität, beide von ihm angezogen wie Falter von einer Glühbirne. An ihm saugend!« Die Fröhlichkeit ist tieftraurig, das glitzernde Auge erschreckt uns. Anne Sexton versucht in einem Gedicht, die eigenartige Sorge um handwerkliche Genauigkeit, die die Vorstellung des Selbstmörders beherrscht, zu erklären:

Wie Schreiner wollen sie wissen welches Werkzeug.
Sie fragen nie, warum bauen.

Selbstmord ist nur eines der niederdrückenden Themen in Sylvia Plaths Werk. Sie ist fasziniert von Verletzung und Beschädigung und Wut; sie ist eine unumwunden scharfe und recht herzlose Beobachterin. An einem Tisch auf einem Schiff sitzt ein blinder Mann und tastet nach seinem Essen. »Seine Finger hatten die Nasen von Wieseln. Ich konnte nicht wegsehen.« Das helle Rot von Mohnblumen und Tulpen wird blutig und bedrohlich. Geschenke werden nicht ohne weiteres angenommen. Als sie sich in der Küche in den Finger schneidet, wird das zum Anlaß für das Gedicht »Schnitt« mit seiner gebannten Genauigkeit.

Welch ein Gefühl –
Mein Daumen statt einer Zwiebel.
Die Kuppe ganz weg
Außer einer Art Scharnier

Von Haut,
Ein Lappen wie ein Hut,
Todweiß.
Dann der rote Plüsch.

Ein Bluterguß wird in der gleichen Manier in »Prellung« ausgemalt.

Farbe flutet zu der Stelle, mattes Purpur.
Der Rest des Körpers ausgewaschen
Zur Farbe von Perlen.

Soll man das Gedicht »Daddy« als eine Art Teufelsaustreibung betrachten, als einen wilden dramatischen Monolog der Beschimpfung, einer verlorenen Liebe nachgeschrien?

Du reichst nicht zu, du reichst nicht zu,
Nicht mehr, schwarzer Schuh,
In dem ich lebte wie ein Fuß
An dreißig Jahr, arm und weiß,
Kaum wagend zu atmen oder Hatschu.

Ihr Vater starb nach einer langen Krankheit, aber es gibt kein Mitleid für *sein* verlorenes Leben. Er ist nicht der Tote; er ist der Mörder:

Eine Lokomotive, eine Lokomotive
Keucht mich fort wie einen Juden.
Einen Juden nach Dachau, Auschwitz, Belsen.
Ich begann zu sprechen wie ein Jude.
Ich denk, ich könnte gut ein Jude sein.

Die Assoziation ihres Schmerzes mit dem der Juden in Europa ist von George Steiner sehr scharfsinnig als »subtiler Diebstahl« bezeichnet worden. Der Vater tötete niemanden, und

»das fette schwarze Herz« ist in Wirklichkeit ihres. Wie ist es möglich, mehr als zwanzig Jahre um jemanden zu trauern, der so böse und brutal war wie ihr Vater in ihren Behauptungen? Auf dem Boden der Psychologie kann jeder Widerspruch dazu gebracht werden, sauber an seinen Platz zu fallen – dieses zerrissene, merkwürdig geformte Stück ist in Wirklichkeit Teil einer ganz natürlichen Landschaft – du mußt nur die Stelle finden, an der seine scharfen Kanten in den blauen Himmel eingepaßt verschwinden! Die bittere Feindschaft in der Familie – ja, jeder Widerspruch kann hier auftauchen, *logisch* sogar. Aber selbst Fremde, die Stadt, werden in die Bestrafung ihres Vaters eingebracht, und das ist irgendwie der bissigste und kleinlichste Gedanke von allen:

Da steckt ein Pfahl in deinem fetten schwarzen Herz
Und die Dörfler mochten dich nie.
Sie tanzen und stampfen auf dir herum.
Sie wußten immer, daß du es warst.
Daddy, Daddy, du Bastard, ich bin durch.

Sie besteht darauf, daß sie das Opfer ist – arm und weiß, ein Jude, mit einem hübschen roten Herz. Aber sie ist ein gefährliches und rachsüchtiges Opfer: »Herr Gott, Herr Luzifer/Hab acht/Hab acht.«* Mit seinem hypnotischen Rhythmus, seiner schändlichen Härte ist »Daddy« eines von Sylvia Plaths populärsten und bekanntesten Werken. Man kann es nicht ohne Schaudern lesen. Es ist geleistet, vollendet, perfekt. All der Haß in unseren eigenen Herzen findet seine böse, gnadenlose Musik hier – die Königin der Nacht.

Die Liebe zu ihren Kindern, was ist damit? Ist das nicht ein mildernder Umstand? Da findet sich Wärme und sogar Freude. Der Junge und das Mädchen sind »zwei Rosen«, das Lächeln eines Kindes ist »gefundenes Geld«, Kinder sind das

* Das »Herr« steht mit anderen deutschen Wendungen so im Text. A. d. Ü.

»eine Feste, an dem die Bäume lehnen«, das Baby ist ein »Hocherhebendes, mein kleiner Laib«. Aber Kinder erscheinen auch in den Bildern der Zerstörung. In »Rand« hat die Frau, die durch den Tod vollkommen wird, ihre toten Kinder bei sich.

Sie hat sie zurückgefaltet

In ihren Körper wie Blütenblätter
einer geschlossenen Rose, wenn der Garten

Starr wird und Düfte bluten
Aus den süßen, tiefen Kehlen der Nachtblume.

Das Lächeln eines Kindes ist ein »Haken«. Es gibt ein Gedicht über die Mißbildungen, die der Einnahme von Thalidomid während der Schwangerschaft folgen können. In »Tod & Co.« heißt es:

Er sagt mir, wie süß
Die Babys in ihrem Klinik-
Kühlschrank aussehen, eine einfache

Krause am Hals,
Dann die Fältchen ihrer ionischen
Totenhemden,
Dann zwei kleine Füße.

Was fangen wir an mit einer Dichterin, die so ehrgeizig und haßerfüllt, so brillant und doch so willentlich verwundbar ist? Wie können wir ein solches Gefühl persönlichen Betrogenseins, solche Wut und solche deformierten Leidenschaften beurteilen? Ihr Werk ist überwältigend; es ist buchstäblich unwiderstehlich. Die Kühnheit, das Können, die Strenge. Es schockiert und erregt. Sie nannte ihren letzten

Ausbruch von dichterischer Produktion – in einer typisch entsetzlichen Formulierung – den »Blutstrahl«.

Als die Zeit dafür kam, hatte sie es sich verdient durch all die früheren Gedichte, die langsam und mit Vorsicht geschrieben waren, durch den langanhaltenden Ehrgeiz, das Brennen, das Warten, das Lernen, durch ihre A's im College, ihr Phi Beta Kappa, durch ihren getriebenen Perfektionismus, ihre Arroganz, ihre Verrücktheit, die gerade im richtigen Grad kontrolliert war. Die Einsamkeit, die Alvarez uns so eindringlich bewahrt hat, die eiskalte Wohnung – ohne Vorhänge an den Fenstern –, die eisigen frühen Morgenstunden, das wilde Schreiben, bevor die Kinder nach ihr riefen und vor der »gläsernen Musik« des Milchmanns, ihr Mann fort mit einer anderen – da haben wir eine »moderne Verfassung«, wenn es je eine gab.

Das hat in diesen letzten Wochen nichts zu tun mit dem Konflikt zwischen den Ansprüchen des Femininen und der Agonie des Kunstwerks im Leben einer Frau. Jeder Künstler ist entweder ein Mann oder eine Frau, und der Kampf ist für beide so ziemlich derselbe. Alle Kunst, die nicht kommunal ist, wird, sozusagen, zu Hause gemacht. Sylvia Plath war rasend vor Wut. Alvarez schreibt:

> Ich vermute, daß nun, da sie sich wieder alleine fand, wie immer vorübergehend und freiwillig das auch war, all die Qual, die sie beim Tod ihres Vaters erfahren hatte, wieder in ihr aufstieg: ihr selbst zum Trotz fühlte sie sich verlassen, verletzt, wütete und trauerte so rein und schutzlos, wie sie es als Kind zwanzig Jahre früher getan hatte.

Das Gefühl des Betrogenseins, sogar des Hasses, machte sie nicht schwach und vorwurfsvoll sondern entschlossen und ehrgeizig. Ehrgeizige Wut steckt überall in *Ariel* und in den Gedichten, die zur selben Zeit geschrieben und in *Winter Trees* veröffentlicht wurden. »Die Antragstellerin« ist ein sehr bitteres Gedicht über die Rolle der Frau in der Ehe. In »Für einen vaterlosen Sohn« spricht sie mit dem Kind über die Abwesenheit des Vaters, die allmählich im Bewußtsein des Kindes wachsen wird, wie ein Baum:

Ein Todesbaum, farblos, ein australischer Gummi-
baum –
Kahl werdend, kastriert vom Blitz – eine Illusion,
Und ein Himmel wie ein Schweinerücken, vollkommen
gleichgültig.

Und so sah ihr Leben am Ende aus – die »vollkommene Gleichgültigkeit« des Vaters und Ehemanns.

In der explosiven Energie ihrer letzten Monate sehe ich eine Entschlossenheit zu »gewinnen«. Ja, ich habe das Gefühl, wenn ich von der Evidenz ihres Werkes ausgehe, daß es sentimental ist, darauf zu bestehen, es wäre die Geburt ihrer Kinder gewesen, die ihre poetischen Kräfte freisetzte. Warum sollte das so sein? Die Geburt von Kindern erschließt die Energie, sich um sie zu kümmern und sie zu lieben. Die allgemeine Feststellung, daß man bereit sein muß, andere Arbeiten für ein paar Jahre aufzuschieben, ist gut begründet. Natürlich ist es töricht zu verallgemeinern, und es ist das Werk selbst, seine harte Konkurrenz mit allem anderen, was immer wieder aufbricht. Als sie starb, war sie allein, erschöpft vom Schreiben, elend – aber auch triumphierend, sie hatte es geschafft, hatte sich definiert, hatte allen getrotzt.

Der Selbstmord einer jungen Frau von höchster Begabung ist unvermeidlich ein tief bewegendes und dramatisches Ereignis. Wir können das Werk nicht wirklich von der Faszination und dem Grauen des Todes trennen. Es ist eine Tatsache, daß die Gedichte von *Ariel,* als Sylvia Plath noch lebte, mit voller Selbstkontrolle und mit Abstand von Lektoren und Herausgebern gelesen wurden, die dann viele der Gedichte ablehnten, die seitdem wichtige Bereicherungen unserer Literatur geworden sind. Letztlich aber ist das nur erstaunlich, nicht mehr, und es ist sicher, daß die Gedichte gedruckt worden wären. Alles, alles wird veröffentlicht, obwohl der Anspruch auf unsere Aufmerksamkeit überwiegend unverständlich ist. Schon eher beschäftigt Geist und Vorstellung die Frage, wie sich die Gedichte einer dramatischen Selbstmörderin läsen, wenn die Dichterin weitergelebt, Interviews gegeben, Lesungen veranstaltet, einen zweiten Roman und weitere Gedichte geschrieben hätte.

Es ist interessant, den Versuch zu machen, Sylvia Plaths Gedichte zu lesen, als wäre sie noch am Leben. Sie sind dann ebenso brillant, ebenso Schöpfungen eines Genies, aber sie sind verdunkelt und verändert. Blut, die Rottöne, die Drohungen beeindrucken uns nicht so schmerzlich. »Kalte Lükken nähern sich:/Sie bewegen sich hastig.« Was ist das, fragen wir uns. Unglück, Erregung, Furcht? »Rand« scheint dann von einer griechischen Heldin zu sprechen, Medea vielleicht. »Letzte Worte«, ein unendlich gutgeschriebenes Gedicht:

> Ich will keinen einfachen Kasten, ich will einen
>   Sarkophag
> Mit Tigerstreifen, und einem Gesicht darauf
> So rund wie der Mond, um hinaufzustarren.

Ein wunderschönes Gedicht, in dem, wie das Lehrbuch sagen könnte, die Dichterin sich ihren Tod vorstellt und in einem Grabgewölbe begraben wird, wie eine uralte babylonische Liebesgöttin. »Der Detektiv« ist ein prophetisches Gedicht über einen Tod (oder ist es Mord?), ein Gedicht, daß sich uns so vorstellt, wie wir geworden sind – Detektive, die Bruchstücke zusammenfügen, an einem Fall arbeiten. »Mach Notizen«, heißt es am Schluß.

Ihre Gedichte besitzen, anders gelesen, die überhitzte gedankliche Verengung auf Tod und Erlösung, die man in religiöser Dichtung findet. Denn in der Tat sah auch sie in jener Nacht die Ewigkeit; und sie schreit wie Herbert auf:

»Kein Ende?« Aber sie war nicht religiös; stattdessen ist sie von gewalttätiger Säkularität in ihren Ewigkeiten, sieht das Leben, das sich von ihrer Seite stiehlt, realistisch. Selbstmord war keine Notwendigkeit für die Leidenschaft und Brillanz der Gedichte: nichtsdestoweniger ist die Tat ein Schlüssel, zentral für den überwältigenden Ausbruch kreativer Leistung. Während der letzten Monate ihres Lebens lebte sie von ihrer Dichtung. Sie wußte, daß sie groß war; das fühlte man. Es mußte *ernst* sein, endgültig. Sich vorzustellen, daß sich jemand das Leben nimmt, um das höchste Werk dieses Lebens zu vollenden, zu erfüllen, zu erklären, mag unverschämt erscheinen, wie eine Beleidigung des Todes. Und doch – ist es tiefer und nachdenklicher zu glauben, daß Liebe, Schulden, Krankheit, Rache der menschlichen Seele größere Werte sind als das kreative, künstlerische Vermögen? Künstler sind anderen gegenüber oft grausam gewesen, wenn sie glaubten, damit ihrem Werk zu dienen. Grausamkeit sich selbst gegenüber als Vollendung einer Schöpfung ist weit davon entfernt, unvorstellbar zu sein, besonders einem Gemüt, das sein ganzes Leben hindurch zur Selbstzerstörung versucht war.

Wenn etwas Sylvia Plath hätte retten können, dann daß sie selbst in ihrem Leben das Glück gehabt hätte, ihre eigene Erfüllung zu erkennen, ihre harte, glitzernde Leistung. In *The Review* schrieb Douglas Dunn über sie: »Sylvia Plath war eines er bemerkenswertesten Talente der Kunst überhaupt in diesem Jahrzehnt, wenn nicht in diesem Jahrhundert.« Sie hat den Lorbeer gewonnen, – kein Schriftsteller hat je mehr nach ihm gehungert. Oder vielleicht wäre es vorsichtiger zu sagen, daß sie sich den Lorbeer *verdiente*, und mit ihrer frühen Entschlossenheit, eine berühmte Dichterin zu werden, kamen Geld und Macht, alles aus eigener Kraft. Aber es kam zu spät, und kleinere Geister ergriffen Besitz von ihr und begannen die Sentimentalisierung ihrer ungroßzügigen Natur und ihres unbeugsamen Zorns.

Über die hypnotischen Rhythmen und Klänge, den Fluß der brillanten unvergeßlichen Bilder, die Intensität hinaus – was sagt sie ihren Lesern? In ihre Faszination von Tod und Schmerz bringt sie ein Gespür für Kampf und brutale Kraft, die für Schriftstellerinnen neu war. Sie ist verwundbar, ja, verwundbar durch Vater und Ehemann, aber das ist nicht alles. Ich selbst glaube nicht, daß ihr Werk vom Kalten Krieg herkam, von den Konzentrationslagern oder dem verängstigten Trübsinn der Eisenhower-Jahre. Wenn überhaupt, scheint sie ihrer Zeit vorausgesprungen zu sein und mehr mit der Zeit gemeinsam zu haben, durch die wir gerade gegangen sind. Ihr Mangel an konventionellem Empfinden, ihre zerstörerische Verachtung für ihre Familie, die Fehlschläge ihrer Ehe, die ziel- und wurzellose Wut, die Faszination durch Sensation und Droge des Todes, die Entschlossenheit, alles auszuprobieren und dabei zu wissen, daß es das Leiden nicht wirklich aufheben konnte – niemand ging in diesen Dingen so weit wie sie.

In ihr ist nichts von einem Revolutionär im gesellschaftlichen Sinne, aber sie schafft um sich herum eine aufgeladene, überhitzte Atmosphäre, und sie versteht vor allem anderen das Destruktive und Negative. Was sie mit der Jugend der Gegenwart nicht teilte, ist ihr intensives und perfektes Künstlertum, ihren Glauben daran. Diese Religion scheint sie aus irgendeiner tiefen alten preußischen Erinnerung an harte Arbeit, Strenge und Selbstbeherrschung geschöpft zu haben. Sie ist ein fremdes Wesen. Trotz der Bilder von der See – und die sind weniger geographisch als psychologisch – ist es schwer, sie mit Massachusetts und New England in Verbindung zu bringen. Da ist nichts vom Yankee in ihr. So war für sie »das Überqueren des Wassers« leicht – Wehmut und Heimatgefühl waren ihr ebenso fremd wie das Land selbst. Eine grundlegende und elementare Entwurzelung spielte hier eine Rolle.

Sylvia Plath besitzt außerordentliche beschreibende Kraft;

sie hat eine Korrektheit und Genauigkeit, die das Aussehen der Dinge mit der furchtbaren Drohung verbindet, die in ihnen liegt. Das hat mit den Vergrößerungsglasbeschreibungen der Marianne Moore und Elizabeth Bishop nichts zu tun, der beiden Schriftstellerinnen, die eine Art Dekodierung der Gegenstände unternahmen, so daß sie unter der Neuartigkeit dieses Blicks überraschend wurden. Wenn Elizabeth Bishop schreibt, der »Esel brüllt wie eine trockene Pumpe«, ist das ein vollkommen durchschaubares und immens befriedigendes Geschenk der Art, wie wir es auch bei Sylvia Plath bekommen. Aber das Detail in Elizabeth Bishops »Der Fisch« ist von anderer Art:

Ich sah ihm in die Augen,
viel größer als die meinen
aber flacher und vergilbt,
und hinter die Pupillen gepreßt
verschmutztes Stanniol,
gesehen durch die Linsen
von altverkratztem Fischleim.

Marianne Moores abstruse, spähende Untersuchungen, ihr glänzender Spiegel, reflektieren mehr als alles andere – Worte. Zum Beispiel die fließenden Konstruktionen von »Glattknorrige Kreppmyrte«:

Ein messinggrüner Vogel mit gras-
grüner Kehle glatt wie eine Nuß springt
von Zweig zu Zweig, imitiert die
chinesische Blumentusche – geschäftiges Atom
in des steifblättrigen Baums blaurosa
Bodensatz – von Weinpyramiden
von mathematischer
Rundheit; einer von
zweien.

Bei Marianne Moore und Elizabeth Bishop sind wir nie weit vom Komischen entfernt, von Toleranz und Weisheit – Qualitäten, die den zornigen Illuminationen von *Ariel* fremd sind. Aber die Tradition findet sich in hohem Maße auch bei Sylvia Plath – und desgleichen Geschmack, im Sinne eines vollkommen beherrschten und innervierten Handwerks. Präzision interessiert sie, und sie ist ebenso hochgebildet wie die anderen beiden Dichterinnen, hat niemals den Wunsch, in irgendeinem Sinne »natürlich« zu sein. Sie besitzt eine visuelle Kraft, Teil der Bevorzugung der Präzision gegenüber der Rhetorik. Vielleicht ist diese Gier nach dem besonderen Detail das wahre Merkmal der Lyrik von Frauen in unserer Zeit. Letztlich ist das, was überwältigend, neu, originär bei Sylvia Plath ist, die brennende Einzigartigkeit des Temperaments, der strenge Geist, eingekleidet aber nicht beruhigt vom reinsten Verständnis der englischen lyrischen Tradition.

Lange nachdem ich ihr Werk gelesen hatte, stieß ich auf die Aufnahme einiger ihrer Gedichte, die sie in England nicht lange vor ihrem Tod gemacht hatte. Ich habe nie zuvor etwas von einer Lyriklesung gelernt, es sei denn, man kann die Kleidung, den Bart, die Mädchen, die schlechte oder gute Verfassung des Poeten als eine Art von Wissen betrachten. Aber ich war verblüfft von Sylvia Plaths Lesung. Sie war überhaupt nicht so, wie ich sie erwartet hätte. Keine Spur des bescheidenen, zurückgenommenen, humorvollen Worcester in Massachusetts, keine Spur von Elizabeth Bishop; nichts vom schlichten Pennsylvania der Marianne Moore. Stattdessen diese bitteren Gedichte – »Daddy«, »Lady Lazarus«, »Die Antragstellerin«, »39 Fieber« – »schön« gelesen, dargebracht in vollmundigem, dicken, genaugesprochenen, »englischen«, hypnotischen Kadenzen, alle rund und schnell und genau bemessen. Das arme zurückgebliebene Massachusetts war ausgelöscht. »Ich hab es wieder getan!« Klar, perfekt, jeden niederstarrend. Sie schien auf einem Bankett dazustehen wie Timon und zu rufen: »Entdeckt euch, Hunde, und leckt es auf!«

Es ist eine tragische Geschichte, ganz originell und unerwartet in ihren Szenen und Themen. Bei Ted Hughes, ihrem Mann, gibt es ein Gedicht über Ehefrauen:

> Ihr Bericht
> Steigt auf zum Himmel, und dann hört man nichts
> mehr davon.

Das traf auf Sylvia Plath nicht zu, und da wir nun keine Wahl mehr haben, ist es nicht notwendig, abzuwägen und zu fragen, ob ihr furchtbarer schwarzer Bericht es wert war.

Bloomsbury und Virginia Woolf

Bloomsbury ist jetzt wie einer dieser Teiche auf einem privaten Besitz, aus dem alle Forellen für die Saison herausgefischt worden sind. Es ist kein natürlicher Aufenthaltsort von Fischen, sondern ein für den Angler aufgestocktes Gewässer, damit er seinen Köder nicht umsonst auswirft. Es ist eine ländliche Idylle auf Bestellung, und lebhafte, hochgezüchtete Forellen schnappen mit besonders eleganten und stilvollen Sprüngen nach der Fliege. Aber als Idee, als Entwurf, als Ensemble ermüdet es, und man hätte gern jede einzelne gefleckte Forelle für sich. Die Periode, die Briefe, die Häuser, die Affären, die Verwandtschaften: sie sind private Anekdoten, auf die man ganz gerne das eine oder andere Mal stößt, aber nicht wieder und wieder.

Bestimmte periphere Namen ritzen sich dem Gedächtnis ein. Mir vermittelt das Wort »Ottoline« auf einer Seite, in einem Brief, das Gefühl fortwährender Niederlagen, so als wäre ich zu einer Party gegangen und hätte einen Feind als den für die Bar Verantwortlichen angetroffen. Wir, die Ausländer, werden sie nie ganz willkommen heißen, obwohl es so aussieht, als müßten wir. Sie ist überall, aber was soll man von ihr halten? Sie interessiert sie, die Engländer, unendlich und den Rest von uns überhaupt nicht. Ihre Einladungen, ihre Geschenke, ihre Häuser, ihre Kleidung – die besten Köpfe einer (oder zweier) Generationen sprangen vor und zurück, auf und ab, für und wider, was die Qualität und Bedeutung dieser Dinge anging. Jahrelang hielt ich Garsington, das Haus Lady Ottolines, für den Namen einer Stadt, eines Ferienorts, in den kluge Leute reisten oder mit Bestimmtheit nicht reisten. Hedonismus ist nur eine Gewohnheit, und die Ausstrahlung seiner Praxis trübt sich mit der Morgendämmerung.

»Welch ein Narr ist doch Clive Bell!« sagt Lawrence in einem seiner Briefe. Ist das wahr, gerecht? Die eine sichere Tatsache ist, daß er Virginia Woolfs Schwager war, der Gatte von Vanessa, Vater von Quentin Bell, dem Autor des wichtigen *Virginia Woolf: Eine Biographie*.

Das Schlimmste vor der augenblicklichen Erschöpfung Virginia Woolfs war die Drainierung von Lytton Strachey. Das ist eine sehr aufgeblasene Affäre bis herunter zu seiner Freundin Carrington, die 1932 Selbstmord beging – eine unrettbare Gestalt, vage, charmant, sehr das Mädchen der Periode mit der für Bloomsbury typischen geordneten Liederlichkeit und leidenschaftlichen Kälte. Ihre Ehe und ihre Liebesaffären behält man ein oder zwei Tage im Kopf, wenn man sich sehr anstrengt, aber dann treiben sie bald in die Schlupfwinkel der Carringtons zurück. Ralph Partridge, ja: er taucht im Umfeld der Hogarth Press wieder auf.

Kürzlich gab es im *New Statesman* ein bewegendes und für mich instruktives Porträt des Malers Mark Gertler von V. S. Pritchett. Gertler ist eine weitere Bloomsbury-Gestalt, und über ihn gibt es eine weitere neue Bloomsbury-Biographie. Gertler spricht sofort starke Gefühle in einem an, weil er viel erlitten hat und weil diese Leiden in den Fatalitäten und dem Elend der Sozialgeschichte wurzelten – so ist er mit dem Universellen verbunden, seines ist ein Drama, in dem die Welt eine Rolle spielt. Ihm fehlen all die Schicklichkeiten von Erziehung, Herkunft und Stil, die bezeichnend für die Freundschaften von Bloomsbury waren. Gertler war ein Jude, arm, zog sich in den Londoner Slums Tuberkulose zu; seine Ehe schlug fehl, seine Kinder litten unter Krankheiten; er war exzentrisch, melancholisch, eine jener Personen, die, gleichgültig welche Erfolge sie kurzfristig haben, von andauerndem Scheitern verfolgt werden. »Der Nazismus und Antisemitismus in Deutschland waren der entscheidende letzte Anstoß«, und er beging Selbstmord.

Mit Muße, sogar ein wenig aus einer Laune heraus, sah ich bei der Verfolgung der vielen sich kreuzenden Verweise für diese Studie im Register von *Carrington* unter seinem Namen nach. Und da lagen tatsächlich die Gebeine des gequälten Mannes: »Gertler, Mark: ... C. hatte Verhältnis mit ihm, 50–51, 53, 58–69; C.s Bruch mit ihm, 63–67 ...« Lytton Strachey, der brillante Meister eines reichen, ausgewogenen, populären Stils, hatte eine Arroganz an sich, die die Möglichkeiten von Treue, Freundschaft und Liebe für die Menschen, die er tolerieren konnte, nicht ausschloß. Er ist witzig, exzentrisch, neugierig, gelehrt und unverschämt, eine perfekte Bloomsbury-Kombination von Homosexualität und gravitätischen Talenten, echten Talenten. Es ist von ihm durchaus zu erwarten, daß er von der Frage der Wehrpflicht im Ersten Weltkrieg auf »die wirklich interessante Frage« eines Textes überspringt, den er auf dem Treffen der Apostel-Gruppe in Cambridge im Jahre 1911 vorgelesen hat.

> Diese wirklich interessante Frage betrifft mich – das besondere ›mich‹ – und Alexis – den besonderen (aber nicht zu besonderen) Alexis. Sie betrifft den besonderen Kuß, den ich ihm an einem besonderen Tag gab, in der Sonne, die Stockrosen um uns herum, und der Rasen, und einige verwirrte Leute außer Sichtweite in der Entfernung – sehen Sie das nicht alles vor sich? Oh, aber es ist gerade das *alles*, was Sie nicht sehen.

Alexis, den man und vielleicht Strachey selbst sich als goldhaarigen Jungen vorgestellt hatte, ist, so wird bald darauf zugegeben, langweilig, häßlich, fast kahl, und diese Umkehrung, diese *Realität*, dieser Zweifel an ihr und die kühne, manierierte Peinlichkeit des Ganzen, beschäftigte Strachey und zweifellos seine Konversation ebensosehr wie Queen Victoria oder Florence Nightingale. Die Popularität seiner schriftstellerischen Arbeiten ist überraschend – oder, besser gesagt, es ist überraschend, daß er den Wunsch gehabt haben sollte, in so erfolgreicher und dramatischer Weise zu schreiben. Ein Mensch wie er, in seinem Kreis sehr geliebt, nahm gewöhnlich die einfachere Menschheit nicht zur Kenntnis. Er war zu frei in seiner Exzentrik, zu sehr gezeichnet von seiner Klasse und den wilden Eigenheiten seiner Erscheinung und seines Benehmens.

Und was haben wir schließlich von der kleinen, endlos wiederholten Anzahl von Anekdoten über Bloomsbury? Mir fällt in den Erinnerungen und Aufsätzen der Schriftsteller, die jung und noch da waren, als Virginia Woolf lebte, die Gleichheit des Tons auf, der wertvolle kleine Kern der Dinge, die jeder von ihnen liebte und pflegte. Dennoch, dies war es, dies war die Realität – und irgendetwas Weitergehendes oder anderes hieße, nach Neuigkeit zu streben und damit, für die Engländer, nach etwas Ehrfurchtslosem, einer Vergewaltigung des Genies und Charakters der Frau, die einfach ungewöhnlich, erhaben und leidend war.

Irgendetwas stimmt da nicht. Ich selbst habe mir nie vorstellen können, mir zu wünschen, Leonard Woolfs Autobiographie zu lesen, außer um der Berichte von Virginia Woolfs Zusammenbrüchen und Selbstmord willen – und die reichen bei weitem nicht an das heran, was ich mir in traurigen Momenten vorgestellt hatte. Es gibt viele Bioaphien aus allen Ländern wie die von Leonard Woolf. Er war ein guter Mann; er arbeitete hart, lebte an einer Reihe farbiger Schauplätze; er kannte viele interessante Leute; er unternahm achtenswerte Dinge und hielt zäh an anständigen Ansichten fest. Egal, schließlich war Virginia Woolfs Abschiedsbrief bei ihrem Selbstmord das alles wert, obwohl man daran nie hat denken wollen, als die Bücher neu herauskamen.

Damals beanspruchte »der Glanz, der ihnen eigen war« die Aufmerksamkeit. Der Rauch des Holzfeuers, ein unkonventionelles und doch noch stilvolles Leben, schöne und bösartige und ernste und nie langweilige Menschen – und wenn all dies im Rückblick an Bedeutung gewinnt und anschwillt, so liegt auch Anlaß zu Dankbarkeit und Stolz darin. Das ist eine englische Angelegenheit. Amerikaner kommen nicht ganz dahinter, außer in den Fällen großer, für sich stehender Einzigartigkeit wie Virginia Woolf, die zum Glück Feministin war, und E. M. Forster, zum Glück Autor eines internationalen Romans. Bertrand Russell ist nicht unter den Schirm von Bloomsbury zu bringen, und auch Maynard Keynes nicht, außer in seiner homosexuellen Jugend. Was an Bloomsbury im Moment populär ist, ist seine befreite Sexualität, seine ernste, hohe Klischeehaftigkeit.

Das Liebesleben war wahrhaft lebendig. Es gab dort keine Brook Farm und keine Brahmins oder Transzendentalisten aus Concord oder Alkoholiker aus dem mittleren Westen, die das Vergnügen entstellten und auf dem Weg dorthin stolperten, wohin es ging. Es ist wahr, es gab nichts Dämonisches in Bloomsbury. Man denke nur an all die Jahre, die wir auf Forsters *Maurice* warteten, einen sehr interessanten Roman, der jederzeit hätte veröffentlicht werden können. Es war das, was wir eigentlich auch hätten erwarten sollen: die Spannung entstand nur aus der Verzögerung, dem *Zurückhalten* in der Tat!

Der »Partnertausch« ist interessant. Diese Praxis, hatte man gedacht, sei begrenzt auf gewisse ernsthafte Amerikaner in den kleineren, langweiligeren Städten, auf jene Frauen und Männer, die Sexhandbücher lasen und radikal mehr vom Leben haben wollten, auch wenn es, wie Pizza, von unten an der Ecke heraufgeholt werden mußte – all das wurde von Bloomsbury in der leichtesten, spontansten und gutmütigsten Form vollbracht. Vanessa Bell ist eine Heldin. Sie ist schön, interessant, frei. Sie verliebt sich und lebt mit ihrem Mann, Clive Bell, zusammen und zu anderen Zeiten mit ihren gemeinsamen Freunden Roger Fry und Duncan Grant.

Ich bin nicht fleißig genug, um mir über diese Affären vollkommene Klarheit zu verschaffen, aber die Richtung, in die diese Erfahrungen trieben, ist auffallend.

Eifersucht und Besitzdenken scheinen nach den Büchern, die wir haben, nicht so sehr unterdrückt worden zu sein als vielmehr niemals wirkliche Lebenskraft gehabt zu haben. Sogar Bertrand Russell erstaunt einen mit seinen leidenschaftslosen Kopulationen, seiner Meisterschaft im Vergessen, seinem Hinein- und Herausschlüpfen in und aus Beziehungen, als wären sie ein Paar Hosen. Als Virginia Woolf »sich verliebte«, war es nicht irgendein sanftäugiger, seufzender, brillanter Feminist, den sie im British Museum getroffen hatte, sondern Vita Sackville-West, die Frau von Harold Nicolson, eine im höchsten Maße zivilisierte und »passende« Frau.

Die beiden sich über alles erhebenden Loyalitäten waren sowohl formell als auch keusch. Sie sind beeindruckend und in vieler Hinsicht dem Ideal persönlicher Beziehungen näher als die anderen, frei dahintreibenden und sich ständig ändernden Verhältnisse. Carringtons Liebe zu Lytton Strachey, die Liebe einer Frau, die siebzehn Jahre lang das Leben mit ihm teilte, ist das seltene Beispiel eines komplizierten Bedürfnisses nach Liebe zwischen Mann und Frau ohne Sex – einer Liebe, die wie durch ein Wunder ihren Gegenstand fand. Carringtons Hingabe war so groß, daß ihr das eigene Leben, als Strachey an Krebs starb, leer und nicht lebenswert erschien und sie Selbstmord beging.

Daß Leonard Woolf Virginias berühmte Frigidität ertrug, gereicht ihm, das müssen wir im Rückblick annehmen, zur Ehre. Ihre Flitterwochen brachten die Verbesserung, auf die sie gehofft hatten, nicht, und es ist unglaublich unschuldig und bewegend, sich vorzustellen, wie sie es mit Vanessa diskutierten. Sie wollten wissen, wann sie das erste Mal einen Orgasmus hatte. Sie sagte, sie könne sich nicht daran erinnern, aber sie wisse, daß sie, seit sie zwei war, damit

»sympathisiert« habe. Vita Sackville-West sagte über Virginia: »Sie mag das Besitzergreifende und die Liebe zur Herrschaft an Männern nicht. In der Tat mag sie die Qualität des Maskulinen nicht.«

Die Arrangements von Bloomsbury, gestützt von den kräftigen Balken der Selbstachtung, sind extrem insulär. Einer der Vorteile, wenn man auf dem obersten Deck bleibt, ist die Tatsache, daß die Möglichkeiten der Eifersucht, des Gejammers, der Drohungen, Erpressungen und der Empörung angenehm herabgesetzt sind. Und ebenfalls die Möglichkeiten von Langeweile und Anstrengung. Aber das Bedürfnis nach Erfahrung, nach Gefahr, nach Verletzung, nach dem *Leben*, und auch nach Sex als einer dramatischen und geheimnisvollen Herausforderung findet man in den Homosexuellen. Unglücklicherweise schreiben die verblüfften Jugendlichen, plötzlich gefangen in den spinnenartigen Umarmungen Lytton Stracheys, keine Briefe oder Tagebücher – wenn sie es täten, dann wahrscheinlich in krimineller Absicht. (Diese Art Brief hat Forster in *Maurice* perfekt komponiert: »Hab beide Nächte im Bootshaus gewartet. Im Bootshaus hab ich gesagt, weil die Leiter weggenommen wird und im Wald isses zu feucht zum Hinlegen ...«) Diese Jungen haben einen deformierten Stil; Männlichkeit in sich selbst ist schon ästhetisch genug.

Stil ist wichtig. In Virginia Woolfs Romanen sind die meisten Gestalten komplizierte Männer und Frauen, Geschöpfe voller verwickelter Gefühle, und sie werden mehr oder weniger unter ihren eigenen Bedingungen gesehen, von innen, tief innen, denn dies, das Innere, war das, was sie schätzte. Sie fügt indessen ab und zu eine abstoßende Person ein. In *Mrs. Dalloway* ist es die neidische, bedrückende Miss Kilman, ein Schatten aus den halbgebildeten, unattraktiven, grollenden unteren Klassen. Sie ist der Gegenstand eines unverschämten Hasses der Autorin. Miss Kilman ist nicht böse, sie ist nur unappetitlich. Ihre gesellschaftlichen und persönlichen Defekte werden in einer besonders gereizten Stimmlage dargeboten, ohne Mitleid oder Hemmung oder die Verschleierung durch eine mildernde Kausalität. Sie wird durch ihren Ausschluß zu etwas Äußerem, zu etwas Politischem. Gestalten dieser Art werden wegen ihres Selbstmitleids und wegen ihrer nach Besserem strebenden Unwissenheit gehaßt. Sie sind Leute, die ein wenig wissen und vielleicht viel wissen möchten. Dennoch können sie nicht wirklich lernen; irgendein Mangel der Geburt oder des Temperaments verhindert das.

Miss Kilman ist arm, aber sie hat einen Universitätsabschluß. Der Krieg hat sie aus ihrer Anstellung als Lehrerin gedrängt, und nun klammert sie sich mit letzter Kraft an ihre auch nur schwach brennende Begegnung mit der Religion. Selbst die ist nicht mit großem Glanz über sie gekommen, sondern eher schleichend wie die Grippe. Die furchtbare Frau ißt zu viel; sie bringt uns mit ihrer Gier nach dem letzten rosa Teekuchen in Verlegenheit. Ihr grüner Regenmantel ist widerlich; »sie schwitzt«.

Man erinnere sich an Leonard Bast in Forsters *Howards End*: dieselbe herzlose, *unmanierliche Offenheit* auf seiten des Autors.

> Er wußte, daß er arm war, und er gab es zu: er wäre lieber gestorben als irgendeine Unterlegenheit gegenüber den Reichen einzugestehen … Aber er war den meisten reichen Leuten unterlegen, daran gibt es keinen Zweifel. Er war nicht so höflich wie der durchschnittliche reiche Mann, nicht so intelligent, nicht so gesund, nicht so liebenswürdig.

Das, was die Autoren nicht vergeben können, ist die Art, in der diese Gestalten – wie ein Auto, das in eine Mauer rast – einen kulturellen toten Punkt erreichen, eine Sackgasse. Sie können Kunst nicht verstehen, sie können nicht differenzieren. Sie kriegen es nie richtig hin. »Aber von einem Erbe, das sich allmählich ausweiten mochte, hatte er keine Vorstellung; er hoffte, plötzlich an Kultur zu kommen, so wie der Evangelist zu Jesus zu kommen hofft.«

Henry James' ernstlich verstörende Geschichte »Im Käfig« ist ein Werk, das vollständig aus einer drastischen Herablassung des Autors heraus geschrieben worden ist – und es ist dies, das Staunen darüber, wie weit, wie schmerzlich weit er das treibt, was uns an diesen faszinierenden Seiten festhält. Jeder Triumph in dieser Art von Schreiben ist abstrakt; es ist des Autors Mimikry der Handicaps dieser elenden Personen. Das ist nicht Satire. Man kann über einen Idioten keine Satire schreiben; das kann man nur, wenn der Idiot zum Beispiel den Posten eines Richters erobert oder eine reiche Erbschaft gemacht hat. In *Mrs. Dalloway* ist der andere gehaßte Mensch satirisch dargestellt, weil er das richtige Objekt für die satirische Tonlage ist. Er ist (der Sohn eines Ladenbesitzers – natürlich, müssen wir hinzufügen) Sir William Bradshaw, ein grauenhaft vulgärer und flacher Psychiater, der mit sich die Last seiner satirischen Charaktereigenschaften herumschleppt, darunter vor allem seinen Lieblingsvortrag über die »Verhältnismäßigkeit«, den er gerne Wahnsinnigen am Rande des Selbstmords hält.

In der Henry James-Erzählung ist das Mädchen im Käfig eine kleine Telegraphistin. Während der Sommersaison werden ihr die interessantesten Nachrichten unter ihrem Drahtgitter hindurchgeschoben. Kosenamen, verschlüsselte Botschaften, Verlobungen, aufgelöste Verlobungen, der verschwenderische Reichtum an »›in Liebe‹ und ›schrecklichem‹ Bedauern«; durch ihre Telegramme hat sie teil an »Kämpfen und Geheimnissen und Liebesaffären und Lügen ...« Gestalten wie das Mädchen im Käfig und Miss Kilman schwanken zwischen kuhäugiger Servilität und den Flammen eines krampfartigen, verheerenden Stolzes. Und als wäre eine solche Gestalt nicht genug, breitet James in seiner Erzählung Dialoge und Konfrontationen zwischen zweien aus; die andere ist eine närrische Witwe, die eine Art Geschäft daraus macht, sich in den Häusern der Reichen um die Blumen zu kümmern. Der Wahn der Witwe liegt in ihrer Vorstellung, daß Eisen und Stein der gesellschaftlichen Grenzen in Wirklichkeit »dünnste Abtrennungen« seien. Das Mädchen im Käfig und die Witwe mit ihren Blumen wetteifern miteinander in angespannten, bebenden Dialogen:

»Also, ich seh sie alle bei mir.«

»Alle?«

»Jede Menge vornehme Leute. In Scharen. Sie wohnen da herum, wissen Sie, und es ist voll von berühmten Leuten, all die, die überall hingehen, die Namen stehen immer in der Zeitung ...«

Mrs. Jordan nahm das mit vollem Verständnis auf. »Ja, und ich glaub bestimmt, da sind welche von meinen Leuten dabei.«

Ihr Gegenüber stimmte zu, machte aber einen Unterschied. »Ich bezweifel, daß Sie soviel mit ihnen zu tun haben wie ich! Ihre Affären, ihre Verabredungen und Abmachungen, ihre kleinen Spielchen und Geheimnisse und Laster – all das hab ich vor Augen.«

»... Ihre Laster? Haben Sie Laster?«

Unsere junge Kritikerin starrte noch betonter; »... Haben Sie *das* noch nicht herausgefunden?« Die Heimstätten des Luxus verrieten dann doch nicht so viel. »Ich finde alles heraus.«

Mrs. Jordan, tief innen eine sehr schüchterne Person, war sichtlich beeindruckt.

»Ich versteh. Sie ›haben‹ sie wirklich!«

In dieser Wiedergabe liegt etwas Skrupelloses und Sadistisches. Man ist nicht bereit, es einfach als schriftstellerische Bedingung zu akzeptieren, daß Mrs. Dalloways Ekel vor Miss Kilman (vollkommen überzeugend und vom Roman her durchaus passend) so vollkommen von Virginia Woolf geteilt wird. Wir wissen nicht, aus wessen Perspektive die

Telegraphistin und die Blumenpflegerin so gründlich bloßgestellt werden, wenn es nicht die des Autors ist. Und wer sagt uns, daß Leonard Bast nicht so liebenswert sein kann wie ein reicher Mann? Diese Passagen sind seltsame, rohe Einfügungen, sie gleichen unkontrollierbaren Vorurteilen, die von außerhalb des fiktionalen Rahmens kommen.
Der Leser muß da dem Autor nicht notwendigerweise folgen. Man bemerkt mehr oder weniger unbewußt, während man umblättert, daß wir es nicht alles so aufnehmen, wie es gemeint ist. Miss Kilman ist furchtbar; aber Virginia Woolf ist »schrecklich«, wenn sie schreibt: »Sie schwitzt.« Es ist nicht wichtig, daß sie eine Frau wie Miss Kilman haßt, aber wir wollen das eigentlich gar nicht wissen. Mrs. Dalloway, die Gestalt, ist etwas anderes; eine ihrer Grenzen ist der Mangel an Neugierde, und eine weitere ist ihre bezaubernde, fast hysterische Liebe zu Oberflächen. Man kann sich auf eine Art, die nur den schlechten Geschmack des Autors verrät, gegen die Mängel der Glücklosen und Benachteiligten wenden und diesen mittellosen Seelen die Meinung sagen, als wären sie Veneerings oder Verdurins.
Ich frage mich, wie es um die »Moral« gewisser Zeichensetzungen steht, die Henry James in seiner Erzählung anwendet. Wenn Gestalten von außen gesehen werden, einzig aus dem Blick der glitzernden Verdächtigungen einer Sensibilität, die den Gestalten ganz fremd ist, sagt uns der Stil etwas über die Vorurteile und die Ungeduld des Autors, seinen Haß, die Grenzen seines Gefühls. *Er* macht ebensoviele Fehler wie seine Gestalten, zeigt eine gewisse Grobschlächtigkeit der Wahrnehmung oder ein Maß an Gemeinheit oder eine Neigung zur Selbstliebe. Dem Mädchen im Telegraphenbüro werden nur die schnellsten, leichtesten Anstöße zu einer persönlichen Charakterisierung zugestanden. Es geht alles nach unten, nach unten, bis zum Boden – Schwester, Mutter, alle. Mitten in ihren nach oben weisenden Sehnsüchten, ihren hochfliegenden falschen Assoziationen, hält

das Mädchen unerwartet inne – in einem Satz am Ende der äußerlichsten und unverschämtesten James'schen Schilderung dieses Mädchens hält sie inne und denkt darüber nach, »wie ihre Mutter ›es gekriegt‹ hat.«

»Gekriegt« hat sie den Alkohol, Gin wahrscheinlich. Die ganz und gar heruntergekommene Mutter (»sie begehrte weder auf dem Weg nach unten noch unten am Boden jemals auf«) trinkt. Der Schatten, der über die flotten Oberflächlichkeiten des Mädchens fällt, ist von wirklichem Elend, von Qual und Hoffnungslosigkeit. Es muß so sein; es kann nicht anders sein, auch wenn das im Text nicht aufgenommen wird. Wir fügen das Elend aus unserer Erfahrung oder Vorstellung den reduzierten Flachheiten hinzu, durch die wir es in der Erzählung erfahren. Das ›es gekriegt‹ in Anführungszeichen zu setzen, ist ein moralisches Versagen; die Anführungszeichen geben vor, nur einen umgangssprachlichen Ausdruck zu identifizieren, oder sie fordern uns auf, dem Ausdruck im Stillen besonderen Nachdruck zu geben, der dem Akzent in der Intention des Autors gleichkommt, oder sie sollen eine Affektiertheit auf seiten des Mädchens andeuten – all diese Dinge mag die Mimikry der Anführungszeichen andeuten. Aber das ist falsch. »Es gekriegt« in diesem Fall ist nicht auf der gleichen Ebene wie das »haben« von Mrs. Jordan, das oben zitiert wurde. Selbst eine Sekunde im Alkoholismus einer verelendeten Mutter kann man so nicht aufs Blatt bringen. Alles, was der Ausdruck leistet, ist eine stilistische Verminderung der Möglichkeit des Schmerzes, des wirklichen Gefühls.

Quentin Bells *Virginia Woolf* ist für die unter uns, die – gerade gestern, so scheint es – Lytton Strachey, Carrington und Leonard Woolf gelesen haben, etwas redundant. Aber das ist nicht Bells Fehler; es ist ein bloßer Zufall. Er erzählt es alles sehr stilvoll, und man kann sich vorstellen, daß er hart darum gerungen hat, einen Mittelweg zwischen

Pietät und Indiskretion zu finden. Es hat Äußerungen gegeben, Bell vermeide ohne Rechtfertigung die genaue Analyse ihres Werks, die wir von einem Biographen einer Romanschriftstellerin erwarten dürften. Aber wie soll man über dieses Werk schreiben? Die Virginia-Woolf-Exegese ist eine Falle; die Fiktionen des Stoffs sind zyklisch, und der Kritiker dreht sich in einer Trommel der Tautologie um sich selbst.

Die Romane sind schön; die Sprache ist reich und rein, und man ist sich bei ihr immer des Genies bewußt, ihrer außerordentlichen und originären Begabung. Sie ruft oft mit großer Kraft Emotionen, zumindest einige unserer Emotionen, wach. Und doch sind ihre Romane in gewissem Sinn nicht interessant. Dies ist das Paradox ihres Werkes, ein Teil des Risikos, sich beim Schreiben von Romanen ein Ziel zu setzen, einer Idee zu folgen, einer abstrakten Idee. Teil des Risikos ist auch die äußerst tapfere und wagemutige Insistenz, etwas Neues schaffen zu wollen. Es ist geläufig, von ihren Romanen als »poetisch« zu sprechen, und in ihrer Sprache sind sie wie Poesie. Auch haben sie jene Qualität, die man so häufig in »poetischer« Prosa findet – das Gefühl, daß sie ganz Chor sind, schön, eindringlich, rhythmisch komponiert und das Thema ganz ins Bildliche übersetzt. Ganz Chor und keine Handlung, das ist die Gefahr ihres Wunsches, ihrer Vision. Es war Teil ihrer Freiheit, ihrer Arroganz, genau dies zu tun. Sie lehnt das Praktische, das Vollständige ab, glaubt nicht daran. Und was können wir anderes tun, als diese Wahl zu akzeptieren?

Worin liegt der Sinn anzudeuten, daß sie gut ein bißchen mehr von Arnold Bennett an sich haben könnte? Und was nützt es, *Die Wellen* im Stillen umzuschreiben, eigene Zyklen von Ebbe und Flut zu entwerfen, die mit den ihren konkurrieren? Ich war über die Maßen bewegt, als ich diesen Roman kürzlich las, und doch kann ich nichts über ihn sagen, außer daß er wundervoll ist. Die Leute darin sind keine Gestalten, es gibt keine Handlung im herkömmlichen Sinn. Wovon man sprechen kann, ist Wirklichkeitsnähe – aber zu welcher Wirklichkeit? Man kann nur wieder und wieder sagen, daß er sehr gut, sehr schön ist, daß man glücklich war, als man ihn gelesen hat.

Eines der Dinge, die *Die Fahrt zum Leuchtturm* für den Leser, der zugleich Autor ist, interessant macht, ist, daß man in diesem Fall Dinge von außerhalb des Romans hereinbringen kann. Wenn Mr. und Mrs. Ramsay in irgendeinem Sinne Virginia Woolfs Mutter und Vater sind, dann findet man Leslie Stephen als Gestalt dort wieder. Und im ersten Stock hat man seine *Hours in a Library* (Stunden in einer Bibliothek), *Studies of a Biographer* (Studien eines Biographen) und den dünnen, grünen *George Eliot*. Das sind Bücher, die ich benutzt habe, aber ich habe nicht viel aus ihnen gelernt. Dennoch, wenn Mr. Ramsay in seiner Rolle als Schriftsteller erscheint, beobachten wir etwas Wirkliches, etwas sehr Berührendes – die Bitterkeit eines langen, harten literarischen Lebens. »Er wollte Mitgefühl. Er war gescheitert, sagte er. Mrs. Ramsay blitzte mit ihren Nadeln. Mr. Ramsay wandte seine Augen nicht von ihrem Gesicht und wiederholte, daß er gescheitert sei.«

Wehmut ist die Emotion, die in Virginia Woolfs Romanen am tiefsten empfunden ist. Sie sind Familienbücher. Gatten, Ehefrauen, alte Liebhaber, Jugend, Erinnerungen, Tod, das dahintreibende Leben. »Was ist dieser Schrecken? Was ist diese Ekstase?« und »Gegen dich will ich mich werfen, unbesiegt und unnachgiebig, O Tod!« … *Die Wellen brachen sich an der Küste.* Wehmut ist passiv, die Bücher sind passiv, wie ein Requiem, sie unterscheiden sich von allen anderen. Vielleicht ist dies ihre Melancholie.

Die Bewegung, die Handlung, der Impuls in ihrem Leben lagen in ihrem Schreiben. Das Drama war: ein Buch beendet, ein neues unternommen. Ihr Wahnsinn ist manchmal auch in ihrem Schreiben, vielleicht in dem endlosen, sich dehnenden Gefühl des Lebens als Selbstgespräch, das wir ihrem Text entnehmen.

> »Leben, wie habe ich dich gefürchtet,« sagte Rhoda. »Oh, ihr Menschen, wie habe ich euch gehaßt! Wie ihr gedrängt habt, wie ihr unterbrochen habt, wie grauenvoll ihr auf der Oxford Street ausgesehen habt, wie schmutzig, wenn ihr in der U-Bahn einander gegenüber saßt! Jetzt, da ich diesen Berg ersteige, von dessen Gipfel ich Afrika sehen werde, ist mein Gemüt bedrückt von Paketen in braunem Packpapier und euren Gesichtern.«

Ihr Mann, Leonard Woolf, spricht immer von der Notwendigkeit des Ausruhens. Meint er damit Aufsicht, Einschränkung der Freiheit? Schwer zu glauben, daß solche schweren Abirrungen durch Ausruhen zu besiegen gewesen wären. Ihr Leben war schwierig, und wenn Leonard Woolf manchmal zu streng und zu puritanisch und ordentlich für sie zu sein scheint, wer kann schon bezweifeln, daß es für ihr Bestes war? Ihre Leistung angesichts der grauenhaften Ablenkungen des Wahnsinns ist ein Wunder. Auch er litt außerordentlich, aber sie empfand eine Dankbarkeit, die in jenen, die so heimgesucht sind, ungewöhnlich ist. Ihr Selbstmord war heroisch; sie drückte damit ihre Entschlossenheit aus, andere nicht noch einmal durch all das hindurchzuziehen.

Die Hingabe und die Dankbarkeit sind Elemente einer großzügigeren, höflicheren und loyaleren Zeit. Das ist die Anziehungskraft von Bloomsbury – das und die Brauchbarkeit der Zeit für die Literaturwissenschaftler. Was für eine Erleichterung, an einer Periode zu arbeiten, die schon Kulturgeschichte geworden ist, aber erst gestern, zu unseren Lebzeiten. Es ist alles zeitgenössisch und gleichzeitig *historisch*. Man nutze das aus! Lange wird es nicht halten. Kaum haben wir Lytton Stracheys Homosexualität näher kennengelernt, da hat *Eminent Victorians* schon Staub gesammelt.

Virginia Woolf war eine Feministin. Sie dachte ernsthaft darüber nach, was es hieß, eine Frau zu sein und in einer Welt zu leben, die ihre Fehler und Defekte den Männern verdankt, und sie schrieb ernsthaft darüber. Einige ihrer Freunde fanden ihren Nachdruck in diesen Dingen ein wenig scharf und langweilig; Forster nannte ihren Feminismus »altmodisch« und empfand ihn, als er in den vierziger Jahren darüber schrieb, auch unnötig, weil sie »seit den Dreißigern soviel weniger Grund zur Klage hatte und nur noch aus Gewohnheit weiter brummte.« Von da aus fährt er fort, darüber tiefe Überlegungen anzustellen, daß Virginia Woolf nicht nur eine Frau gewesen sei, sondern auch eine »Lady«. Mit diesem Aspekt ihres Lebens, dem gesellschaftlichen, können die Engländer, um einen modernen Ausdruck zu gebrauchen, am besten »umgehen.« Bei uns in Amerika, einem Land, das nicht reich ist an Personen, die Virginia Woolf auch nur flüchtig gekannt hätten, lautet der neue Ausdruck »androgyne Vision.«

Das »Androgyne« ist eine Art, die exzessive, fast erstickende »Feminität« der Texte einer Feministin wie Virginia Woolf unter Kontrolle zu bringen. In ihren Romanen wird nur die Arbeit des Malens oder Schreibens wirklich verstanden. Männer arbeiten in der Politik oder als Juristen, aber wir begegnen ihnen beim Lunch und später bei einer Abendgesellschaft, und beide Szenarien werden von Frauen beherrscht, und es ist bemerkenswert, wie die Männer und ihre Arbeit absorbiert, aufgefangen, fast ausgelöscht werden von den Kräften des Häuslichen und des Gesellschaftlichen. Es gibt keinen Autor, dessen Oberflächen so schön sind wie die von Virginia Woolf. Ein Dunst von Schönheit umgibt alles, selbst Trauer und Reue. Die Vögel singen (»›wie diese Vögel singen!‹ sagte Frau Swithin bei einem Ausflug«), die Glocken des Big Ben läuten, das Leben ist eine Art trauriger Parade, der Bœuf en Daube wird in der Küche langsam braun. Das innere Leben des Gefühls, der treibende, nie ganz zurückzuholende, nie ganz erkennbare Fluß des Lebens – das war das Ziel, auf das sie ihr Genie gerichtet hatte.

»Das Komplexe der Dinge rückt näher,« sagte Bernard, »hier am College ... Jede Stunde gräbt etwas neues aus dem großen Kleikuchen. Wer bin ich, frage ich. Dies? Nein, ich bin das. Besonders jetzt, da ich einen Raum verlassen habe und Menschen, die sich unterhalten, und die Steinplatten klingen unter meinen einsamen Fußtritten, und ich betrachte den aufgehenden Mond, sublim, gleichgültig über der alten Kapelle – dann wird es klar, daß ich nicht einer bin und einfach, sondern komplex und viele.«

Das »maskuline« Wissen einer Schriftstellerin wie George Eliot, das sie sich in ihrer Jugend in Warwickshire aneignete, ist weit entfernt von allem, was Virginia Woolf sich hätte vorstellen können, und daher hätte sie Lydgate und Rosamund nicht erschaffen können, in denen die destruktive Macht von Sex und Ehe vollkommen und realistisch verkörpert sind. Der Ästhetizismus von Bloomsbury, die Androgynie, wenn man so will, liegt an der Wurzel von Virginia Woolfs Enge. Er hält sie im Femininen gefangen, zumindest als Schriftstellerin, statt als ein Mittel zu wirken, das Maskulines und Feminines zu einem Ganzen verschmölze. Aber – natürlich – das »Gefängnis« der Wörter und Gefühle, das Dahintreiben und die Farbe der Dinge, die Verluste, das Vergehen der Zeit – sie wurden von ihr ergriffen als Ziel, als Muster, als Glaube. Sie ist eine Theoretikerin des Erzählens wie Nathalie Sarraute, auch wenn sie einander ideell an entgegengesetzten Enden gegenüberstehen. (Vielleicht ist daran etwas Feministisches, diese Art, die Struktur des Romans selbst zu erproben, in Frage zu stellen.)

Ein großer Geist arbeitet in Virginia Woolfs Romanen. Wörter, Bilder, Szenen sind immer vollkommen da in ihren Werken, aber nur eine große Vorstellungskraft konnte aus dem Schauspiel auf dem Rasen in *Zwischen den Akten* Geschichte machen. Dieser Roman und Eliots *Wüstes Land* sind die kraftvollsten literarischen Abbilder von der Bewegung des Lebens und der Kulturen, vom Sterben der Vergangenheit im Sterben eines Tages, vom Wechsel einer Ordnung in eine andere in einer zufällig mitgehörten Unterhaltung.

Amateure

Dorothy Wordsworth

Dorothy Wordsworth und Jane Carlyle sind nicht einfach miteinander zu vergleichen, aber es ist nicht irregulär, sie sich als Produkte ihres Platzes im Leben vorzustellen – ihres Platzes an der Seite zweier der größten Männer Englands im neunzehnten Jahrhundert. Die beiden Frauen scheinen ihr Sein und ihre »Arbeit« – wenn das der richtige Ausdruck für die Tagebücher und Briefe ist, die sie bekanntgemacht haben – aus der dramatischen Nähe zu William Wordsworth und Thomas Carlyle gezogen zu haben. Waren sie glücklich oder unglücklich? War es genug: die Briefe, die Gesellschaften in Cheyne Row, die Besucher in Grasmere, die Haushaltsanekdoten und die Wanderungen, die sie festhielten? Eine Art Unersättlichkeit scheint uns zu befallen, wenn wir auf Frauen zurückblicken, besonders auf jene, die hochinteressant sind und deren Anstrengungen, sich durch Arbeit zu definieren, erratisch und beiläufig sind, die Anstrengungen des Amateurs. Wir neigen zu dem Gedanken, daß sie mehr hätten tun können, daß wir nachträgliche Forderungen auf einen größeren Grad an Unabhängigkeit und Authentizität an sie stellen können.

Dorothy Wordsworth ist unbeholfen und fast töricht grandios in ihrer Liebe und ihrem Respekt für ihren Bruder – und in ihrer äußersten Konzentration auf ihn; sie lebte sein Leben bis zur Neige. Eine solche Verehrung ist ein außergewöhnlicher Umstand für den, der sie empfindet und für den, der ihr Gegenstand ist; eine solche Verehrung und ihre Möglichkeiten in den Begriffen menschlicher Beziehung sind besonders rührend und bewegend, wenn die beiden Betroffenen weite Bereiche teilen, in denen sie gleichwertig sind. Sie ist selten, und man kann nur erleichtert sein, daß Wordsworth ihre Intensität verstand und schätzte, daß er seine Verantwortung ihr gegenüber nicht leicht nahm, daß er nicht versuchte, seine Schwester zu verletzen, damit seine Eitelkeit von aller Verpflichtung frei sei. (George Lewes, einer der liebenswertesten und brillantesten Männer seiner Zeit, erwies dieselbe Liebe George Eliot und der Entstehung und Verwirklichung ihres Genies. Eine echte Verehrung hat einen angemessenen Gegenstand und erwächst aus einem tiefen Gefühl geteilter Wertvorstellungen. Sie ist ungewöhnlich, weil die Kunst mehr als alle anderen Aktivitäten um sich – zu Hause, in den Nächsten, in der Welt, überall – ein Gefühl des Neides schafft.)

Solche Hingebung und solche Ausschließlichkeit, wie sie Bruder und Schwester Wordsworth auslebten, ist uns nicht mehr gegönnt. Die Möglichkeiten dieser Art keuscher, intensiver, ehrgeiziger, intellektueller Leidenschaft sind völlig erschöpft. Wordsworth würde kaum noch erlaubt, davon zu träumen, sich mit Dorothy in einem Haus auf dem Lande niederzulassen, ein asketisches Leben zu führen und mit ihrer Hilfe seine große Karriere zu beginnen; er würde es auch gar nicht mehr wünschen.

Leslie Stephen läßt ihn in seiner Jugend ziellos über den freien Willen, Gut und Böse, Revolution, das Gewissen und »Geheimnisse des Daseins« brüten. Godwins sorglose Vorstellungen von Familienbindungen waren eine Versuchung, bis Dorothy ihn zu dem überredete, wozu er vor allem anderen überredet werden wollte: daß er ein Dichter war und sonst nichts. »Das bedeutete, kurz gesagt, daß Wordsworth eine Frau von hoher Begeisterung und geschultem Genie an seiner Seite hatte, ihm ganz ergeben und fähig, seine Inspiration zu teilen ... Seine Schwester führte ihn zur Natur zurück ...«

Wordsworth war kein äußerlich attraktiver Mann. Dorothy sagte einmal, als sie hinter ihm ging: »Ist es möglich – kann das William sein? Wie niedrig er aussieht!« Ohne Zweifel war das nicht ihr Blick, sondern die schmerzlich nachempfundene Sicht eines skeptischen, lieblosen Fremden, der sich dem geliebten Menschen gegenübersah. De Quincey sagt in einer Unterhaltung über die ausdauernden, vielerprobten Wordsworth-Beine: »So nützlich sie auch waren, die Wordsworthschen Beine schmückten ihn sicherlich nicht; und es war wirklich schade, darin stimmte ich mit einer Dame überein, daß er nicht ein zweites Paar für Abendgesellschaften hatte ...«

Dennoch hatte Wordsworth, so desillusionierend seine Art und seine Erscheinung manchmal sein konnten, eine überraschende, wenn auch etwas trockene Gabe, mit Frauen umzugehen. Er stellte schwierige, dauerhafte Beziehungen her und erhielt sie mit einer etwas plumpen Art der Offenheit und des Vertrauens aufrecht. Als er jung war, beendete er seine Affäre mit Annette Vallon in Frankreich in Vorsicht und ein wenig Herzlosigkeit. Sein Geld ging zuende, und der Glaube, zu Großem bestimmt zu sein, trieb ihn nach Hause. Er konnte, das war klar, als junger Mann nicht in Frankreich leben, und er konnte keine Frau ernähren, wollte keine – und schon gar keine ausländische. Aber er blieb mit Annette in Verbindung, er besuchte sie auf seinen Reisen, er traf seine außereheliche Tochter. Kein Groll – stattdessen Respekt.

Er heiratete eine ruhige, zurückgezogene, mütterliche Frau, die ihm einst »ein Phantom des Entzückens« war – zumindest behauptet er das. Sie hatten fünf Kinder. Zwei starben sehr früh. Eine vielgeliebte Tochter starb vor dem Dichter. William, seine Frau Mary und Dorothy lebten immer weiter. William war achtzig, als er starb, Dorothy vierundachtzig, Mary Wordsworth wurde neunzig. Es war eine gründliche Leistung: Liebe, hohes Alter und Gedichte. Die absolute Hingabe von Frauen fehlte ihm nie. Seine Tochter Dora stieß zu den beiden anderen. Selbst für die verlassene Annette gab es offenbar keinen Grund, sich ganz von dem freundlichen, geistesabwesenden Genie abzuwenden, der nichts Böses im Schilde führte, dessen Stolz nicht verletzend war, der Demütigungen nie plante. Aber was bedeutete Dorothy ihm wirklich? Und was hielt Carlyle wirklich von seiner Frau? Dachte er überhaupt ernsthaft über sie nach?

Dorothy und William Wordsworth waren fast gleichaltrig. Mit der Ausnahme von ein paar Reisen, die sie mit einer Freundin unternahm, lebten sie ihr langes Leben zusammen. Sie waren in ihren Zwanzigern, als sie das Land der Seen besuchten und beschlossen, sich dort niederzulassen. Dies war eine jener Entscheidungen, jener Schicksalswendungen, die wir nicht bezweifeln können, als lägen sie vor und nicht hinter uns. Es ist wahr, sie hieß Einengung, Beschränkung und Begrenzung auf immer, aber das Land schien Dorothys nie vom Wege abweichende Neigung noch klarer widerzuspiegeln als selbst Williams. Andere Möglichkeiten hatten sich ihm geboten – die Stadt, die Universität, das Ausland, radikale Gruppen. Dorothys Leben ist mit überwältigender Macht vom Wohnen auf dem Land gestaltet: *er* wird ihre Beschäftigung, ihr Schicksal, und was übrigbleibt, fällt an die Familie, an die harte Arbeit, in den frühen Jahren des neunzehnten Jahrhunderts zu leben.

Wanderungen, Naturbeobachtungen, die Ansässigen, Coleridge-Gedichte, die wieder und wieder abends am Kamin gelesen werden – dies war die natürliche Landschaft von Dorothy Wordsworths Interessen und Talenten. Ihre Mutter starb, bevor sie acht geworden war, ihr Vater, als sie zwölf war. Sie wurde zu der Großmutter mütterlicherseits geschickt, die sie nicht besonders mochte, dann zu einer Tante, schließlich von einem Onkel adoptiert. Von frühestem Alter an war ihre Situation die der bedrängten Wesen, die wir in Romanen finden: sie war eine Waise. Die geliebtesten Dinge verschwanden auf geheimnisvolle Weise aus ihrem Leben. Sie hatte nur ihre Intelligenz, ihre geschärfte Sensibilität und ihren Bruder.

Es war immer etwas Seltsames um Dorothy Wordsworth; man sagte von ihr, sie habe »wilde Lichter in den Augen«, in Erinnerungen wird sie leicht erregbar und intensiv genannt. Sie hat etwas von einer Brontë-Heldin: eine romantische Einsamkeit, das Gefühl, besondere Kräfte zu besitzen, die für die Welt wenig Nutzen haben und aus denen sie Tugend, wenn nicht sogar Selbstachtung zu ziehen versuchte. Man sagt, ihr seien mehrere Heiratsanträge gemacht worden, einer vielleicht sogar von Hazlitt in einer seiner manischen Stimmungen. Es ist schwer, sich wirkliche Sympathie zwischen der strengen, zitternden Dorothy und Hazlitt vorzustellen, der sich beklagte, daß es in Wordsworths »Excursion« (Ausflug) keine Kurtisanen gebe.

Die Begeisterung für ein stilles Leben auf dem Lande mit ihrem Bruder und seiner Familie kann von modernen Literaturkritikerinnen oder weiblichen Lesern, die zur skeptischen Prüfung von Arrangements und Bestimmungen neigen, vielleicht nicht ganz unterschrieben werden. Für Dorothy Wordsworth aber war dies eine Art Eroberung; ein Glücksfall, sicher und interessant. Er hielt ihr die Schrecken der »Unabhängigkeit« vom Leibe, wie dieser Zustand respektabler, vernünftiger junger Frauen ohne finanzielle Mittel genannt wurde. Die einfache, ernste Weltabgewandtheit, die sie am Anfang mit ihrem Bruder zusammen besaß, wurde durch Wordsworths Eheschließung mit Dorothys Freundin, Mary Hutchinson, bedroht. Aber auch dies wurde bewältigt, und mit ihnen zusammen fand sie eine Grundlage von Unterstützung, Pflicht, Verehrung, auf der sie stehen konnte. Welche Alternativen gab es denn auch – Gouvernante? Eine angemessene Heirat war ohne Geld, Schönheit oder ein wenig von der intrigierenden Zielsicherheit der glücklicheren jungen Frauen in den Romanen der Zeit fast unmöglich. Vielleicht hätte das Schreiben sie retten können. Sie schrieb, aber das Werk ihres Bruders wurde zu ihrer wahren, lebenslangen Arbeit.

Sie begann, angespornt von William, schon früh, ein Tagebuch zu führen. Es scheint, daß er die Notwendigkeit einer »Beschäftigung« für Dorothy erkannte, eines Ankers für ihre schweifenden Emotionen und Eindrücke. Die ersten Notizen, 1798 in Alfoxden niedergeschrieben, setzten das Muster für alle späteren Arbeiten. Es ist eine besondere Art des Schreibens, geradezu gefangen im Wetter der Tage, ganz konzentriert auf die bloße landschaftliche Oberfläche, auf das Erhabene und mehr oder weniger Unpersönliche.

> Strahlender Sonnenschein, gingen um drei Uhr hinaus. Das Meer ein vollkommen ruhiges Blau, Streifen dunklerer Farbe durch die Wolken, und Zungen oder Spitzen von Sand; bei unserer Rückkehr ein düsteres Rot. Die Sonne sinkt. Der Halbmond. Jupiter und Venus.

Was in diesem frühen Tagebuch die Aufmerksamkeit fesselt, ist nicht der Mond oder die milde Luft des Morgens, sondern ein plötzlich auftauchender Name. »Ging mit Coleridge über die Hügel«, oder »ging mit Coleridge nach Stowey.« Selbst in ihrer Jugend im Seendistrikt ist Natur kein ausreichendes Thema für den ganzen Geist. Sie zu benennen, sie auszumalen ist in der Tat ein seltenes Geschenk. Aber es ist ein Geschenk, das in der Luft hängt. Es ist die schließliche Enge des Malerischen, die Frustration der schnellen, mikroskopischen Brillanz, unverankert in der Verallgemeinerung.

Im »Grasmere Journal« beginnen ein paar Jahre später die kurzen, schroffen Porträts der Landbevölkerung, aber es finden sich auch verzweifelte Andeutungen ihrer Verletzlichkeit. Als William verreist, kriechen Einsamkeit und Panik in ihre Sätze; die Zeit seiner Abwesenheit wird durch die Sehnsucht nach Briefen ruiniert, durch die Notwendigkeit langer Spaziergänge, um vor Erschöpfung schlafen zu können: William war unbedingt nötig, um diesem isolierten Leben Bedeutung zu geben; ohne ihn war die Stille eine Bürde; allein war sie nichts als Warten, als das Herumbringen von Zeit. Aber er kehrte zurück, und die etwa drei

Monate mit Coleridge in Grasmere, während William das Vorwort zu den *Lyrischen Balladen* schrieb, waren wahrscheinlich die besten von Dorothy Wordsworths Leben.

Die Tagebücher sind nicht so sehr ein Ehrgeiz als eine Art von Opfergabe. Dorothy scheint Sehenswürdigkeiten geradezu zu sammeln, Momente und Erinnerungen für *seine* Dichtung. Viel von dem, was sie niederschrieb, ist absolut klein, eine bloße Erinnerung daran, wie die Sonne in einem Moment ihre Strahlen verschenkt und sie im nächsten zurückzieht. Später in ihrem Leben versuchte sie selbst, einige Gedichte zu schreiben, aber sie sind nicht gut. Sie verstand nichts von Metrik, und formale Konstruktionen waren ohnedies nie ihr Fall. Vor allem fehlte ihr die Kraft zur Verallgemeinerung. Wenn Wordsworth in »Tintern Abtei« sagt: »Nie betrog Natur das Herz, das sie geliebt,« so irrt er sich in jeder Hinsicht. Ihm gaben die Spaziergänge, die Wanderungen eine Tiefe der Anschauung, in die er Bedeutung, Philosophie, Moral goß. Für Dorothy waren sie wie Momente der Liebe, reine Empfindung, die die Bedeutung ihres Lebens enthielten, ohne ihr klar zu sagen, worin diese Bedeutung bestand.

Das Leben von Dorothy und William Wordsworth war – als ein historischer Akt – ein enormes, anspruchsvolles Spiel um die höchsten Einsätze der Kunst. Empson spricht in seinem *Some Versions of Pastoral* (Einige Versionen des Pastoralen) davon, daß Wordsworth »poetische Feldstudien unter Landleuten, die ihn mit ›Sir‹ anredeten,« anstellte.

Dorothy Wordsworth versank in der schweren Hausarbeit. Die Kinder wurden geboren, es gab Krankheiten, Notfälle und die ständigen Ansprüche des Alltags. Sie war jeden Morgen um fünf auf den Beinen. »Wir haben auch zwei Schweine, wir backen all unser Brot selbst, und wenn wir auch nicht all unsere Wäsche selbst waschen, so doch jede Woche einen Teil davon, und wir mangeln und bügeln alles.« Bei einer Gelegenheit hatte sie Grund, die universelle

Beobachtung von Frauen im Hause zu äußern: »William tut natürlich nie etwas.«

Sie übernahm die Arbeit, weil es richtig und notwendig war, notwendiger für sie als für die anderen, denn in gewissem Sinne mußte sie sich das Recht verdienen, ihr Leben zu teilen. Aber sie tat das alles mit einem immer sichtbaren Ziel. Das Ziel waren die gewaltigen, aufregenden Wanderungen und Reisen – und die Gedichte. Durch ihr Wandern, ihr Gefühl für die Natur, ihre Begeisterung schuf sie irgendein Teil der Gedichte, arbeitete in der sehr privaten Weise der Liebe oder der höchsten Freundschaft mit ihm zusammen. Dies ist der Pfad begabter, energischer Ehefrauen von Schriftstellern zu einer Art von eigener Schöpfung, diese besondere Illusion der Zusammenarbeit. Die Gräfin Tolstoi schrieb ab, machte sich Gedanken, sorgte sich um *seine* Bücher mit einer Energie, die George Sand beschämt hätte. Troyat sagt über sie:

> Ihre größte Quelle der Freude war indessen nicht die Umarmung ihres Mannes (sie war nie eine leidenschaftlich Liebende), sondern das Manuskript, das er ihr zum Abschreiben übergab. Und was für eine Herkulesarbeit war es, das Sprüchebuch dieses Zauberers zu entziffern, das bedeckt war mit wütenden Streichungen, mit einander widersprechenden Korrekturen ... Ihre schön verschlungene Handschrift floß stundenlang über die Seiten.

In Dorothy Wordsworths Tagebüchern findet sich wenig, was auf eine Bemühung um geschichtliche Aufzeichnung ihrer intensiven Kenntnis von Coleridge, Wordsworth, Southey und anderen schließen ließe. Sie hat von diesem Instinkt wenig, und das ist merkwürdig, besonders für eine Autorin beiläufiger, täglicher Aufzeichnungen. Sie stellt eine Sammlung von Sonnenuntergängen, ländlichen Freuden, immer in der pastoralen Tonlage, zusammen – das ist ihre Sicherheit im Leben. Sie würde es nie wagen, *sie* zu analysieren, an sie in Beziehung auf sich selbst zu denken. Es war sicherer, diese

Beziehungen als gegeben hinzunehmen und Konflikt und Charakter nur im sich ändernden Wetter und in der Aussicht zu suchen.

Die Tagebücher waren nicht auf Veröffentlichung hin geschrieben, und ihre Arbeiten wurden erst nach ihrem Tode gedruckt. Manchmal drangen Freunde in sie, zu publizieren – der Dichter Rogers zum Beispiel –, aber wenn sie daran dachte, setzte Panik ein. Wenn sie versuchte, professionell zu sein, überarbeitete sie die Texte zu intensiv und verdarb die Wirkung. Sie spricht von den »Erinnerungen an eine Wanderung in Schottland« – nach der Reise niedergeschrieben für ein paar Freunde. Aber es war in Wirklichkeit, wie alles andere, für ihren Bruder, geschaffen für die Zusammenarbeit.

Viele Bewunderer der Tagebücher suchen nach Zeilen und Wörtern, die später in den Gedichten auftauchen, als könnte auf die Weise ihre Kraft bewiesen, die Wirklichkeit der Zusammenarbeit gesichert werden. Aber das ist ein Versuch, sie zu sehr ins *Innere* der Gedichte zu versetzen, statt sie neben ihnen zu sehen. Und die Entsprechungen, die die Forscher gefunden haben, sind nicht sehr auffällig:

> D. Wordsworth: Als wir aufbrachen, der Mond immens, Fetzen von Wolken am Himmel. Die zogen sich bald zusammen, verengten die Dimensionen des Mondes, ohne ihn zu verbergen.
>
> Coleridges »Christabel«:
> Die dünne, graue Wolke, in der Höhe ausgebreitet
> Bedeckt den Himmel, doch verbirgt ihn nicht.
> Hinter ihr steht der volle Mond:

Sie sieht den berühmten »Egelsammler« von »Entschlossenheit und Unabhängigkeit«. Er ist mit ein paar Details skizziert, ohne daß sie etwas aus ihm macht. Er trägt keine philosophische Botschaft in die Szene. Die Suche nach Entsprechungen ist in jedem Fall ein Mißverständnis dessen, was sie in den Tagebüchern machte.

Mit ihrem Bruder in der Natur zu sein, war ihre Rolle. Es ist wahr, sie war auch eine Tante, eine Helferin, ein unverzichtbarer Teil einer enggeknüpften Familie, aber das war nichts neben ihrer spirituellen und kreativen Partnerschaft. Mary hatte ein ausgeglichenes, friedfertiges, warmes Wesen – ihre Rolle in der ländlichen Szene war die der Mütterlichkeit, der Fraulichkeit. Für die so viel verwundbarere Dorothy hätte ein passives Anteilnehmen nicht ausgereicht. Stattdessen war sie wild, getrieben, seltsam. Viel später, als sie fast sechzig ist, wird sie verrückt, aber sie ist immer ein bißchen verrückt gewesen und das besonders in ihrer fanatischen Verehrung des Bruders.

Die Tagebücher waren die Beschäftigung, die die Zeit füllte, die neben der Haushaltsarbeit und dem Naturerleben blieb, die Zeit nach dem Tee und vor dem Schlafengehen. Ihre Energie war überwältigend, ziemlich hysterisch und alles umschließend, zu groß. In ihrem Schreiben rechnet sie den Tag ab, trägt die Einkünfte im Register ein. In jedem Moment scheint sie sich bewußt, was sie zu bieten hat. Sie bietet Kameradschaft ohne Ermüdung, ein Auge wie eine Kamera, ein angenehmes Fehlen jeder Skepsis. Sie hielt ihn in Grasmere, arbeitete unermüdlich, und das war notwendig, denn Umzüge bedrohten ihren Platz im Leben – auf Reisen dagegen war sie eine ausgezeichnete Begleiterin.

Indem sie ihre Tagebücher schrieb, sprach sie von ihrem Glauben an den hohen Wert ihres Lebens. Die Morgenstunden, die Schmetterlinge, die Pausen an einsamen Katen, die Ausblicke, die Flüsse wurden durch die Arbeit, die sie in sie hineinlegte, vergrößert und glorifiziert. Sie sah, sie wanderte, sie kletterte; sie kehrte nach Hause zurück, und mit ihrer Feder sah und wanderte und kletterte sie noch einmal. Diese doppelte Anstrengung scheint ihrem Bruder zu sagen, daß das, was sie gewählt haben, buchstäblich unerschöpflich ist. Ein Tag mochte in den anderen hinüberfließen, eine Wanderung über denselben alten Grund führen, aber sieh nur, wie verschieden sie waren, wie wichtig, den bleichen Mond gestern abend und den strahlenden Mond heute gesehen zu haben.

Wordsworth widmet ihr ein großes Gedicht, »Tintern Abtei«, und da ist tiefste Bewegung und ein Ausbruch von Gefühl, wenn er ausruft: »Liebste Freundin, meine liebe, liebe Freundin« und »liebe, liebe Schwester«. Aber wir wissen nicht, wie er ihr Leben sah, ob er sich solche Fragen überhaupt stellte. Keiner der beiden liebte es, über sich selbst zu sprechen; sie waren sehr zurückgezogen. Sie akzeptierten, was war, und sie mußten die Probleme des Lebens meistern, Kummer und Tod und Arbeit.

Wordsworths dichterische Arbeit war das moralische, emotionale und häusliche Zentrum alles und jeden um ihn. Seine Gedichte sind oft auf eine diskrete, gemessene und vergeistigte Weise autobiographisch. Er denkt gerne an seine Frau und seine Schwester, die Frauen, die in so tiefem Sinne da sind, und er berichtet uns nur von seinem großen Glück, von so wohlmeinenden Seelen umgeben zu sein, die ihr Los mit ihm teilten – oder deren Los er sein sollte. »Ein Geist, und doch auch eine Frau!« Er ist sich der Funktionen sehr bewußt – sowohl im Sinne der häuslichen Pflichten, als auch der Art, wie Zuneigung *funktioniert*, wie sie ein schwieriges, ehrgeiziges, schöpferisches Leben erleichtert. Die Gedichte über Frau und Schwester neigen manchmal dazu, sie in harte Blöcke der Definition zu legen:

> Eine vollkommene Frau, edel veranlagt,
> Zu warnen, zu trösten und zu leiten.

Wordsworth ist schüchtern und reserviert, und das Ironische in den Dingen menschlichen Umgangs ist nicht sein

Feld; Heirat, Tod, Liebe sollen erwogen sein, sorgfältig überdacht ohne ätzende Ambivalenz. In anderer Hinsicht ist er unbedenklich, was seine Einladungen angeht, seine Großschreibungen, seine Ausrufezeichen der Intensität und des überwältigenden Gefühls. Sein Gedicht »An meine Schwester« ist voller Grazie, und doch ist etwas Überdrehtes darin, man spürt etwas Störendes. Ein überraschend milder Märzmorgen erfüllt die Luft mit Zauber, Transzendenz und Bedeutung. Er dringt in Dorothy, mit ihm hinauszukommen »nach unserm morgendlichen Mahl«, um mit ihm das mystische Versprechen des ersten frühlingshaften Einbruchs in den Winter zu teilen.

Und aus der gesegneten Macht,
die oben, unten, oben grollt,
nehmen wir das Maß unserer Seelen:
Zur Liebe wollen wir sie stimmen.

In »Präludium« und in anderen Gedichten ist er bebend dankbar, auf wunderbar reine Art höflich. Dorothy ist die Quelle seines rechten Denkens, eine Muse, sein Weg zu einer reichen Spiritualität. Ohne sie »suchte ich zu ausnahmslos *jene* Liebe und *jene* Schönheit, die, wie Milton singt, Schrekken in sich birgt.« Durch Dorothy also ist »der Felsen, um den Stromschnellen toben«, in ihm besänftigt, eine allmählich Zähmung, »eine Art sanfterer Frühling«. Wir mögen da stutzen und uns vielleicht eher den Schrecken als den sanfteren Frühling wünschen, aber da ist durchaus Leidenschaft in Wordsworths Gedichten an seine Schwester; da ist große Liebe und Dankbarkeit und Nähe. Seine Darstellung ihrer Rollen ist intensiv und eng zugleich: sie wird gesehen als Helferin in seinem Werk, als eine, die ihn zum richtigen Material führt, die ihm hilft, sich selbst zu finden, die richtig und günstig für sein Genie ist. Auf ihre Weise sind dies Liebesgedichte, Gedichte von intellektueller und familiärer

Liebe (»Kind meiner Eltern! Seelenschwester!«), Gedichte eines geteilten Lebens.
Wie bewegend muß es für Dorothy gewesen sein, die Wirkung ihrer Inspiration auf Wordsworth in poetischer Form vor sich zu sehen, seinen Geist und sein Talent mit Coleridge zu teilen, in der Gestaltung dieses umfangreichen, gewichtigen Werkes eine wichtige Rolle zu spielen. Sie war darin, geehrt, dankbar anerkannt, ihre Qualitäten – einige zumindest – der Welt in der großartigsten, höchsten Sprache mitgeteilt. Diese Gedichte über ihre Erforschung der Natur stehen für sich selbst und sind zugleich ein Trost für den Kummer, der kommen mußte.

> Wenn Einsamkeit, oder Furcht, Schmerz, Kummer
> Dein Teil sein sollte, mit welch heilenden Gedanken
> Zarter Freude wirst Du mein gedenken
> Und dieser, meiner Mahnungen!

Nichts, was ganz dem gleicht, fällt einem ein in der Welt der Literatur. Wir spüren vielleicht ein Körnchen Selbstzufriedenheit oder eine überdimensionale Konzentration auf das Ich in Wordsworths Gedichten über Dorothy. Manchmal scheint er sie auf seltsame Weise *irrezuführen*, wenn er immer wieder darauf besteht, daß der Mond und der Bergnebel ihre Freiheit und Erlösung seien. Am Ende gratuliert er ja doch sich selbst. Er läßt das völlig aus, was sie, wie wir uns vorstellen, oft empfunden haben muß – daß sie als Persönlichkeit undefiniert war, eine Dienende, gefährlich emotional, verstört. Diese ganze Seite ihres Lebens ist leer, eine Vakanz; und doch gibt es keinen Grund, die Größe, die Realität dessen, was sie hatte, herabzusetzen. Dorothy war für ihren Bruder eine dieser unendlich wachsamen, jungen, strahlenden Frauen sehr alter großer Männer. (Sie waren in Jahren nicht weit voneinander entfernt, aber es ist oft geschrieben worden, daß Wordsworth nie jung gewesen sei, und ohne Zweifel konnte er mit Leichtigkeit eine große Menge an Sorge und Anteilnahme ertragen.) Auch ihr Verhältnis war eine Art Ehe, und das sagt uns, daß an den verborgenen Quellen weiblichen Fühlens Sex und Kinder aufgegeben werden können für die Leidenschaft, die Ruhm und Glanz der Leistung im Herzen wecken können. Es ist nur das Verstörende in Dorothy selbst, das uns zögern läßt, die Versicherung anzunehmen, daß »alles, was wir sehen, voller Segen ist.«

Der kühle, kluge De Quincey *sah* Dorothy Wordsworth; er sah sie sehr genau an, er dachte tief über sie nach. Er akzeptierte nicht, daß etwas wie von Natur gegeben sei. Sein Denkmal für sie ist ebenso bewegend wie die Gedichte ihres Bruders, und sein Ton unterscheidet sich völlig von der Sentimentalität späterer Autoren wie E. de Selincourt. Das Idyllische war Teil ihrer Natur, aber es war auch eine anstrengende Kreation, die sie aufrechterhalten mußte, eine notwendige Maske, die einen Geist verbarg, der den Stürmen unkontrollierbarer Gefühle ausgesetzt war, ein Temperament, das extravagant und bedroht war, und eine erratische Ausbildung – eine Person, vor allem, die eine gefährdete Ergebenheit auslebte.

De Quincey geht geradewegs auf das Innere zu. Er spricht von ihren »wilden und erschreckenden Augen«, von deren »gehetzten Bewegungen«, und er fragt sich, was das bedeutet:

> Ihr Auftreten war warm und sogar glühend; ihre Sensibilität schien von der Analyse her tief zu sein; und ein subtiles Feuer leidenschaftlichen Intellekts brannte offenbar in ihr, das, einerseits durch die unwiderstehlichen Instinkte ihres Temperaments zu deutlicher Äußerung getrieben, und dann sofort gezügelt durch die Schicklichkeit von Geschlecht und Alter, ihrem ganzen Benehmen und ihrer Konversation eine Atmosphäre der Verlegenheit und sogar des Konflikts mit sich selbst gab, die zu

erleben sehr bekümmernd war. Selbst ihre Sprache und Betonung litt oft in Klarheit und Gleichmaß an der Erregung ihrer übertriebenen organischen Sensibilität. Manchmal veranlaßten ihre innere Widersprüchlichkeit und die selbst verursachte Verblüffung ihrer Gefühle sie sogar zu stottern.

Weder aus den Gedichten noch aus den Tagebüchern wußten wir von diesem Stottern. Auch sagt uns De Quincey, daß da etwas »Geschlechtsloses« an ihr war; daß sie keine Reize kultivierte. Aber sie sympathisierte tief mit allem und interessierte sich für alles um sie herum. De Quincey bemerkte die Mängel ihrer Ausbildung und die Lücken in ihrem Wissen. Er fand, daß sie eine tiefe Kenntnis von gewissen obskuren Autoren hatte und doch »große klassische Werke ihrer Muttersprache nicht kannte.« Er bemerkt diese Dinge nicht nur; er unternimmt die Anstrengung, sich zu fragen, was sie für sie bedeuteten. Seine Schlüsse sind traurig. In seinen Augen hatte die Zusammenarbeit, die Abhängigkeit nicht nur zu Gutem geführt.

Ich habe die schmale Basis erwähnt, auf der sie ihre literarischen Interessen hatte ruhen lassen – der exklusive Charakter ihrer Lektüre, das äußerste Fehlen von Prätention und allem, was nach Blaustrumpf aussah, im Stil ihrer üblichen Konversation und ihrer Art, mit Literatur umzugehen. Nach längerem Nachdenken scheint mir nun, daß es weit besser gewesen wäre, hätte sich Miss Wordsworth ein wenig zur üblichen Methode, die Literatur zu studieren, herabgelassen; besser für ihr eigenes Glück, wenn sie ein Blaustrumpf gewesen *wäre*. Oder zumindest, wenn sie für die Presse geschrieben hätte in allem Ernst, mit den angenehmen Sorgen und Pflichten eines Menschen, der in der Tat einige kleine Unternehmungen auf jenem weiten Ozean gewagt hätte.

So sehen wir in Dorothy Wordsworth ein seltenes Leben des frühen neunzehnten Jahrhunderts, ein Leben im kreativen

Zentrum von Männern wie Coleridge und Wordsworth. In ihrem Schicksal lag Glück, da sie dieses Leben teilte, aber es war auch überschattet von Leiden, von Labilität. Sie klammerte sich an die Segnungen ihrer Lebensform und bekam mit ihnen ein großes Maß an Unerfülltheit. Eine der auffälligsten Eigenheiten in den Aufzeichnungen, die sie hinterließ, ist ihre Gleichgültigkeit gegenüber dem Charakter ihrer »lieben Gefährten«. Sie konnte nicht, wollte nicht analysieren. Es gibt mehr Nachdenkenswertes über die Poeten in einem Absatz von De Quinceys *Recollections* als in allem, was Dorothy Wordsworth geschrieben hat. Dieses Versagen, Charakter und Motiv zu untersuchen, macht sie zur fiktiven Literatur unfähig; sie hat kein Ohr für den Rhythmus, sie besitzt keine Ausbildung, und ihr Ausweichen vor dem Allgemeinen, dem Zusammenfassenden, dem Fragen und Untersuchen machen es ihr unmöglich, ihre Naturliebe in Lyrik umzuwandeln. In ihren Tagebüchern gibt es kurze Vignetten, gute Wiedergaben der Landleute, aber keine wirklichen Menschen – besonders sie und William sind im tiefsten Sinne nicht da.

Man kann sich nicht vorstellen, daß sie unfähig war, über Charaktere nachzudenken, aber sie muß nach dem Kummer und den Todesfällen sehr früh Angst bekommen haben. Sie liebte ihre Abhängigkeit so sehr und klammerte sich so verzweifelt an sie, daß sie nichts riskieren konnte außer der Schilderung der Landschaft, in der sie lebte.

Jane Carlyle

Jane Carlyle starb eines Tages unerwartet in ihrer Kutsche. Sie wurde fünfundsechzig Jahre alt und war seit vierzig Jahren mit Thomas Carlyle verheiratet gewesen. Im Rückblick scheint es, als wäre im Augenblick ihres Todes die Idee geboren worden, daß sie auf irgendeine Weise das Opfer von Carlyles Vernachlässigung gewesen sei. Er selbst glaubte das auch und warf sich in eine langwierige Reue – ähnlich der »Buße« des Dr. Johnson, wenn auch ohne die Tröstungen der Religion. Die häuslichen Qualen, die die Carlyles in ihrer langen Ehe erduldeten, sind von einer seltsamen Undurchsichtigkeit, die auf die Natürlichkeit vieler dieser Foltern zurückgeht, auf ihre Ursprünge in der bloßen Belastung solchen Lebens. Die Konflikte waren nicht sonderlich bemerkenswert, und häusliche Unzufriedenheit wurde ständig kompliziert durch die Probleme unterschiedlicher Temperamente und die entnervende Unermeßlichkeit von Carlyles literarischen Unternehmungen.

Sie waren beide zunächst einmal Menschen, die im Laufe eines einzigen Tages in die Gefühle von Glück und Unglück hinein- und heraustrieben. Nichts in ihrem Leben war einfach, und so waren sie in einem Moment des Joches müde und im nächsten mit sich selbst ganz zufrieden. Aus ihren Briefen ist eine außerordentliche Nähe abzulesen, eine Nähe, die alle Aspekte des Lebens umfaßte, die literarischen ebenso wie die häuslichen. Viele Briefe gingen zwischen ihnen hin und her, denn sie waren dringend auf die Kommunikation miteinander angewiesen. Außer einer Periode im mittleren Alter waren ihre Qualen fast das Vergnügen wert, sie mitteilen zu können.

In hohem Grade bildeten sie eine Einheit. Er ist Mr. Carlyle, und sie ist Mrs. Carlyle – beide ganz und gar. Vielleicht ist es nicht ganz präzise zu sagen, dies war *die* viktorianische Ehe; sie war eher eine phantasievolle Konfrontation, vom Anfang bis zum Ende. Das Zentrum der Ehe war Carlyles lebenslange, unerbittliche Agonie der literarischen Schöpfung – und die fand zu Hause statt, man stolperte über jeden Schmerz, jede Verzweiflung, jede Hoffnung. Das Genie ihrer Briefe und ihres Charakters bestand darin, seinen Gigantismus in eine Art häuslicher Komödie zu verwandeln, einer Komödie aus Flöhen im Bett, Teppichen, schalldichten Räumen und betrunkenen Dienstmädchen. Ebenso wie die Form und der Stil von Carlyles Werken sich selbst keine Grenzen auferlegten, setzte sie allen Dingen Grenzen. Seine Grandeur vollzieht sich inmitten ihrer winzigen Absonderlichkeiten. Die bloßen Fakten der Französischen Revolution, von Cromwells Leben und von all dem anderen mußte er sich in erschöpfender Arbeit aneignen. Und auch der Stil war eine Anstrengung: seltsam, brillant, schon die Wörter selbst exotisch, überdimensional, episch. Carlyle hatte eine exaltierte Auffassung von seiner Mission und von der Kraft der Literatur. Für ihn war der Autor »ein gesellschaftlicher Zufall«, einer, der »wie ein wilder Ismaelit umherwandert in einer Welt, deren spirituelles Licht er ist, entweder das Licht des rechten Weges oder ein Irrlicht! Sicherlich ist die Kunst des Schreibens das Wunderbarste aller Dinge, die der Mensch ersonnen hat. Odins *Runen* waren die erste Form einer Heldenarbeit.« Der Großbuchstabe und das Ausrufezeichen sind für Carlyle charakteristisch. Jane Carlyles Erkennungszeichen sind die Anführungsstriche der Mimikry. So stehen die beiden Charaktere im Gleichgewicht, atmen die Kohlenluft von London, leiden an Schlaflosigkeit, an den abführenden Grausamkeiten ihrer Haferbrei- und Kartoffeldiäten, an Erkältungen und Kopfschmerzen, an den überdrehten Nerven zweier starker und doch in ständig gefährdeter Ordnung lebender Menschen.

Jane Carlyles Briefe, die nach ihrem Tod veröffentlicht wurden, sind brillanter, lebhafter und überlebensfähiger als alles außer den besten Romanen dieser Periode. Sie war eine so interessante Frau, so gut in der Unterhaltung, eine so fesselnde Geschichtenerzählerin, daß alle immer in sie drangen, Romane zu schreiben. Carlyle selbst sagte gerne, daß sie ihre eigenen Talente geopfert habe, um ihm in seiner großen Karriere zu helfen. Unter ihren Freundinnen in London gab es eine Reihe von Schriftstellerinnen. Einen Beruf zu ergreifen, war nicht undenkbar oder auch nur besonders wagemutig – und sie war kinderlos und er beschäftigt wie Thor oben in seinem Arbeitszimmer.

Es ist nur natürlich, sich Mrs. Carlyle nach der Lektüre der Briefe als Romanautorin vorzustellen. Da sind die kleinen Porträts einfacher Leute, die Begabung für die Anekdote, das flüssig hingeworfene Vergnügen an den alltäglichen Ereignissen. Aber ihr fehlt Ehrgeiz und das Bedürfnis – das psychische Bedürfnis, etwas zu schaffen, das außerhalb ihrer selbst Bestand hat. Einer der interessantesten Züge an Jane Carlyle ist das Vorherrschen des Gesellschaftlichen in ihrem Charakter. Nicht »Gesellschaft« im Sinne weltlichen Aufsteigens – im Gegenteil, auf dem Boden der »neuen Aristokratie« fügte ihr Gatte ihr später Wunden zu.

Das »Gesellschaftliche« bei Jane Carlyle war ihr Interesse am Alltäglichen, an ihren häuslichen Aufgaben und ihren Freunden – ihre Liebe zum Klatsch und ihr eifriges Hausfrauentum. Sie war geboren, in London zu leben, da ihre Natur die Klagen der Stadt über Erschöpfung, Kopfschmerz und Schlaflosigkeit wie selbstverständlich hinnahm. Trotzdem gab es ein gutes Teil schottischen Calvinismus in beiden Carlyles, und Schottland selbst, ihre Geburt und Jugend dort, war in hohem Maße Teil ihrer Charaktere. Jane Carlyle bewahrte aus ihrem provinziellen Hintergrund einen großen Vorrat an schottischen Spruchweisheiten und an Offenheit für das Exzentrische und Unerwartete an unauffälligen Menschen. Sie hatte ein wenig von Dickens' Auge für das Kommen und Gehen von Personen in ihrem Haus, auf der Straße, und auch sein Ohr für charakteristische Eigenheiten der Sprache. Dickens war sehr beeindruckt von ihr, und als sie starb, sagte er: »Keine schreibende Frau kommt ihr auch nur nahe.«

Die Tatsache, daß die Carlyles miteinander verheiratet waren, ist in sich etwas ungewöhnlich. Jane Welsh war ein Einzelkind. Ihr Vater war Arzt, und sie und ihre verwitwete Mutter spielten in der Kleinstadt Haddington eine wichtige gesellschaftliche Rolle. Sie galt als klug und war daran gewöhnt, ihren Willen zu bekommen. Carlyles Familie war arm und streng; sein Vater war ein kalter, aber irgendwie eindrucksvoller Mann, und die Kinder wuchsen zu vielversprechenden jungen Leuten heran. Carlyle selbst war unbeholfen, intensiv und aufgrund seiner intellektuellen Kraft und ehrgeizigen Konzentration immer schon etwas Besonderes. Seine Intelligenz war der Stein, in den die Linien und Rundungen eines extravaganten, exzentrischen Charakters gehauen wurden. Hier ist eine Schilderung von ihm, als er Student der Universität von Edinburgh war, bevor er Jane Welsh traf: »Der junge Carlyle war zu der Zeit schon von einigen Eigenheiten gezeichnet, die seine Persönlichkeit noch immer bestimmen – Sarkasmus, Ironie, Extravaganz des Gefühls, und eine starke Tendenz, andere geringzuschätzen, die sich indessen mit großer Freundlichkeit des Herzens und großer Einfachheit des Auftretens verband. Äußerlich ... war er hochgewachsen, schlank, unbeholfen, anscheinend nicht sehr kräftig ... Seine Rede war überfließend und bizarr.«

Daß Jane Welsh sich mit Carlyle abgab, scheint auf ihrer klaren Erkenntnis seiner intellektuellen Gaben beruht zu haben. Sie zögerte sehr, ließ ihn ihre ernsten und auch ihre launenhaftesten Zweifel wissen. Ihre Briefe zu diesem Zeitpunkt sind unverschämt, und sie scheint von ihrer Überzeugung, eine gute Partie zu sein, und seinem viel geringeren Anspruch auf Beachtung sehr ermutigt.

> Ich liebe Dich, ich habe Dir das schon hundertmal gesagt ..., aber ich bin nicht in Dich verliebt; damit will ich sagen, daß meine Liebe zu Dir mein Urteil nicht bewölkt und alle Rücksicht auf mich selbst und andere verschlingt ... Ich betrachte es als eine Pflicht, die jeder der Gesellschaft schuldet, die Stellung, die die Vorsehung ihm zugedacht hat, nicht fortzuwerfen; und angesichts dieser Überzeugung könnte ich nicht in eine Stellung einheiraten, die meiner eigenen unterlegen ist ... Du und ich in einem Haushalt in Craigenputtock! ... Nur Deine Unkenntnis des Ortes erspart Dir, verrückt genannt zu werden, da Du einen solchen Gedanken zuläßt ...

Dennoch nahm sie ihn und zog tatsächlich in die Wildnis von Craigenputtock, um dort sechs Jahre zu leben. Carlyle war in keiner Hinsicht etabliert, als sie heirateten; sie gab ihrer Überzeugung von seinem großen Wert nach. Jane war nicht sentimental wie Dorothy Wordsworth. Von Anfang an begann sie in ihren Briefen und in ihrer Konversation die amüsierte Kreation des häuslichen Carlyle. Als Schriftsteller ist er eine Eigenschöpfung, wie Zeus, aber die Person, mürrisch, selbstversunken, getrieben, intolerant, erwacht vor allem in ihren Londoner Briefen zu Leben. Aber vielleicht hat sie nie das Gefühl überwunden, daß sie sich, als sie Carlyle heiratete, auf ein originelles Abenteuer einließ, für das sie Bewunderung verdiente. Bei allem Witz war sie sich bewußt, daß sie bei der Kreation Carlyles eine große Rolle spielte. Sogar sie war eine Art von Kollaborateurin in seiner heiligen Mission.

Die Carlyles wirken sehr modern. Vielleicht gibt die Tatsache, daß sie kinderlos waren, den Arrangements ihres Lebens einen vorläufigen, einen versuchsweisen Aspekt. Sie richteten sich in Cheyne Row respektabel und doch angemessen bohèmienhaft ein. Ihre Sachen waren interessant

und bequem, aber keineswegs grandios oder luxuriös. Nach ihrer verwöhnten Jugend, ihrer Brillanz in ihren Studien, der Achtung, die sie in ihrer Umgebung genossen hatte, war es *dies*, worauf sie nun privat fußte: das Haus angemessen, wenn auch nicht streng, mit einem Bediensteten, und manchmal keinem, zu führen; Umsicht in finanziellen Dingen, Besuche beim Steuereinnehmer, um zu protestieren (»Wo ist Mr. Carlyle?« wollten die wissen); saubermachen, Staub wischen, Ungeziefer vernichten, Nähen, Handwerker beaufsichtigen.
Sie tat das mit einer nervösen, besorgten Art schottischer Effizienz, die nie ganz das Erstaunen verlor, daß dies tatsächlich ihre Pflichten waren. Der Ton ihrer Briefe ist zurückhaltend, und ihre Gefühle verbergen sich immer hinter der Maske des Humors und der Wohlerzogenheit und des Stolzes, die ihr direkte Bitten um Sympathie unmöglich machten; es ist nicht leicht, die wahre Bedeutung ihrer persönlichen Ausbrüche einzuschätzen. Als sie einen Abend damit verbracht hat, Mr. Carlyles Hosen zu flicken, schreibt sie: »Da ich ein Einzelkind war, habe ich immer gewünscht, nie an Männerhosen nähen zu müssen – nein, nie.« Ihr Zauber, die Freude, die andere Menschen an ihrer Gesellschaft hatten, ihre eigene *Berühmtheit* als ganz besonderer Mensch fügte diesen Pflichten viel hinzu. Sie wurde bewundert, geliebt und besaß ihre eigene Gruppe von Vertrauten, die Mazzini einschloß und die wilde Romanautorin Geraldine Jewsbury. Aber Carlyle nahm mit einiger Natürlichkeit und großer Unvermeidlichkeit ihren Zauber und ihren Witz als etwas Alltägliches, etwas Selbstverständliches hin. Es war immer noch *sein Recht*, sein Bedürfnis zu schreien, wenn jemand im Nachbarhaus begann, Klavier zu spielen, die schrecklichen Anstrengungen seiner Arbeit zu Hause auszulassen.
Seine Gesundheit und seine Launen waren furchtbar; ihre Gesundheit und ihre Zunge waren entsetzlich. Ein typischer Brief:

Carlyle ist von seiner Reise sehr giftig zurückgekehrt und ist bis zu dieser Stunde sehr giftig geblieben. Das Maß an Gift, das er in diesen Fällen zu mir nach Hause bringt, ist manchmal »entsetzlich grandios!« Aber selbst durch dieses zerstörerische Medium hindurch war er doch von einer »gewissen Bewunderung« getroffen angesichts der immensen Nadelarbeit, die ich in seiner Abwesenheit vollbracht habe, in Gestalt von Sesselbezügen, Sofabezügen, Fenstervorhängen usw., usw., und von all den anderen offensichtlichen Verbesserungen, in die ich mein ganzes Genie und meinen ganzen Fleiß und kaum vorstellbar wenig Geld gesteckt hatte!

In den Briefen wird es alles zur Komödie. Carlyle entschied, daß die anstrengende Verschönerung des Hauses nicht hinreiche, daß er ganz oben ein Arbeitszimmer brauche, einen Raum, der auf das Dach gesetzt werden sollte. »Heraus wieder die Teppiche, die meine eigenen Hände festgenagelt hatten, herein stürzten die Truppen inkarnierter Dämonen, Maurer, Schreiner, Maler ... Mein Gatte rang angesichts des Tumults, den er selbst verursacht hatte, praktisch die Hände und raufte sich die Haare wie ein deutscher Zauberlehrling, der genug gelernt hatte, den Besenstiel Wasser holen zu lassen, aber den Zauberspruch vergessen hatte, der ihn zurückrief.«

Sie beendet den Brief mit den Worten: »Ach, man kann sich auf dem Papier über all dies lustig machen, aber in der Praxis, das versichere ich Dir, ist es alles andere als ein Spaß. Man kann es indessen nicht ändern; ein Mann kann sein Genie nicht wie ein Amt verwalten.«

Es ist fast schändlich, sich diese Briefe mit anderen Gefühlen als Dankbarkeit anzusehen, Dankbarkeit für das intensive, fließende Bild, das sie uns von dem Leben der beiden geben, für die Brillanz der Sozialgeschichte, die in ihnen liegt. Das Haus in der Cheyne Row 5 wird ein viktorianischer Schatz, selbst eine Persönlichkeit. Der Wert von Jane Carlyles Briefen liegt vor allem in der Wiedergabe der prosaischen Szenerie, in der eine so wahrhaft überwältigende viktorianische Energie wie die Carlyles existierte. *Friedrich der Große* kostete ihn dreizehn Jahre (»Wäre Friedrich doch als Baby gestorben,« sagte Jane); *Oliver Cromwell* verbrauchte vier Jahre. So ging es Carlyles ganzes Leben hindurch. Seine Disziplin und sein Evangelium der Arbeit fanden ihre schreckliche Apotheose in seiner eigenen Praxis. Das ist etwas ganz anderes als Teppiche festzunageln und Vorhänge auszuschütteln.

In Jane Carlyles Briefen liegt etwas Subversives; der Ton ist von der verehrenden Stimmung, die Dorothy Wordsworth fast natürlich annahm, weit entfernt. Sowohl die Tagebücher der Schwester des Dichters als auch die Briefe der Frau des großen Propheten sind Wege, die eigene Identität zu entdecken und zu erhalten. Es ist leicht, sich vorzustellen, daß die stetige literarische Arbeit, die um die zwei Frauen herum vor sich ging, sie selbst herausforderte; der höchste Wert verband sich mit dem Sitzen an einem Schreibtisch und der über das Papier huschenden Feder. Beide waren ungewöhnlich begabt, aber die beiläufige, spontane Form ihres Schreibens ist in sich selbst das äußerste Risiko. Sie haben nicht damit gerechnet, daß wir ihre Texte einhundertfünfzig Jahre später in Händen halten, sie lesen. Nur durch den glücklichsten Zufall haben sie überlebt, und sicher gingen viele Briefe verloren. Janes Briefe hätten durchaus nicht gesammelt werden müssen, aber *Die Französische Revolution* wäre zweifellos erschienen; »Erinnerungen an eine Wanderung in Schottland« hätte untergehen können, während *Der Ausflug* nicht für das Vergessen geschrieben wurde.

Jane Carlyles Briefe haben sehr den Charakter einer für sie notwendigen gesellschaftlichen Kommunikation. Sie sollen Freude machen, ihre einzigartige Weise, die Geschehnisse des Tages zu schildern, bewahren und weitergeben. Sie sind

Bilder von Dingen und Menschen, Imitation, Mimikry, eine schmale Art von Autobiographie. Die meisten der Briefe, die uns erhalten sind, waren an Familienmitglieder gerichtet und an sehr enge Freunde, die gewöhnlich in Schotttland lebten. Die größte Anzahl richtet sich an Carlyle selbst. Sie gleichen einander sehr, weil der Ton früh eingeführt wird und sich lange fortsetzt; er ist vertraulich, leicht, in Grenzen persönlich. Die Briefe erzählen von einem Versuch, mitten im Betrieb von London zu leben, ihre Gefühle füreinander in geordnete Bahnen zu lenken, von ihren unsicheren Temperamenten, ihren schlechten Nerven, seiner Arbeit – und davon, wie sie versuchte, aus all dem ein annehmbar einfaches und anspruchsloses Leben zu machen, das dennoch ihrer seltsamen und wertvollen Persönlichkeit würdig war.

Eines der Dinge, die das Leben für die Carlyles schwer machte, war die Tatsache, daß sie beide soviele Bürden des Körpers und der Seele miteinander teilten; im Unisono hört man ihre Klagen, und natürlich ist da niemand, der antworten könnte. Ihre Hypochondrie und Neurasthenie sind skandalös. Jane hatte Kopfschmerzen, eine Neuralgie, die nur selten wich, Schlaflosigkeit, die wie ein Eisenbahnzug durch die Nacht raste, Verdauungsstörungen, Übelkeit, Schmerz und Qual jeder Art. Harriet Martineau beobachtete, daß Mrs. Carlyle acht Grippeanfälle in jedem Winter hatte; sie war zart und erschöpft, bleich, und konnte doch durch ein interessantes Ereignis aus ihrer Invalidität gerissen werden. Carlyle litt unter Kopfschmerzen, Schlaflosigkeit, Verdauungsstörungen, Melancholie, Übellaunigkeit, Reizbarkeit. Sie nahmen enorme Mengen von Pillen und Tränken, und anscheinend wurde Mrs. Carlyle gegen ihre Lebensmitte morphinsüchtig. Das scheint ihr häufiges Erbrechen ausgelöst zu haben und ihre Neigung, in Ohnmacht zu fallen. In ihren größten Leidensjahren in den frühen 1850ern wurde sie von Depression, Eifersucht und Selbstmordgefühlen bis

zum Wahnsinn heimgesucht. Auch er war kaum jemals frei von Depression und Reizbarkeit, und er war nicht in der Lage, den Strom von extremen Ansichten in seinem Denken und den Ausdruck dieser Meinungen zu zügeln. In seinen späteren Jahren ermahnte Carlyle die Menschheit zu einem opferbereiten Leben der Arbeit und des heroischen, männlichen Schweigens. Mazzini bemerkte, daß Carlyles Liebesaffäre mit dem Schweigen »nur platonisch« gewesen sei.
Von Carlyles Ideen oder von den Themen seiner Bücher findet sich sehr wenig in Janes Briefen. Und es ist natürlich alles Idee, gefangen in der Heroischen und Prophetischen Tendenz, die ihn schließlich mit dem unwürdigen autoritären und deprimierenden Zorn und Hochmut der *Latter-Day Pamphlets* überschwemmt. Er verschmäht Demokratie und Frauenwahlrecht. Ein Besuch in einem Reformgefängnis zieht einen Hagelsturm haßerfüllter Attribute nach sich. »Diese verworfenen Affen, Wölfe, Ochsen, Kobolde und anderen teuflisch-tierischen Exemplare der Menschheit, wer selbst von den Göttern hätte sie je mit Liebe lenken können? Ein Joch um den Nacken und eine Kutscherpeitsche über dem Rücken erhoben; dies, in einer gerechten und ruhigen Hand, wäre, was die Götter ihnen zugewiesen hätten ...« John Stuart Mill zerfiel mit Carlyle über der Gewalttätigkeit solcher Gefühle und Empfehlungen, und dieses Werk wurde von der Presse generell schlecht aufgenommen.
Als Carlyle alterte, wurde er seinen Zeitgenossen gegenüber immer aggressiver und übellauniger. Sein Ruf litt unter seinem zunehmenden Mangel an Großzügigkeit und Offenheit und unter seinem grämlichen Eigendünkel. Besucher in Cheyne Row verließen das Haus in Zorn und Enttäuschung. Es ist nicht bekannt, daß Jane seine Meinungen ablehnte, und Julian Symonds zeichnet in seiner Carlyle-Biographie ein bedrückendes Bild einer Frau, die seine verschrobenen Neigungen nicht auf intellektueller Ebene bekämpfte, son-

dern privat und emotional bitterer und unglücklicher wurde und in persönlichen Dingen noch vernichtender über ihn urteilte. »Es gibt die Geschichte, daß eine Gruppe von Leuten in seinen (Carlyles) letzten Jahren in seiner Gegenwart die Albernheit und blinde Anbetung diskutierten, durch die die Frauen großer Männer ihre Gatten oft wie Narren erscheinen ließen. ›In dieser Hinsicht‹, sagte er, ›bin ich gnädigst verschont worden.‹«

In der Tat scheint Jane Carlyle sich nicht leidenschaftlich für die Ordnung und die Werte der Gesellschaft interessiert zu haben – die Flamme, die mit so wahnsinniger Intensität in ihrem Gatten loderte. Ihre Freundschaft mit Mazzini war eng. Sie schenkte ihm eine Locke von ihrem Haar und vertraute ihm einige ihrer Klagen über Carlyle an, aber sie nahm seine Pläne und Hoffnungen für Italien nie ernst. Sie hatte ihr Leiden und ihre Enttäuschung auf eine private, nörgelnde Unerfülltheit verengt.

Wo lag das Problem? Es ist sehr schwierig, das Ganze mit einiger Gewißheit in eine Ordnung zu bringen. Die unglaubliche Frage nach Carlyles Impotenz hat keine Chance, je in Vergessenheit zu geraten. Froude, der Historiker-Jünger Carlyles, dem die Drucklegung von Janes Briefen und von Carlyles seltsamem, reuevollen literarischen Denkmal für sie anvertraut wurde, scheint Carlyle sehr viel weniger gemocht zu haben, als dieser wußte. Der Mann war kaum im Grab, als Froude sich schon an die Papiere setzte, die Biographie begann und Carlyles Reputation so viele Wunden und Abschürfungen zufügte, daß sie sich nie mehr erholte. Froude sagte, daß »Carlyle nie hätte heiraten dürfen.« Die Anklage hat überlebt und zog später neue Energie aus Frank Harris' Versicherung, ein Arzt habe Jane in ihren Vierzigern untersucht und eine *virgo intacta* vorgefunden. Jane soll angeblich die Geschichte über ihre Hochzeitsnacht erzählt haben – daß sie in Gelächter ausbrach, als er sich zu täppisch anstellte, und er »mit dem verächtlichen Wort ›Frau!‹ aus dem

Bett stieg, ins Nachbarzimmer ging und nie wieder in mein Bett zurückkam.«

Carlyles Wesen ist so voller Selbstvertrauen und aufs Große gerichtet, daß es sehr schwer ist, sich ihn als in dieser Hinsicht blockiert und unfähig vorzustellen. Ihre Briefe aneinander sind voller begeisterter Wertschätzung füreinander und strahlen eine besessene Abhängigkeit schon von der bloßen Präsenz des anderen aus – Umstände, die mit vierzig Jahren Keuschheit und Distanz kaum in Übereinstimmung zu bringen sind. Was das erbarmungswürdige Elend und die Bitterkeit der Ehe entstehen ließ, war zumindest von sekundärer sexueller Natur – Janes Eifersucht und rasende Wut über Carlyles Freundschaft mit Lady Ashburton. Daß diese Eifersucht nicht sexuell gewesen sein mag, vermindert nicht ihre tiefe Qual. Letztlich scheint es so, als habe Carlyles Empfindungslosigkeit gegen ihre Wünsche Jane Carlyle in einen zerstörerischen Wahn von Rage und Depression, Morphin und Tabletten getrieben.

Lady Ashburton war eine mächtige, intelligente, reiche Frau, die Carlyle sehr viel mehr schätzte als Jane. Sie bemühte sich sehr um ihn, lud sie beide in ihr Landhaus, »The Grange«, ein und nannte ihn »den Propheten«. Bei Lady Ashburton war Carlyle der Star. Er, der daran gewöhnt gewesen war, gegen alles gesellschaftliche Leben mit der Klage, »darin liegt nichts Gesundes für mich«, oder »Wohlergehen ist für mich nur in Einsamkeit möglich,« zu protestieren, schlug plötzlich und überraschend neue Töne an, war nun jederzeit bereit, Festlichkeiten beizuwohnen, ausgedehnte Besuche zu machen, jederzeit zur Verfügung zu stehen. Er hatte Muße, Reichtümer oder Entspannung nie geschätzt, aber nun schien er plötzlich eine Zuneigung zum bequemen Luxus der Stadt- und Landhäuser gefaßt zu haben. Autoritäre Haltungen und die Achtung vor dem Privileg wuchsen ihm zu wie graue Haare, die er kaum bemerkte.

Lady Harriet war sechs Jahre jünger als Jane, ziemlich

stattlich und in einem äußersten, verwirrenden Maße von ihrer eigenen Bedeutung überzeugt. Sie war gemäßigt unkonventionell, aber unberührt von jeder Selbstprüfung oder von komplizierten Bescheidenheiten und Charaktereinschätzungen. Nachdem sie ihn einmal kennengelernt hatte, begann sie, ihn zu verfolgen, ihm zu schmeicheln, und sie entwickelte das dringende Bedürfnis, ihn in ihren Kreis und ihre Aktivitäten hineinzuziehen. Auch Lord Ashburton akzeptierte Carlyle mit großer Wärme.

Von Jane war Lady Ashburton sehr viel weniger entzückt. Jane war als Kind angebetet worden und nun sehr beliebt unter Schriftstellern und Freunden in London, aber ihr Stil und ihr Ton waren für die Ladies der Aristokratie nicht leicht hinzunehmen. Sie war zu ironisch und humorvoll, ihre Freude über einen spottenden Satz war zu deutlich; und was noch wichtiger war, ihr Witz glänzte als eine Art sehr privaten Juwels. Sein Strahlen hing davon ab, daß jeder ihn erkannte, die Form, die Stimme. Lady Ashburton ging freundlich und korrekt mit Jane um, aber das nützte nichts. Auch war die Gesellschaft bei den Ashburtons, wo Carlyle glühend in der Aufmerksamkeit badete, die man ihm entgegenbrachte, viel reicher und in jeder Hinsicht anders als die Art von Leben und Lebensziel, die Carlyle Jane zu schätzen gelehrt hatte.

Das Schlimmste war, daß Carlyle sich plötzlich von seinen alten Ideen abgewandt hatte – von den schottisch-calvinistischen Auffassungen, die beide gemeinsam hatten. Er fühlte sich durch die Dogmen von Arbeit, Pflicht und spiritueller Kraft nicht länger gebunden. Er war nun auf dem Weg, der zur Neuen Aristokratie führte. Lady Ashburton war ein guter Ausgangspunkt. Wenn sie ihn zu sich rief, antwortete er: »Sonntag, ja, meine Wohltäterin, so soll es sein; der dunkle Mann wird wieder die Tochter der Sonne treffen, für eine kurze Weile; und wird erleuchtet sein, als wäre er nicht dunkel.«

In den Jahren zwischen 1846 und Lady Ashburtons Tod 1856 war das Leben der Carlyles bedrückend unglücklich. Ihre große Ehe, die Zusammenarbeit zweier überlegener, gequälter Seelen wurde zu einer Brutstätte von Elend, Unzufriedenheit und Frustration. Jane Carlyles tolerante Ironie verließ sie. Sie konnte Carlyles Gleichgültigkeit gegen ihre Gefühle nicht ertragen, seine Vernachlässigung ihrer Wünsche. Es war schlimm genug gewesen, als seine Arbeit ihn anspruchsvoll und herrschsüchtig gemacht hatte, aber ihn Vergnügen und Entspannung in anderer Gesellschaft als der ihren finden zu sehen, war unerträglich. Dennoch, ihre Emotion ist so extrem, daß man zu dem Schluß getrieben wird, diese besondere Vernachlässigung stand stellvertretend für sehr viel größere Gefühle als die freundlichen, mehr oder minder harmlosen Ansprüche von Lady Ashburton.

Es scheint so, als seien alle Anstrengungen Jane Carlyles durch Lady Ashburton, ihren Reichtum, ihre Arroganz, ihre Geburt, dramatisch in Frage gestellt worden. All die Teppiche, das Ungeziefer, die Tapeten und das Hämmern, die Schöpfung von Cheyne Row, um Carlyles Bedürfnisse einzufrieden und zu behausen, waren weder der reine Ausdruck von Janes eigener Natur noch ein Anspruch, so schien es, auf seine Treue. Für wen hatte sie geschuftet? Das Haus mit einer einzigen, nicht immer gesicherten Bediensteten zu führen, war ein Triumph gewesen; die komischen schottischen Mädchen waren *ihr* Material, und die Geschichten um sie gehören zu den besten in ihren Briefen. Aber ihr Verhalten ihnen gegenüber weist auf einige der Defekte und Schwierigkeiten in ihrem Charakter. Jane Carlyle brauchte selbst eine Menge Pflege und Sorge. Ihre Katastrophen mit dem Personal wurden tapfer und humorvoll ausgehalten, aber die Art ihres Umgangs mit ihnen war ein Spiegel ihres tiefsten, verborgenen Wesens – das eines klugen, verwöhnten und anspruchsvollen Einzelkindes.

Wenn eine Bedienstete auftauchte, stellte Jane sie sich als

den Inbegriff von Güte, Freundlichkeit und Vertrauen vor; das arme Geschöpf sollte ihr eine exaltierte Liebe entgegenbringen, Rücksicht, Tüchtigkeit, Aufmerksamkeit, Muße und Trost ausstrahlen, Dinge, die Jane Carlyle insgeheim glaubte beanspruchen zu dürfen. »Sie ist bei weitem das liebenswürdigste Dienstmädchen, das ich je hatte; ein sanftes, hübsches, süßes Geschöpf mit einer unschuldigen, gewinnenden Wesensart.« So hofft sie am Anfang, wieder und wieder, aber bald sinkt die Hoffnung, und die Realität besteht aus Tieren, Trunkenbolden, Diebinnen, die nicht kochen oder saubermachen können. Da ihre Sehnsucht sie nie verließ, konnte Jane Carlyle sich das Gefühl erhalten, daß sie etwas Wichtiges und Nobles tat, wenn sie das Leben dieser Menschen gestaltete, ja schuf, und dafür große Schwierigkeiten auf sich nahm. Besonders, da sie, für soetwas nicht geboren, die Kraftquelle, die Bewegerin dieses Haushalts war. Sie hatte Carlyles bärenhafte Unbeholfenheit ertragen, sein Murren, seinen phantastischen, verzehrenden Arbeitswahn, seine Verweigerung jeder praktischen Aufgabe. Sie hatte sich nie als sehr tüchtig empfunden, wenn sie Dinge tat, die sie lernen mußte; sie gingen gegen ihre Natur.

Sie hatte irgendetwas – es war nicht ganz klar, was – vergeblich für Carlyle geopfert, und diese Erkenntnis, wenn es denn eine war, erklärt ihre übersteigerte Erregung über Lady Ashburton. Einigen seiner Bedürfnisse genügte sie nicht, dazu fehlte ihr Wissen und Empfindsamkeit. (Ihre alte Gleichgültigkeit gegenüber der Sache, während sie den Schöpfer liebte.) Carlyles Wunsch zu glänzen wuchs und damit der Wunsch, noch unberührte Seelen zu finden, auf die er herabglänzen konnte. Seine Ideen und Programme waren erschöpft. Er war ein Prophet, der Angst hatte, nichts mehr zu prophezeien zu haben. Und auf eine traurige Weise verwandelte sich sein geistiger Wahn in Charakter. Er war von seinen Fehlern und Verzerrungen nicht mehr zu trennen. Die Pläne, an deren Verwirklichung er mit Lady Ashburton und ihren Freunden arbeitete, waren klein und wenn auch wertvoll, so doch ein Rückschritt im Licht der größeren Fragen, von denen er sich nun abkehrte. Seine Projekte forderten nur Geld; er verlangte von seinen neuen Freunden nicht, daß sie ihr Leben änderten oder die Gesellschaft moralisch erneuerten. Die Londoner Bibliothek, neue Parks, sowas. Die Angehörigen der Aristokratie sollten »sich endlich regen«, um die Angriffe des faulen Pöbels an ihrer Tür abzuwehren.

Carlyle, zu Hause mürrisch, ließ sich in der opulenten Wärme von Bath House, dem Stadthaus der Ashburtons, aufheitern. Aber für Jane waren die Besuche eine Qual; es war ihr unmöglich, sich zu entspannen, und offenbar hatte sie das demütigende Gefühl, ein Anhängsel zu sein, *da*, aber nicht notwendig. Als sie zeigte, daß sie unglücklich darüber war, daß Einladungen ohne ihre Zustimmung angenommen wurden, ging ihr Gatte allein, sogar wenn sie krank war und ihn zu Hause brauchte. Carlyle wurde gereizt, unempfindlich gegen die Tiefe ihres Unglücks oder einfach rücksichtslos gleichgültig. Er schrieb: »Oh, meine Jeannie! Meine liebe, gute Jeannie! In welche Bahnen geraten wir?« Aber er ging auf jeden Fall zu den Ashburtons und blieb fünf Tage. Eine Zeitlang führten er und Lady Ashburton aufgrund der Hysterie, in die Mrs. Carlyle sich gestürzt hatte, eine heimliche Korrespondenz.

Es erscheint alles unwichtig, ohne Proportion, einer jener trivialen Punkte, auf die sich eheliche Wutausbrüche unbeholfen stützen. Aber der Zorn und die Streitereien verdunkelten ihr Leben. Das Traurige daran ist, daß selbst eine kluge und einzigartig attraktive Frau wie Jane Carlyle durch die Überzeugung, nur geopfert zu haben, um nicht mehr geschätzt zu werden, zur Verzweiflung getrieben wurde und Carlyle mit sich zog.

Zu dieser Zeit begann sie, ein melancholisches kleines Tagebuch zu führen. Es ist bitter, klagt rückhaltslos über genau jene Erniedrigungen, die in den Briefen mit vorsichtigem Amusement abgehandelt wurden. Da ist ein Maß an Ressentiment in ihren Eintragungen, eine Andeutung von Rachegefühlen, vielleicht aber will sie auch Carlyle über ihre wahren Gefühle belehren. »Ewig dieses Bath House. Ich frage mich, wieviele tausend Meilen Mr. C. zwischen hier und dort gegangen ist, alles zusammengenommen; und immer ein neuer Meilenstein und Anker zwischen ihm und mir ... Als ich dieses schwere gelbe Haus zuerst erblickte ..., wie weit war ich davon entfernt zu träumen, daß ich seines jeden Steines Gewicht auf meinem Herzen tragen sollte.«

Mrs. Carlyles plötzlicher Tod stürzte ihren Mann in tiefe Trauer. Er lebte weiter und weiter, sechzehn Jahre, immer melancholisch, einsam und erfüllt von seiner verlorenen geliebten Frau und ihren einzigartigen Qualitäten. Er las ihr Tagebuch der Ashburton-Jahre. (Lady Ashburton starb 1856, zehn Jahre vor Jane. Das unmittelbare, quälende Leiden wich, aber die allgemeine Bitterkeit blieb, nun gehärtet durch Krankheit, Depression und die Verfestigung zorniger Gefühle auf beiden Seiten.) Er las Janes Briefe wieder. Reue ergriff Carlyle – eine merkwürdige, chronische, pulsierende, nachdrückliche Reue. Er verehrte die brillanten Briefe, sah das Entzückende in ihnen und auch die Unterströmung atemloser Anstrengung, mit der sie ihr gemeinsames Leben erschaffen hatte.

Es scheint seine Auffassung gewesen zu sein, daß sie die ganze Sache mit Lady Ashburton mißverstanden hatte. »Oh, könnte ich sie doch nur fünf Minuten sehen, um ihr zu versichern, daß ich sie wirklich die ganze Zeit hindurch liebte! Aber sie wußte es nie, sie wußte es nie.« Er sammelte ihre Briefe und bereitete sie für die Veröffentlichung vor, übergab sie vor seinem Tod Froude, der sie publizieren sollte; und er schrieb sein seltsames, fast seniles, reuevolles literarisches Denkmal für sie, die *Reminiscences* (Erinnerungen).

Er setzte sich nieder, um sie zu schreiben und sah sich sofort und unmittelbar allen Widersprüchen und Rätseln von Jane Carlyles Platz im Leben und in der Ordnung der Dinge gegenüber. Es war nicht der Umriß ihres Lebens – den er kannte oder aus ihrer langen Ehe zu kennen glaubte. Nein, es war viel tiefer, viel rätselhafter, viel pointierter. Als er die Arbeit, die Komposition, begann, sollte es kein Familiendokument werden, keine Erinnerung; es sollte stattdessen ein richtiges Buch sein. Was also war sie, was an ihr hatte Anspruch auf die Aufmerksamkeit der Welt, auf Druck, auf eine Art Biographie? Nicht einmal er mochte glauben, daß sie allein als seine Frau bereits ›Eminenz‹ genug besaß, auch konnten es ihre hochoriginellen und reizvollen persönlichen Eigenschaften nicht sein. Auf der anderen Seite war sie gewiß kein Schiller, nicht einmal sein Freund – wie der Prediger Edward Irving oder der Theologe John Sterling –, über die er schrieb.

Am Ende wurde das Rätsel nie gelöst, und das Werk ist sowohl öffentlich als auch privat. Es ist eine Ode an eine verlorene Liebe und eine seltsame und traditionell angelegte Darstellung eines Lebens. Der Beginn ist klassisch, aber es mischen sich Sorge und kompositorische Verwirrung, was seine Intentionen angeht, darein.

> In der alten Provinzstadt Haddington wurde einem jüngst verheirateten Paar, das dort nicht ansässig war, aber bereits zu den bestangesehenen Leuten zählte, am 14. Juli 1801 eine kleine Tochter geboren, der sie den Namen Jane Baillie Welsh gaben, und deren späterer und schließlicher Name (sie selbst zeichnete so auf viele Jahre) *Jane Welsh Carlyle* war, und der nun, da sie nur im Tode mein ist, auf ihrem und ihres Vaters Grabstein in der Abbey Kirk jener Stadt steht.

Das Werk ist erfüllt von schuldigen Hyperbeln, aber er nimmt seine Schuld so offen auf sich, mit so männlicher Uneingeschränktheit, daß wir sofort sehen, es sind jene

Schuldgefühle, die man mit großer Bereitschaft als Befriedigung des Ego annimmt. Dennoch, er mußte entscheiden, was Jane war, was sie aufgegeben hatte, um ihm allein zu gehören, und bald stellt er sie in seinen Gedanken, was Kreativität angeht, über George Eliot und George Sand. Vor dieser Übertreibung und mangelnder Präzision verblaßt die Ungewöhnlichkeit der Briefe. Sie sind nicht definiert, nicht überdacht, nicht umsichtig eingeordnet.

Als Jane Carlyle saubermachte, fegte und die Haushaltsausgaben in diskreten Grenzen hielt, setzte sie auf das, was sie tat, sicherlich keinen Preis. Aber natürlich gab es einen versteckten Preis. Er bestand darin, daß Carlyle im Austausch für ihre Arbeit, ihre Ergebenheit, ihren besonderen, wenn auch ein wenig satirischen Charme, zum Beispiel nicht zu Lady Ashburton ging, wenn sie ihn lieber zu Hause haben wollte. Das ist der unausgesprochene Kontrakt einer Ehefrau und ihrer Arbeiten. Auf lange Sicht werden Ehefrauen in einer besonderen Münze ausgezahlt – Rücksicht auf ihre Gefühle. Und gewöhnlich stellt sich heraus, daß dies zu einer enormen, undenkbaren Inflation wird, die nur wenige Männer einzulösen gewillt sind, und wenn, dann mit dem Gefühl, zuviel zahlen zu müssen.

Es ist traurig, über Jane Carlyles letzte Jahre nachzudenken. An vielen ihrer nächtlichen Qualen ist die Neurasthenie schuld. Aber sie besitzt soviel Fröhlichkeit und Vernunft, daß wir kaum auf die Verheerungen vorbereitet sind, die das Gefühl, unterschätzt, überfordert und um den Trost eines dankbaren Gatten betrogen zu sein, in ihr anrichtete. Als sie Carlyle einmal sagte, daß sie an einem bestimmten Moment daran gedacht habe, ihn zu verlassen, antwortete er: »Ich glaube nicht, daß ich dich vermißt hätte. Ich war gerade zu der Zeit sehr mit Cromwell beschäftigt.« Die rasende Produktivität der Viktorianer zerrüttete Nerven und ruinierte Mägen, aber sie war in sich nobel, ruhmreich und ehrfurchtgebietend.

Jane Carlyles subversive Ironie und ihre Ambivalenz machen sie zu der interessantesten Ehefrau, die wir aus dieser Epoche kennen. Es ist sehr riskant, sie als gescheiterte Romanautorin oder als eine in irgendeiner anderen Form »geopferte Schriftstellerin« zu sehen. Alles, wonach wir suchen können, sind die Öffnungen, auf die sie – und auch Dorothy Wordsworth – stieß, die kleinen Gassen der Selbstdarstellung, die Pfade, die sie fand, und die eigentlich Wege waren, das emotionale Material des Alltags zu beherrschen. Das Zufällige des Ganzen, die Bescheidenheit, das Zeitweilige und immer wieder Unterbrochene der Arbeit – darin liegt Pathos. Was einen schließlich als der größte persönliche Verlust dieser schriftstellerischen Karrieren trifft, ist die Tatsache, daß die literarische Arbeit für die Frauen nicht wirklich ein Bollwerk bilden konnte gegen das Leiden unter Vernachlässigung und gegen die Demütigungen der Lieblosigkeit. Den viktorianischen Männern, so abstrus viele von ihnen auch waren, wurden diese Gefühle des Versagens, der wankenden Zuversicht und der Furcht vor Nutzlosigkeit erspart.

Verführung und Betrug

Die Verführung mag verhängnisvoll sein, sogar tragisch, aber der Verführer bei seiner Arbeit ist im Wesen komisch. Es ist eine Frage, ob es so etwas wie Verführung gibt, wenn die Gefühle eine Rolle spielen; und dennoch ist dies eine trübe Sache, weil die Gefühle, selbst die zärtlichen, dazu neigen, sich unter dem Einfluß von Erfahrung, Befriedigung oder Enttäuschung zu vermindern, zu verstärken, zu verändern. Der Verführer als Typ, oder als Archetyp, berührt unsere tieferen Gefühle kaum, wenn nicht etwas Exzessives in ihm steckt, etwas Kompliziertes und Verworrenes und geheimnisvoll Fesselndes in einer Natur liegt, die dazu gekommen ist, sich selbst über das bloße Faktum Sex zu definieren. In den meisten Fällen deutet das Wort »Verführung« auf eine durchgehaltene, bewußte Anstrengung. Wenn sie Erfolg hat, suchen wir ganz selbstverständlich nach einem Mangel an Entschlußkraft und Widerstand im Opfer; wenn man mit energischem Mißtrauen nachforscht, findet die Schlauheit bald Spuren von Einverständnis und Komplizentum. Eine Verführung ist das genaue Gegenteil des Abrupten – der Vergewaltigung natürlich.

Die interessantesten Verführer sind in Wirklichkeit Vergewaltiger; Don Giovanni und Lovelace zum Beispiel. Ihr ganzer Charakter ist gefangen in der Schinderei der Beherrschung, und sie schleppen sich immer weiter, nie befriedigt, nie in Ruhe, mythisch hungrig. Die Tatsache, daß die beiden erwähnten Gestalten Edelleute sind, verleiht ihrer Besessenheit eine stechende Kompliziertheit. Sie haben ein natürliches Verhältnis zum Ritual, und die Geburt verleiht Rechte und läßt Grausamkeiten verschwimmen. Was wir in einem Edelmann als eine verfehlte Übertreibung der Begierde auffassen, wäre in einem Mann von weniger Vorstellungskraft und geringerer sozialer und persönlicher Ausstattung einfach grob oder verbrecherisch. Im einfachen Mann ist das exzessive Bedürfnis nach Sex abstoßend. Edelleute riskieren nur, sich lächerlich zu machen. In Ispagna allein *mille e tre* besessen zu haben, ist eine sehr anstrengende selbstauferlegte Pflicht, und auch sehr komisch.

Die Gefahr der Lächerlichkeit muß in der Literatur umgangen werden, wenn der Mann Kraft, Magnetismus, Geist behalten soll. (Um Würde geht es selten, da es das Zeichen des Edelmannes ist, Würde als eine gegebene Qualität zu betrachten, die ihn als letzte verlassen wird). Wenn der Don in Mozarts Oper in der ersten Szene an Anna herumzerrt, in deren Schlafzimmer er wie ein Einbrecher gestürzt ist, wissen wir, daß er ein vollständiger Narr ist. (»Wie kann ich glauben, daß ein Edelmann eines solchen Verbrechens schuldig ist?«« fragt Don Ottavio, ein weiterer Narr.) Erst als der Don den Vater Donna Annas, den Commendatore, ermordet, wird er zu einem Charakter, zu einer Schöpfung. Er, der ein Narr war, ist plötzlich unheimlich geworden, böse, verdammt; die Aufmerksamkeit springt sofort vom Opfer, der angegriffenen, schluchzenden Frau, zurück zu dem großen Gewalttäter. Der Don hat immer noch kein Motiv, und wir verstehen seine rasenden Bedürfnisse nicht, dennoch, wir sehen, wie umfassend sein Wille ist, sein Trotz, wie verheerend seine leere Energie. In der Oper wird der Don schließlich eine grausame, sinnlose Tapferkeit im Ausleben seiner Natur bis an das Ende beweisen.

In der Verschwendung von Sinnlichkeit, in seiner Langeweile, in seinen Zwängen zeigt der Don niemals Liebe oder Mitleid den Frauen gegenüber. Ästhetisch akzeptieren wir das bald als den Rahmen seiner Existenz; damit sind wir frei, mit ihm einen Schritt weiter zu gehen. Wir akzeptieren, daß ihn der gleiche Mangel an Mitleid mit sich selbst davor bewahrt, ein bedeutungsloser Laffe zu sein. Es gibt an dem Don keinen Impuls, sich selbst zu schützen. Wenn er an die Gunst irgendeines höheren Edelmannes appelliert hätte, wäre er in jeder Hinsicht verächtlich. So ist er furchtbar, in sich selbst gefangen. Seine ausschweifenden Gefühle und sein *tutte quante* sind ein bösartiges Geschwür, das er entweder durch seinen Charme oder die Schwäche der Frauen als eine Laune, ein Temperament, eine von einem Phantasten perfektionierte Veranlagung darstellen möchte.

Donna Elviras Faszination von dem Don macht sie zu einer interessanteren Frau als Donna Anna, die nach dem Mord und vielleicht schon vorher allein an ihrem Vater interessiert ist, einer in Stein wohlgekleideten Totemfigur. Wir wissen nicht, ob wir Donna Elviras Attraktion den Namen Liebe geben sollen; vielleicht ja. Sie macht einige Andeutungen, daß sie selbst zu Außergewöhnlichem neigt, und ihre Liebe wird in Ausdauer kaum geprüft, weil der Don ihr als Angetrauter nur eine kurze Amtszeit zugesteht – drei Tage in Burgos.

Es ist ein charakterlicher Mangel, daß der Don nicht versteht, wie Donna Elviras Leidenschaft einen verführerischeren und tieferen Liebhaber aus ihm macht, weil sie selbst interessant und kompliziert ist. Er begreift nicht, daß sie ein Schmuck ist, den seine öde Seele gut gebrauchen kann. Stattdessen läuft er in den Schatten ihrer Verliebtheit herum und flüstert schwachsinnig: *»poverina, poverina«*. Aber in der Tat gar nichts bereitet uns auf den unerklärlich bösartigen Scherz vor, mit dem er Elviras Liebe fälschlich neu entfacht, nur um dann seinem niedrigen Diener Leporello den Mantel umzuwerfen und ihm zu befehlen, Elviras Liebhaber zu spielen. Der Don sinkt an dieser Stelle in die Tiefen einer rohen, persönlichen Dramaturgie. Seine Erfindung ist am Ende, seine Anstrengungen haben seine intrigierende Phantasie erschöpft – und sein eigenes Entzücken an dem würdelosen Streich zerstört ihn fast als Gestalt. Er fiele in seine Narrenexistenz zurück, würde er nicht wiederum durch die unzerstörbare romantische Konzentration Donna Elviras gerettet. Sie bedauert ihn bald wieder, und dieses ewige Feuer ihrer Gefühle erlöst den Don aus der albernen Buffonerie und gibt ihm seine interessant unheimliche Gestalt zurück.

Das Verbotene, wie R. P. Blackmur in seinem außerordentlichen Essay über *Madame Bovary* schreibt, und seine Identifizierung mit dem Romantischen, dem Schönen und dem Interessanten steht im Zentrum der dramatischen Handlung des Romans als Kunstform. »Je gesetzestreuer die Gesellschaft, wie wir sagen, je *bourgeoiser* die Gesellschaft, desto universeller ist die Versuchung des Verbotenen an sich, und desto stärker der Impuls, sich wenn schon nicht mit dem Leben selbst, so doch zumindest mit der Schönheit des Lebens zu identifizieren.« Für uns heute ist das Verbotene mehr zu einem psychologischen als einem moralischen Drama geworden. Wir fragen uns, wie die Delinquenten ihre Verführungen, Ehebrüche und Betrügereien *empfinden*, und auf der Grundlage dieser Gefühle baut sich unser moralisches Urteil auf. Wenn sie leiden und trauern und bereuen, kann ihnen vergeben werden, ja, man kann sie sogar unterstützen. Wenn sie prahlen oder in eine innere Gleichgültigkeit verfallen, kann das, was sie tun oder getan haben, *falsch* erscheinen. Liebe, selbst über die kürzeste Zeitspanne, ist ein mächtiges Waschmittel, aber »Destruktivität« ist ein moralischer Schandfleck. Im Geflecht des Romans verschwimmt alles, wenn der Schmerz nur den *Gefühlen* eines anderen zugefügt wird. Es ist schwer zu entscheiden, wann Rechte überschritten oder Pflichten unerläßlich sind.

Ist Hester Prynne im *Scharlachroten Buchstaben* von Pastor Dimmesdale *betrogen* worden? Wenn die Frage nur im Rahmen ihrer eigenen Gefühle gestellt wird, müßten wir vielleicht antworten, daß Hester jenseits jedes Betrugs steht. Sie selbst fühlt sich nicht betrogen, das ist nicht die Form, in der sie ihre Erfahrung vor sich selbst und in ihrem Gefühl sieht. Liebe, die Geburt von Pearl, ihrer unehelichen Tochter, ihre Zeit im Gefängnis, das Urteil, den Buchstaben A auf der Brust tragen zu müssen, der nicht ausreichende Mut ihres Liebhabers, Dimmesdale – welch eine Herausforderung, welch ein Verlassensein. Und doch nimmt Hester diese Heimsuchungen, diese Strafen bereitwillig auf sich, als wären sie ihr Schicksal. Sie sind Offenbarungen, aus denen Prophezeiungen gemacht werden, und so bieten sie sich ihr nicht als niederdrückende Wolken der Folge ihrer Tat, sondern als Möglichkeiten zur Selbsterkenntnis an, zu einer seltsamen und auffallenden *Starrolle.*

Dimmesdale auf der anderen Seite ist vom Verbotenen betäubt. Es korrumpiert die Luft um ihn herum; er kann in seiner Sündhaftigkeit nicht atmen. Magerkeit, Blässe, Zittern, Verfall, Erkrankung des Herzens: das sind die Wörter, die seinen Zustand definieren. Sein Vergehen empfindet er lebhafter als alles andere in seinem Leben. Er nimmt die Haltung der Gesellschaft zum Ehebruch an und wird so, der Ausgestoßene in seinem eigenen Sein, zur betrogenen Person, fast zur *betrogenen Frau.* D.H. Lawrences Gedanke, daß »der größte Triumph, den eine amerikanische Frau erleben kann, der Triumph ist, einen Mann zu verführen, besonders, wenn er rein ist«, ist ein Lawrence-Paradox, das seiner mißtrauischen Abneigung gegen Hester Prynne entwachsen ist. Es ist nicht wahr, daß sie Dimmesdale verführt hat, aber es ist wahr, daß die Geschlechter in den eigenartigen Begriffen des Leidens verkehrt sind; er versinkt im Schmerz, die Atmosphäre um ihn ist die der Schuld, der Verzweiflung, der Selbstquälerei und der einsamen Reue. Schwach und stark ist eindeutig nicht dort, wo wir es vermuten würden. Moralische Entschlossenheit ist die beherrschende Kraft in Hester Prynne, ebenso wie Furchtsamkeit und hysterische Selbsterniedrigung das Los von Dimmesdale ist.

Dennoch, wir würden uns außerhalb der Geschichte bewegen und eine psychologische Fälschung begehen, wenn wir mit Verachtung auf den armen Dimmesdale blickten. Er ist wahrhaft mit Gott beschäftigt; seine Mission auf Erden ist die des Geistlichen. Sein Pastorat ist ernst, seine Teilnahme an der puritanischen Gesellschaft leidenschaftlich. Er ist ein Mann seiner Zeit, er lebt im Zeichen seines Moments und seiner Region, Boston im Jahre 1642. Wir können seine religiösen Skrupel nicht verdammen, seinen puritanischen Dogmatismus. Wir können verstehen, daß er sich nicht durch das Geständnis des Ehebruchs um die Möglichkeit bringen will, Licht und Güte in seine Welt zu bringen. Es ist in Wirklichkeit Hester Prynne, die außerhalb der Geschichte steht. Ihre Gleichgültigkeit gegen den Ehebruch, ihr Bleiben in Boston mit ihrer illegitimen Tochter Pearl, ihr Trotz, der auffallende Skeptizismus ihres Denkens, die moralische Distanz, die sie zwischen sich und die Hysterie ihrer Zeit legt – über diese Eigenschaften hat man allen Grund, sich zu wundern.

Die Heldin, deren Schicksal von ehebrecherischer Liebe definiert wird, ist ein zentrales und anhaltendes Thema des Romans. Liebe und Macht bilden die Landschaft, in der das vorgestellte Schicksal ausgelebt wird. Macht als Folge konventioneller Liebe ist ein angemessenes Thema für Komödien und die intensiven Dramen der wohlhabenden Klassen und ihrer Töchter. Die Liebe zerstört die Macht bei den großen tragischen Heroinen, im griechischen Drama, bei Anna Karenina und Cleopatra. Im bürgerlichen Roman ist es unendlich viel komplizierter und vermischter. Was von der Heldin verlangt wird, ist nicht immer eine grandiose Leidenschaft, sondern Realitätssinn, eine merkwürdige Art von Unabhängigkeit und Ehre, eine Akzeptanz der Folgen, die den Mut den versengendsten Prüfungen aussetzt.

Wenn die Geschichte der Heldin im Roman sich um einen sexuellen Betrug dreht, kommt es sehr darauf an, ob sie die zentrale Gestalt der Handlung ist oder ein weniger konzentriert und voll beachtetes »Opfer« an der Peripherie. Wenn sie die zentrale Gestalt ist, scheint die psychologische Struktur eine Art Reinheit und Unschuld zu erfordern. Nicht körperliche Unschuld, aber ein Fehlen von niedriger Berechnung, von Rachsucht, von selbsterniedrigender Schwäche. Das sexuelle Vergehen verliert seinen überwältigenden Charakter, wenn die Personen starke Tugenden besitzen oder innere Güte oder die Größe der Überlebenskraft. Das innere Leben der Frau spielt eine wichtige Rolle, was sie empfindet und empfunden hat, der Grad ihrer Einsicht in die brutalen Zyklen des Lebens.

Das Problem, wie Sympathie zu wecken war für die Frau, deren Geschick den engen Pfad durchlaufen mußte, der sich nach einer katastrophalen Hingabe oder Verführung bot, erschien den Autoren größer als nötig. Roman und Drama sind immer magnetisch von dieser Handlung angezogen worden, von diesem Beginn schicksalhafter Komplikation, und die Situation hat unfehlbar etwas Universelles an sich. Die Erfahrung ist geläufig – weit und schmerzlich bekannt, leicht vorgestellt und empfunden. Lust – und dann, für die Frauen, Stoizismus. Das ist die höchste Entscheidung. Dennoch, eine Heldin zu sein, als eine Art Inkarnation der Liebe oder sexueller Konsequenz, innerer Bereicherung, Höhe, komplizierter Besonderheit im Zentrum der Bühne zu stehen, muß eine Frau zu etwas Besonderem machen. Ihr Fall oder ihr Schicksal kann nur wirklich ernsthaft sein, wenn eine natürliche oder durch die Umstände hervorgebrachte Verfeinerung da ist.

Wiederum ist Hester Prynne hier merkwürdig, und wir fragen uns, wie Hawthorne ihre Gleichgültigkeit gegen die Gesellschaft, ihre radikale Herausforderung, ihre – wie soll man es nennen? – sexuelle Tapferkeit wirklich sah. Hester steht natürlich nicht sehr stark im Bann der Sinnlichkeit. Sie ist vielmehr eine Ideologin, und sie erhebt sich durch ihre ehebrecherische Isolation gegen den Puritanismus. In vieler

Hinsicht sind die Gestalten in *Der scharlachrote Buchstabe* gar keine Gestalten, sondern große, phantastisch bemalte Spielkarten. Hesters Rolle ist die symbolische Handlung.

Das Gefängnis, in dem der Roman beginnt, ist eine natürliche Schule für Radikale, besonders für solche von theatralischer Disposition. Und Hester Prynne ist in hohem Maße eine dramatische, theatralische Radikale. Eine weitere moralische Radikale der Zeit, Anne Hutchinson, wird früh im Buch genannt – eine verbannte, ausgestoßene, aufbegehrende Frau. In ihren öffentlichen Charakteren sind die beiden miteinander vereinigt: Anne Hutchinson beginnt, wo Hester endet, sie beeinflußt das Denken verstörter Frauen, sie pflegt die Kranken. Und in der Tat, was ist Hesters Stärke anderes als ein »Bund der Gnade« und ein »besonderes Innewohnen des Heiligen Geistes« von der Art, wie Anne Hutchinson sie für sich beanspruchte: beide erheben den Anspruch der persönlichen Erfahrung über das Gesellschaftliche oder Doktrinäre. »Was wir getan haben, hatte eine eigene Weihe,« sagt Hester.

Hester ist schön, dunkelhaarig, würdig, eine moralisch komplizierte Frau, die allmählich eine »marmorne Kälte« annimmt. Sie scheint an der Religion dramatisch uninteressiert, ebenso wie sie geistig auffallend frei ist von der Sünde des Ehebruchs. »Sie nahm eine Freiheit der Spekulation an, die zu der Zeit auf der anderen Seite des Atlantik recht geläufig war, die unsere Vorfahren aber, hätten sie davon gewußt, für eine tödlichere Sünde erachtet hätten als jene, die der scharlachrote Buchstabe stigmatisierte.« Die essentielle Entscheidung Hesters ist: »Ich werde nicht sprechen,« sie wird Dimmesdale nicht beschuldigen. Sie lehnt jede Möglichkeit, sich selbst zu retten, ab – aber warum? Ihre »offene Schande« hat ihr eigenes Leben, sie erwächst aus der eigenartigen Kraft *der Heldin* als einer allgemeinen literarischen Konzeption. Hester ist in der Tat klassisch: anstelle eines Charakters hat sie ein Schicksal.

Henry James: »Trotz des Verhältnisses zwischen Hester Prynne und Arthur Dimmesdale war keine Geschichte der Liebe sicherlich jemals weniger eine ›Liebesgeschichte‹. Für Hawthornes Vorstellung war die Tatsache, daß diese beiden Menschen einander zu sehr geliebt hatten, von vergleichsweise vulgärem Interesse; was ihn anzog, war die Idee ihrer moralischen Situation in den langen Jahren, die darauf folgten.« *Der scharlachrote Buchstabe* ist ein Drama der Sünde, nicht der Liebe. Hester zieht die Idee, daß Ehebruch ein Verbrechen sei, kaum in Betracht; sie scheint nicht bereit, »Liebe« oder die Reinheit ihrer Gefühle zu verfechten. Sie ist kein Apostel des Sex. Sie ist eine »wilde Indianerin«, und sie hat, wie Hawthorne sagt, keinen Respekt mehr vor Geistlichen, Richtern, dem Galgen, dem Scheiterhaufen oder der Kirche. Nicht gegen ihre Strafe wirft sie sich – »die Wirkung ihres Schicksals und ihres Loses war es gewesen, sie frei zu machen.« Sie ist die natürliche Ausgestoßene der überlegenen Art: ernsthaft, ein wenig eitel auf ihre würdevolle, listige Leidenskraft, dem Symbolischen und Emblematischen eng verbunden in der geläufigen Art des Radikalen, der Ideen in einer äußerlichen, konzentrierten Form demonstrieren will, während er in der Masse umhergeht. Es ist wahr, wie Lawrence in seiner Wut sagt, daß sie ihr verdammtes A wie ein Herzogskrönchen trägt. Alles an ihr ist wundervoll dramatisch und herausfordernd.
Hester kann die Verwerflichkeit des Ehebruchs natürlich nicht ernst nehmen, weil er ihr die kleine Pearl geschenkt hat. Pearl ist ernsthaft, das Leben ist ernsthaft, und aus dem natürlichen Pessimismus der Frauen mit ihrer »Einkerkerung« in den Folgen zieht sie die Kraft, sich der moralischen Quälerei jener Vergangenheitshörigkeit zu entziehen, unter der Dimmesdale leidet. Pearl, ihre Zukunft, das weite, unbekannte Leben jenseits der Sünde in der Zukunft: das bedeutet Dimmesdale nichts.
Er horcht zurück, verfangen in der toten Handlung, der

Faszination des Vergehens, seiner fürchterlichen Macht. Er ist wahrhaft im Zustand des Wahns, wie Hester feststellt, als sie sich im Wald unter den Indianern treffen.

Die kleine Pearl mit ihrem »harten, metallischen Glanz« ist ein wahres Kind der puritanischen Neigung, alles ins Extrem zu treiben. Sie hat überhaupt keine Moral. Sehr früh ist sie auf eine andere Ebene der Möglichkeit gesprungen und lebt auf ihr ohne Reue oder Furcht. Sie wird das strahlende amerikanische Mädchen in Übersee, das Briefe nach Hause schickt, »die Wappensiegel tragen, deren Züge aber der englischen Heraldik fremd sind.« Aus dieser Geschichte von Repression und Trauer, von gesellschaftlicher Isolation, spiritueller Folter und historischer Heuchelei schuf Hawthorne zwei Frauen von fanatischer Kraft und Ausdauer, mit einer Unabhängigkeit des Denkens und des Handelns, die weit über das hinausging, was die Welt von ihnen zu ihrer Zeit hätte verlangen können – oder später. Mrs. Hawthorne sagte, als das Buch ihr vorgelesen wurde, daß sie es mochte, aber Kopfschmerzen davon bekam.

Woher kommt diese Kraft? Zuerst einmal kommt sie aus dem Denken (der Beobachtung?) von Männern, da die Romane von Männern geschrieben wurden und die der Frauen sich stark auf diese mächtigen Konzeptionen und Beziehungsvorbilder stützten. Frauen, denen in der einen oder anderen Weise Unrecht geschieht, wird die überwältigende Schönheit tapferen Aushaltens verliehen, die Fähigkeit zu hohem oder niedrigem Leiden, zur Verwandlung wilden Gefühls in feste Ruhe, zum Glanz der Demut, zum Schweigen, zur eindrucksvollen Hinnahme. Heldinnen sind also heldenhaft; aber die Heldenhaftigkeit kann sich in eine Anklage verwandeln und wird als die Stärke der Schwachen irgendwie gefürchtet.

Die Frau von Bath, grob, brillant, gierig und geil wie nur ein Mann, erzählt eine Geschichte von unendlicher psychologischer Bedeutsamkeit. Ein junger Ritter, der wegen einer

Vergewaltigung vom Hofe verbannt werden soll, wird durch die Intervention der Königin und ihrer Damen gerettet. Er soll seine Stellung zurückgewinnen, wenn er zu einer gefahrvollen Reise aufbricht, um die Antwort auf die Frage zu finden: Was ist es, was die Frauen am meisten ersehnen? Nach den üblichen Qualen und Prüfungen entdeckt er die richtige Antwort: Frauen sehnen sich nach der Herrschaft über ihre Männer.

Romanautoren gehen mit jenen verführten und betrogenen Mädchen, die keine heroischen Qualitäten aufweisen, häufig ziemlich schroff um. Ohne eine transzendierende Reinheit gewissen Grades, um sie von Tadel und Herablassung freizuhalten, ersticken die Mädchen in einem Gewirr aus Schwachheit, Sinnlichkeit, Eitelkeit, Illusion und Unentschlossenheit. Hetty Sorrel in *Adam Bede* ist schön, unwissend, liebt hübsche Kleidung; sie zieht gutaussehende, romantische Männer den gutmütigen und anständigen vor. In provinziellster Art träumt sie von Verbindungen, die weit über ihren Möglichkeiten, denen der Nichte eines armen Bauern, liegen. George Eliot wirft den Schatten des Untergangs auf Hetty wegen ihrer dümmlichen Hoffnung, ihrer bebenden Wimpern, ihrer überstürzten Hingabe. Sie hat nicht die Qualität, tragisch zu sein. Stattdessen ist sie etwas Kleineres und Geringeres – sie ist elend. Aber elend auf die äußerste Art, weil sie von ihrer Schönheit zutiefst betrogen wurde, von dem seichten Gewissen ihres Liebhabers Arthur Donnithorne. Hetty wird schwanger und bricht über Felder und Straßen auf, um ihren abwesenden Liebhaber zu suchen; sie ist ganz Schmerz, Verwirrung, Hilflosigkeit. Liebe und Verlassenheit lassen sie so tief und grauenvoll leiden wie ein verhungerndes, verwundetes Tier. Ihr Kind kommt zur Welt, und sie bringt es um und wird wegen Mordes vor Gericht gestellt.

Einer der brillantesten Momente des Buchs liegt in der Szene, als wir in die Gedanken des Verführers genau zu jenem Augenblick eintreten, als Hetty – weit entfernt – ihrem Untergang entgegensieht. Arthur Donnithorne träumt in seiner leichtherzigen, angenehm narzißtischen Art vor sich hin. Er vermißt Hetty ein wenig, und doch ist er bei dem Gedanken ganz glücklich, daß dieses Mädchen, das in Wirklichkeit gerade zum Tode verurteilt worden ist, dort sein muß, wo sein Wille es haben möchte – angenehm versorgt in der ihm zukommenden Sphäre mit dem zu ihm passenden Mann, Adam Bede. Dem Himmel sei Dank, daß es so gut ausgegangen ist, denkt er.

George Eliot sagt über Hetty: »Eine verwöhnte und eitle Natur war ihr eigen, nicht eine leidenschaftliche.« Hetty ist leicht zu beeindrucken und ein wenig oberflächlich. Im Roman ist Beeindruckbarkeit der Grund für die größte Qual des Betrogenseins. Frauen von komplexerem Charakter als Hetty können nicht in der Art von Hetty Sorrel zerstört werden. Ihre flehenden Blicke sind der Schlüssel zu einer unerträglichen Verwundbarkeit, einem Mangel an geistiger Tiefe. Hetty ist schon bald, in der Folge ihrer Verführung, unendlich, jämmerlich verzweifelt. Alles in ihr bewegt sich in ihrer konfusen Flucht auf der Suche nach ihrem Liebhaber, aber die Bewegung ist die eines gefangenen Tieres. Sie hat über sich selbst oder über die menschliche Natur nicht viel gelernt; sie weiß nur, daß sie verzweifelt, elend ist.

Die Autorin ist zwiespältig. Sie respektiert Hetty nicht wirklich, und ihre Sympathie mischt sich mit einer Portion Ärger. Hetty ist betrogen worden, und doch: wie schwer ist es, ihr nicht trotzdem ein wenig Schuld an ihrer eigenen Hölle zu geben. Die Sinnlichkeit ist eine Bürde, und manchmal ist sie rührend, aber sie ist nicht groß, nicht heroisch. Jene, die unter einer bloßen Folge der Liebe, der Schwangerschaft, leiden, sind an ihrem Fall mitschuldig. Die Konsequenz ist mechanisch, universell, sich wiederholend; das allein macht noch keine tragische Heldin oder eine Heldin irgendeiner

Art. Überall in der Literatur findet sich eine geheime Sympathie für den Mann, wenn die bloße Tatsache von sexueller Ursache und Folge der Ursprung des entsetzlichen Leidens der Frau ist. Wenn sie betrogen werden kann, ist sie betrügbar; wir erwarten von ihm, dem Verführer, nichts anderes. Die Konsequenzen zu tragen, hieße sein Leben ruinieren, sich außerhalb seines Lebensplans, seiner Klasse, seiner Geschichte zu stellen – was immer seine eigene Rolle sein mag.

Erwartet man wirklich, daß Arthur Donnithorne, ein aristokratischer junger Mann, Hetty heiraten würde, ein besitzloses, schönes, unwissendes junges Bauernmädchen? Nein. Ein Leser, der diese einfache Lösung vorschlüge, verstieße drastisch gegen den Geist der Zeit und den des Romans, wie er geschrieben wurde. Nichts erschien damals komplizierter als diese Klassenfragen bei der Ehe. Die Furcht vor Mesalliancen, Komplikationen des Erbes spielten in den Leben der Jungen eine groteske Rolle, sie führten dazu, daß achtbare Mädchen im Schatten von Gouvernanten lebten, deren dunkle Ignoranz und Konventionalität wie der Entzug der Sonne waren. Die elaboriertesten Manierismen, Probleme der Einführung, des Spazierengehens, der Begegnung, der elterlichen Tyrannei, erzwungener Heiraten, unterbrochener Romanzen machen die Romane von Jane Austen zu einer Art gesellschaftlicher Hieroglyphenschrift.

Nein, wir akzeptieren Arthur Donnithornes Verschwinden, wie wir die Ernte am Ende des Sommers akzeptieren. Er selbst kommt zu einer Pause in seiner Liebe, einem »natürlichen« Innehalten, das ihm sagt, daß die romantische Liebe nicht statisch und fest ist, sondern auf erschreckende Weise fortschreitend und sich wandelnd. Er würde gerne einhalten, bevor das Elend einsetzt, so als liefe er vor einem Gewitter davon. Seine Art ist ein zärtlich grausamer Brief, der ohne Zweifel genau und wahr seine Gefühle, wie er sie versteht, wiedergibt.

Ich habe die Wahrheit gesprochen, als ich sagte, daß ich Dich liebte, und ich werde unsere Liebe nie vergessen ... Ich kann es nicht ertragen, daran zu denken, daß meine kleine Hetty Tränen vergießt, wenn ich nicht da bin, um sie fortzuküssen ... Und ich fühle, daß es ein großes Unheil für Dich wäre, wenn Deine Gefühle weiterhin so auf mich festgelegt wären, daß Du an keinen anderen Mann denken kannst, der Dich durch seine Liebe glücklicher machen könnte, als ich es je kann. ... Und da ich Dich nicht heiraten kann, müssen wir auseinandergehen – wir müssen versuchen, nicht mehr als Liebende zu empfinden ...

Für Hetty war der Brief »eine schreckliche Sensation«, und ihr stumpfes Elend setzt ein. Es ist für sie zu spät; sie ist erschlagen von dem Brief und erschlagen von der Folge der »Liebe« – ihrer Schwangerschaft, von der Arthur nichts weiß. Trotzdem ist sie nicht groß genug für eine Wandlung zur Heldin. George Eliot sagt, daß der Brief »ihrer vergnügungssüchtigen Natur einen übermächtigen Schmerz zufügte.« In dem Gebrauch des Wortes »vergnügungssüchtig« liegt ein Urteil. Wir werden angehalten, uns an Hettys gedankenlose Beeindruckbarkeit zu erinnern, an ihren Mangel an angebrachtem Zynismus auf der einen Seite, oder an rettender Resignation, einer Erkenntnis oder Ahnung von Gefahr auf der anderen. Aber weder eine moralische Natur noch eine wache soziale Intelligenz belehrt Hetty über die praktischen Möglichkeiten ihrer Romanze mit Arthur Donnithorne.

Sie ist ein Opfer – wessen? Ihrer Schönheit und ihrer Liebe zu Flitter, ihrer schwachen analytischen Fähigkeiten, der Zurückweisung ihrer Intuition, ihrer Sinnlichkeit, ihrer Koketterie, ihrer gesellschaftlichen Klasse und der höheren Klasse ihres Liebhabers. Sie ist das Opfer von Irrtümern, Eindrücken, Unvollkommenheiten. Sie ist nur in der gewöhnlichen Art romantisch, und gewöhnliche Romantik und Sehnsucht sind für jemanden in ihrer Position keine

»ernsthaften« Haltungen. Ihre Erwartungen trivialisieren ihre Gefühle, und später verheeren Schmerz, Einsamkeit und Panik ihren Verstand so sehr, daß sie das Baby mit Blättern bedeckt und im Wald zurückläßt. Hetty ist pathetisch, ihr Schicksal ist furchtbar, wir weinen um sie – aber sie ist keine Heldin. Sie ist eine Mahnung, ein Beispiel, eine Gefangene von Ursache und Wirkung: Flirt, Hingabe, Schwangerschaft, Elend. Das ist die Fabel der Existenz.

Die Tatsache, daß Hetty Sorrel erst siebzehn ist, ändert nicht diese Fabel oder ihre niedergehende Spirale oder die Tatsache, daß wir, in den Begriffen des Romans, ihr die tiefer empfundenen Identifikationen vorenthalten. Sie leidet, ja, aber wir wußten, daß das kam. An Hettys Elend überrascht uns nichts. Ihr Mangel an Voraussicht ist ein Jammer, aber er ist kein mildernder Umstand. Dies ist der unerbittliche Zyklus. Hetty hat einfach nicht das richtige Wesen, nichts von der Geduld der Heldin, nichts von ihrer Lebensausdauer, nichts von jener listigen, aufmerksam beobachtenden Zurückhaltung, die wir mit realistischen Leuten vom Land verbinden möchten. Alles außer ihrem Elend ist eine Illusion. Auch kann sie sich nicht nach innen wenden, denn dort ist nur Betäubtheit. Sie ist wie Emma Bovary, die schließlich um Erleichterung ihres Schmerzes betet. Emma ruft den Herrn mit denselben Worten an, die sie für ihren Liebhaber benutzte. »Der Glaube sollte kommen; aber keine Freuden regneten vom Himmel herab, und sie erhob sich mit müden Gliedern und mit einem vagen Gefühl einer gigantischen Düpiertheit.«

Roberta in Dreisers *Eine amerikanische Tragödie* wird wegen ihrer Gewöhnlichkeit, ihrer wehleidigen Hoffnungslosigkeit, natürlich verbunden mit Schwangerschaft, zum Tode verurteilt. Clyde Griffiths ist kaum verheißungsvoller angelegt und für das Leben besser begabt als Roberta, und doch hat in ihm die eitle, vergnügungssüchtige Sinnlichkeit, die Hetty Sorrel zum Vergängnis wird, den Charakter von gesellschaftlicher Bewegung und ökonomischer Hoffnung. Wir können uns vorstellen, daß er und Roberta in Einsamkeit und Isolation zueinander hätten finden können, aber wir verstehen auch, daß Clyde, als er plötzlich die Autos, »die Gewänder«, die Parties von Lycurgus sieht, Roberta fast auf der Stelle niedrig, bedrückend, flehend, bedrohend und daher unerträglich findet.

Clyde besitzt die Beeindruckbarkeit seiner Ignoranz. Auch er ist in vieler Hinsicht ein leichtgläubiges, sehnsüchtiges *Mädchen*, er möchte sein Schicksal in die Hände von Frauen legen, die er als überlegen empfindet, die Dinge besitzen, die – wie er es sieht – mit Selbstsicherheit, Glanz und vielen Möglichkeiten leben. Schon vorher ist er vom Green-Davidson Hotel in Kansas City »verführt« worden. Das ist wie Hetty mit ihrem Glitzerkram. »Die Mäntel, Pelze und andere Besitzungen, in denen sie erschienen, wurden oft von diesen anderen Jungen oder von ihm durch den großen Empfang und in die Autos oder die Speisesäle oder die verschiedenen Aufzüge getragen. Und Clyde empfand sie immer als so herrlich. So grandios.«

Und als Roberta verzweifelt, als sie für Clydes Wünsche am niederdrückendsten ist – gerade in diesem Moment erscheint seinem flachen Bedürfnis nach Glanz, seiner Hoffnung auf ein leichtes Hineinschlüpfen in die Wohlhabenheit eine wirkliche Möglichkeit, ein gewaltiger Glücksfall. Natürlich weiß der Leser mehr über Clyde, als der selbst wissen kann; Clyde ist wie Hetty – total und bis zur Narretei ohne Skepsis, ohne einen rettenden Realitätssinn. Ein ernsterer und echterer junger Mann hätte die Zurückweisungen, den kleinlichen Snobismus und die Korruption des Lebens, nach dem er sich sehnte, erkannt. Alles, was Clyde in seinen jämmerlich sehnsuchtsvollen Träumen sehen kann, ist, daß das Leben zu rufen scheint, was es nicht wirklich tut – und daß Roberta der Tod ist, was sie wirklich ist. »Denn, wie er sich jetzt und mit enormer Niedergeschlagenheit erinnerte,

Roberta glaubte und zu genau dieser Zeit, daß er nun bald und entgegen allem, was Lycurgus ihm zu bieten hatte – Sondra – der kommende Frühling und Sommer – Liebe und Romantik, Fröhlichkeit, eine Position und Macht – dies alles aufgeben, mit ihr weggehen und sie heiraten würde. An irgendeinen abgelegenen Ort verschwinden! Oh, wie grauenhaft! Und mit einem Kind in seinem Alter!« In seiner Träumerei ruft er später aus: »Der Verlust! Der Verlust!«

Die ganze Dynamik des Romans zielt darauf, uns Clydes Verlust empfinden zu lassen, obwohl wir wissen, daß er ein geborener Verlierer ist. Dennoch, Roberta ist eine schwere Bürde. Er ist jung, und sein Traum, wenn es ihm erlaubt wird, am Reichtum seines Onkels teilzuhaben, ist es, ein korruptes, stupides, eitles und leeres Leben zu führen. Und noch darin liegt eine Ungerechtigkeit, daß er selbst hierfür keine Voraussetzungen hat, kein Durchhaltevermögen und keine Härte; er besitzt nichts außer seinem müßigen Bedürfnis nach Verwöhntheit, nach Phantasie, dem Glitzerkram der Existenz. Was er braucht, hat er nicht: Geld, die Unterstützung einer Familie, Aggression, Willenskraft. Nichtsdestoweniger ist Clyde die Gestalt im Roman, der wir am meisten Gefühl entgegenbringen. Wir haben Mitleid mit ihm und mit Roberta, aber wir bemitleiden ihn immer mehr als sie. In ihrem Tod ist Roberta in der letzten Konsequenz des Geschlechtlichen gefangen; aber der elektrische Stuhl für Clyde erscheint schrecklicher, ein Untergang, der viele Ursachen hat, das Ende aller falschen Versprechungen des Lebens. Beide sterben nicht für die Liebe, sondern aufgrund des Sex – es ist die Zerstörung am Ende des Weges, wenn alles mißlingt und die Verantwortung ihren Preis fordert.

Aller Schwäche und Eitelkeit Clydes zum Trotz, seiner unmöglichen Ignoranz und unwürdigen Narrheit, stimmen wir irgendwie zu, daß Roberta einen zu hohen Preis erzwingen will. Sie fordert sein ganzes Leben, so belanglos und schäbig das Leben, das er sich wünscht, auch sein mag. Was sie angeht, was hätte sie für uns akzeptabel gemacht, sie, die wir nur bemitleiden? Wo läge die Rechtfertigung für Roberta? In Tapferkeit, Bedürfnislosigkeit, Schweigen, Ausdauer. Diese Eigenschaften sind für einfache Mädchen die einzigen Pfade zu moralischer Würde. Der Roman – deterministisch, im Geiste bourgeois trotz all der Zweifel an der Härte des Lebens – bezeugt immerzu Verständnis dafür, daß Männer vorankommen müssen. Dimmesdale muß predigen und Seelen retten; Clyde muß bei seinem Onkel eine Stelle finden und sich den Leuten anschließen, die er so schändlich bewundert; Arthur Donnithorne muß seine Güter übernehmen. Anderes von ihnen zu verlangen, hieße, die Gesetze sozialen Überlebens zu verletzen, würde der Natur der gesellschaftlichen Ordnung den Standard revolutionärer Skepsis aufzwingen.

Die Idee sexueller Verantwortung für die Leidenschaften der Jugend darf nicht als eine ethische Idee verstanden werden. Clyde ist einundzwanzig, als er in die Todeszelle geht. Selbst wenn man die Konvention exotischer Jugendlichkeit bei den Hauptgestalten der Literatur zugesteht, kann man unmöglich wünschen, daß Schicksale durch die bloße Tatsache eines Geschlechtsverkehrs entschieden werden. Natürlich bezahlt er nicht für eine natürliche Leidenschaft, sondern für Mord. Dennoch, er war von Bedürfnissen der gewöhnlichsten Art gefangen, von universellen Bedürfnissen, die universell ohne Strafe befriedigt werden.

Biologie ist nur für Mädchen Schicksal. Wenn jeder in den Dramen der Biologie vorsichtiger wäre und auf die sozialen und finanziellen Umrisse seiner Verbindungen besser achtete, könnten diese Dinge arrangiert, manipuliert werden. Aber so, wie das Verbotene die bebende Attraktion des Romans ist, so ist das Verbotene zwischen Personen unterschiedlichen Rangs, unterschiedlicher Naturen, eine Variation, die unser Interesse an dramatischen Ungleichgewichten und Verletzungen der Liebe lockt. Wir wissen, daß wir

unserer Zeit sehr nahe sind, wenn ein Roman sich, wie *Eine amerikanische Tragödie* es tut, mit zwei Menschen beschäftigt, die wie Roberta und Clyde beide unterpriviligiert, verkümmert und bejammernswert sind.
Obwohl beide gleich verkümmert sind, ist es Clydes Aufbegehren gegen eine Zukunft, die durch Robertas Schwangerschaft verdunkelt wird, das uns berührt, das unser Gefühl für die unerträgliche Finsternis der Konsequenz am Leben hält. Der Verstand protestiert gegen das Leben beider. Nur stellt sich Roberta in ihrer Auswegslosigkeit und ihrem Elend vor, daß eine Existenz möglich wäre, wenn Clyde sich ihrer nur annähme, sich fürs Leben mit ihr niederließe. Wir können ihr diese Schlichtheit nicht ganz verzeihen.

Die Kreutzersonate von Tolstoi ist ein sehr eigenartiges Werk. Von der Imagination her ist sie nicht von allergrößtem Interesse, und in dem pädagogischen Monolog über Sex und die Übel der Ehe liegt etwas Enges, eine hektische Verzerrtheit. Sie ist ein Traktat, unvollkommen und doch nobel, unrealistisch, originell. Es finden sich Momente dramatischen Genies darin: eine entnervende Vision einer Ehe als immer wieder genährter Eifersucht, wollüstig aufgestachelten Hasses – Wut als Frühstücksspeise. Das ganze sexuelle Leben eines Mannes gerät unter Tolstois erregte Überprüfung – von den arroganten Begegnungen der Jugend zu den fiebrigen Turnieren konventioneller Verbindungen. Für Tolstoi beginnt die Linie der »Unmoral« in den ersten Beziehungen des jungen Mannes zu Prostituierten und Mädchen, denen gegenüber er sich zu nichts verpflichtet fühlt. Von da an ist alles spätere Leben beider Geschlechter entweder subtil oder grob vergiftet. Das Leben unter Männern und Frauen ist eine Ausschweifung, die zu akzeptieren, sogar zu erwarten, man die Jungen durch Sitte, Beispiel und aus sozialer Bequemlichkeit anhält.
Jene Handlungen, die das neunzehnte Jahrhundert unter dem

Begriff »Ausschweifung« zusammenfaßte, werden im Roman nie ganz klar, aber es ist sehr wahrscheinlich, daß viele von ihnen in unserer Zeit als gesunde Ausübungen eines vitalen Menschen betrachtet werden. Die Ausschweifung existiert natürlich noch in unserem Kopf als eine Bezeichnung für brutale Exzesse und Perversionen, aber als Begriff für die Erfahrungen des Mannes in *Die Kreutzersonate* kann sie nicht mehr dienen. »Ich verstand nicht,« sagt er, »daß Ausschweifung nicht einfach in körperlichen Akten besteht ..., wirkliche Ausschweifung besteht darin, daß man sich von moralischen Bindungen an die Frau freimacht, mit der man fleischliche Beziehungen eingeht ...«

Es ist ohne Zweifel spirituelle Eitelkeit und ein zu hoher Anspruch zu hoffen, daß man die verwirrenden, erregenden, flüchtigen Bewegungen der Sinne in Ketten legen könnte. Jeder Moment der Gegenwart stürzt in sein Schicksal als Vergangenheit. Der Vergangenheit Vorrang zu geben, Weihe, das höchste Recht, ist unerträglich, eine wahnhafte Verwerfung in der Ökonomie der persönlichen Erfahrung. Trotzdem ist die Vergangenheit kein trübes Bild der Erinnerung, sondern ein Wald, in dem alle Bäume Menschen sind, verwurzelt, atmend, der Axt widerstehend oder verdorrend. Sich die Vergangenheit als eine Reihe von Übereinkommen mit anderen zu denken, die einen ewigen Anspruch auf uns erheben, ist irreal, und doch ist diese Vorstellung eine der interessantesten Fragen, die man an die Thematik von so vielen Kunstwerken stellen kann: die jugendliche Liebe. Sie ist eine radikale Anzweiflung des Lebensverständnisses einer Gesellschaft, der Regeln, die sie für die menschlichen Zusammenstöße gemacht hat, die letztlich unsere Biographien sind. Es ist eine Frage, die über jede Antwort hinausgeht.

Auferstehung ist eine viel größere und rührendere Formulierung derselben Frage. Die reine Situation dieses Romans enthält die Essenz des Themas von Verführung und Betrug. Jedes Gleichgewicht ist klassisch. Ein Mann, ein Adliger, verliebt sich als Jugendlicher in ein Dienstmädchen auf dem Gut seiner Tante. Sie ist liebreizend und rein; er ist großzügig, gutherzig, besser als die meisten jungen Männer. Die Szene ihrer ersten Begegnung ist voll zärtlicher Glut und Versprechung. Sie ist folgerichtig, schön, vereinigt sich wie zarter Nebel mit der Natur. Als die Nacht vorüber ist, überkommt den jungen Edelmann Traurigkeit, und er fragt sich: »Was ist mir nun widerfahren – ein großes Glück oder ein großes Unglück?« Aber dann fällt ihm ein, daß alle es tun, und er dreht sich um und geht zu Bett.

Natürlich geht der junge Mann fort, wie er es muß, denn sein ganzes Leben liegt noch vor ihm. Ein Leben, das zugleich frei und festgelegt ist. Die Jahre und die Erfahrung lassen Raum für das Zufällige, den freien Fluß der Existenz; Form und Struktur des Lebens ziehen ihn unvermeidlich in die ängstlichen Rücksichtnahmen eines Mannes seiner Klasse. Soll er die Prinzessin Kortschagina heiraten, die er nicht einmal ohne ein Gefühl der Ungeduld und Müdigkeit ansehen kann; soll er die Affäre mit der Frau eines Freundes abbrechen; was soll er mit seinen Gütern anfangen?

Für seine erste Liebe, das junge Mädchen Maslowa, ist die Verführung eine Katastrophe. Sie ist keine Desillusion, die die Zeit wegwaschen wird, sondern ein tragischer Umstand, aus dem sich vielfältige, lebenslange Leiden ergeben. Sie wird schwanger, man wirft sie aus dem Haus; das Kind stirbt, und durch Armut, Mißhandlung und Verzweiflung wird Maslowa zur Prostituierten. Schließlich klagt man sie an, einen alten Freier ermordet zu haben. Der Moment tiefster Verlassenheit kommt, als der Fürst nicht einmal aus dem Zug steigt, als er einige Monate nach ihrer Affäre durch das Dorf fährt und sie bereits von ihrem Zustand weiß. Ihr Entsetzen darüber ist eine geistige Krise und zugleich eine persönliche Demütigung. Gott und Seine Gesetze sind Betrug. Der Fürst, der sie so herzlos behandelt hat, war der beste Mensch, den sie kannte; »alle anderen waren noch schlimmer.« Als der Zug davonfährt, wird ihr klar, daß jeder für sich alleine lebt, und sie beginnt eine Existenz zu akzeptieren, die ganz von Melancholie beherrscht ist, erträglich nur bei einer erzwungenen Verdrängung der Vergangenheit, bereichert nur durch die gemeinschaftlichen Traditionen der Prostitution.

Das moralische Urteil des Romans liegt auf der Seele des Fürsten. Maslowa ist irgendwo in seinem Bewußtsein lebendig geblieben, ein schlafender Keim erinnerten Gefühls und der Schuld. Sie treffen sich wieder, als der Fürst als Geschworener aufgerufen ist und Maslowa auf der Anklagebank sitzt, das Schicksal am Ende eines Weges, der vor langer Zeit mit einer schönen Begegnung begann, einer Ostermesse im verschneiten Dorf. Den Fürsten überwältigt ein wilder Aufruhr seiner Gefühle, der sein ganzes Wesen erschüttert; der Wunsch nach Wiedergutmachung ergreift ihn, nach einem Opfer, er ist entschlossen, Maslowas Erniedrigung und Leiden als Gefangener in Sibirien zu teilen. Dies kann nicht einfach eine vorübergehende Laune, eine Phantasie sein. Dem Drachen seiner Verantwortung ins Gesicht zu sehen, hieße, sein ganzes Leben daran zu setzen, seine Güter, sein Geld, seine Freunde, seine Karriere. Alle Arrangements und Annahmen der Gesellschaft liefen auf diese Verführung und das Verlassen der armen Waisen auf dem Gut seiner Tante hinaus. Seine Buße kann nicht selektiv sein. Am Ende aber weist Maslowa sein Opfer zurück und weigert sich, ihn zu heiraten. Es ist zu spät für sie beide.

Tolstoi war in seinen Siebzigern, als er *Auferstehung* schrieb. Die Verwöhntheiten und Nachlässigkeiten seiner Jugend stellten sich ihm als moralische und gesellschaftliche Verfehlungen dar und nicht als bloße Beispiele einer unvermeidlichen Einübung in die Männerrolle. Aus diesem Grund und trotz der wundervollen Wahrhaftigkeit von großen Teilen des Romans, stützt der Text sich auf die zarten Transzendenzen von Menschen im Griff einer spirituellen

Idee; sie sind Charaktere, die unter der Herrschaft von Gerechtigkeit und ethischer Offenbarung von Makel zu Tugend fortschreiten müssen. Es ist indessen sicherlich nicht Maslowas Leiden und ihre Resignation, die wir anzweifeln. Es ist Fürst Nechljudows tiefes Gefühl der Verpflichtung, seine Empfindsamkeit für die unheilvollen Botschaften seiner Erinnerung, den harten Zugriff der Vergangenheit, die uns abstrakt, programmatisch und lebensfremd erscheinen. Der Titel des Romans ist präzise – ein grundlegender Bruch mit den Sitten, die Männer und Frauen leiten, soll als eine »Auferstehung« verstanden werden, eine Erhebung über sich selbst. Es ist letztlich nur ein Ideal, der Traum eines alten Mannes, der die Demut liebt und sich danach sehnt, eine persönliche Reformation zu leisten, auf deren Basis eine Reformation der Gesellschaft beginnen möge. Der Roman beruhte auf einer wahren Begebenheit, die von der Presse aufgegriffen wurde und Tolstois Gedanken und seine Vorstellung anregte. Trotzdem ist er realistisch nur im grandiosen, hohen Sinn des russischen Romans, in jener Landschaft, in der Besessenheit und verklärende Schuld und Sühne real sind. Kein späterer Roman hatte die Entschlossenheit, so direkt in den Abgrund sexueller Verantwortung zu blicken, das kindliche, klare Altmännerauge auf das Chaos der Jugend zu richten, eine eigene Abrechnung des Jüngsten Tages zu unternehmen.

Richardsons *Clarissa* handelt offen und in großer, faszinierender Länge von Verführung. Natürlich konnte nur ein Mann, der sich selbst für einen Moralisten hielt, sich niedersetzen, um Band um Band zu füllen mit drohender und im letzten Augenblick vereitelter Verführung, mit geplanten und schlau verhinderten Angriffen auf die Tugend. Richardson hielt seine brillante Schöpfung – oder redete sich ein, daß er es tat – für eine Enzyklopädie männlicher List und Verräterei, ein elaboriertes defensives Karate, durch das die bedrohten Mädchen des achtzehnten Jahrhunderts lernen konnten, ihre Tugend zu verteidigen. Das Detail ist verwikkelt, die Verzögerungen und Fluchten sind hektisch, die Charaktere in ihrer eigenartigen Kraft außerordentlich gut aufeinander abgestimmt. Alle Handlung steht unter dem strengen Taktstock sexueller Spannung.

Clarissa ist eine verstörende Mischung aus Gewitztheit und Gefühl, aus Oberfläche und Verstellung. Der moderne Leser weiß viel über *Clarissa* und beginnt die Lektüre mit einiger Vorbelastung. Der Roman, der ganz England und Europa zum Weinen brachte – Rousseau, gut, aber auch Diderot! – und der die Adern der Empfindsamkeit und der Romantik öffnete, als entdeckte er neues Erzgestein der Seele! Er ist hart, häßlich und grotesk, dreht sich um eine rein sexuelle Konzeption von Tugend und Spitzbüberei, eine Konzeption, die von uns heute mit schwerem Verdacht belegt ist.

Unverschämtheit und Höflichkeit oder zumindest eine elaborierte Manieriertheit, die als Höflichkeit durchgehen mag, sind so eng in den Stil verwoben, daß sie ein ästhetisches Vergnügen darstellen. Der Witz, die Geschwindigkeit, die expressive, phantastische Eleganz der Briefe, die mit der wundervollen, verlorenen Langsamkeit vergangener Zeiten diese wilde Geschichte erzählen, werden zum Instrument eines unmotivierten Bedürfnisses nach Demütigung auf Lovelaces Seite und eines Bedürfnisses, der Vergewaltigung zu begegnen, ohne ihr zu erliegen, auf der Seite Clarissas.

Clarissa ist eine bürgerliche Heldin, die aufbegehrende, aber tief wachsame und umsichtige Tochter reicher Eltern, die ihren Empfindungen nicht trauen. (Clarissas Umsicht ist sexuell; ansonsten macht sie jeden Fehler, der einer klugen, rechthaberischen, moralisch eitlen jungen Frau möglich ist.) Der reiche, gutaussehende, brillante Wüstling Lovelace möchte sie heiraten, zum Teil auch, um das Geld ihres Vaters mit seinem Namen und seinem Land zu verbinden. Ein anderer Verehrer, dessen Besitzungen in der Nähe des

Gutes der Familie Harlowe liegen, wird Clarissa zugeführt, aber sie liebt ihn nicht. Er ist nicht liebenswert, und sie besteht auf der Dominanz von Gefühl über Kalkulation und weigert sich, ihn zu heiraten. Sie sagt, sie würde lieber allein bleiben, und in vieler Hinsicht scheint diese Drohung in der Tat ein Zustand zu sein, den Clarissa mit ebensogroßer Freude wie Tapferkeit ausgehalten hätte. Aber der Druck, unter den ihre stupide Familie sie setzt, ist so groß, die Herausforderung für Lovelace ist so sportlich aufregend, daß er sie entführt. Das intensive, bebende Drama von Entführung und Entkommen beginnt. Clarissas Tugend und Lovelaces Entschlossenheit: das ist das Gleichgewicht des längsten Romans der englischen Sprache.

Die Tatsache, daß es sich um einen Briefroman handelt, ist von größter Wichtigkeit. Die Abgeschmacktheit der Handlung wird so auf Distanz gehalten. Und der Gebrauch von Briefen modifiziert das innere Leben der Gestalten, wie wir sie kennen. Ein Brief ist kein Dialog und keine allwissende Exposition. Er ist aus Oberflächen gewebt, eine Maske, eine Form, die sich Affektiertheiten ebenso hergibt wie Affekten. Der Brief ist in seinem natürlichen Wesen selbstrechtfertigend; er ist die Beweisführung seines Verfassers, seine Aussage, ein selbstsüchtiges Zeugnis. In einem Brief hat der Verfasser alle Trumpfkarten in der Hand, er kontrolliert alles, was ihn betrifft und die Behauptungen, die er über Ereignisse oder über den Wert anderer Menschen aufstellen möchte. Für vollständig egozentrische Charaktere ist der Brief eine komplexe und lohnende Form. Sowohl Clarissa als auch Lovelace sind Egozentriker. Sie *müssen* ihre Geschichte erzählen, alles objektivieren, selbst den sexuellen Angriff. Die Realität lebt in Worten.

Lovelace schreibt an seinen Freund:

> Ihre Schlafzimmertür hat sich noch nicht geöffnet. Ich darf nicht erwarten, daß sie mit mir frühstücken wird. Auch zweifle ich, ob sie mit mir dinieren wird. Eine kleine

alberne Seele, welche Schwierigkeiten bereitet sie sich selbst, nur um auch ja gut zu sein! Alles, was ich ihr getan habe, würde von neun Zehnteln ihres Geschlechts als bloßer *Übermut*, als *Ausgelassenheit* betrachtet und demnach belächelt werden. Je mehr sie daraus macht, desto schmerzlicher für sie selbst und ebenso für mich.

Die Geschichte springt in brillanter Korrespondenz hin und zurück. Sie endet unerquicklich. Lovelace bringt Clarissa in ein verkommenes, schmutziges Bordell, übergibt sie schließlich zwei widerlichen Kupplerinnen, läßt sie mit Drogen betäuben – und vergewaltigt sie schließlich, da sie es nicht anders haben will. Als sie sich erholt hat, bittet Lovelace sie, ihn zu heiraten, aber Clarissa weist ihn ab, siecht dahin und stirbt. Er fällt in einem Duell, das die Affäre nach sich zieht.

Lovelace ist ein monomanischer Mann, der im Sex das Leben sucht. Er ist ein wenig wie die schlaflosen Verführer der Restaurations-Komödie, nur im größeren Maßstab. Seine Wildheit, sein Nihilismus, seine Brillanz, seine Gelangweiltheit, sein sexueller Stolz sind ganz und gar originell und ungewöhnlich. In ihm fehlt, wie in Don Giovanni, jedes Motiv, während seine Besessenheit exorbitant ist. Er ist fasziniert von Clarissa, das wird im Roman gemeinhin »Liebe« genannt, und doch zielt seine ganze Entschlossenheit nicht darauf, sie als Ehefrau zu gewinnen, obwohl auch das Teil der Handlung ist, sondern darauf, einfach ihre Tugend zu zerstören. Es zehrt an ihm, erschöpft ihn, langweilt ihn – aber er kann davon nicht lassen.

Die Handlung zieht ihre Schubkraft aus der unbewußten Neugierde Clarissas auf Lovelace, die hypnotische Attraktion seines gründlich verdienten üblen Rufs lähmt sie. Am Anfang des Buches sagt sie: »Ich mag ihn lieber, als ich je glaubte, ihn mögen zu können, und mehr, wenn man seine Fehler betrachtet, als ich ihn mögen sollte.« Was mag sie an ihm? In jeder Hinsicht ersehnt sie die Chance, ihn zu verbessern, ihren Willen zur Macht in dieser Form auszuüben. Ein hoffnungsloser, bei ihm ganz unangebrachter Wunsch ist es, aber sie läßt sich nicht leicht ablenken und findet immer wieder Gründe, seine Bösartigkeit zu entschuldigen. Gibt es eine Möglichkeit, noch das furchtbarste Benehmen zu seinen Gunsten zu deuten, so findet sie sie, obwohl sie ihr nüchternes Mißtrauen ihm gegenüber nie verliert. »Es mag Euch aufgefallen sein,« hat Dr. Johnson über Clarissa gesagt, »daß es immer etwas gibt, was sie der Wahrheit vorzieht.«

Clarissa scheint in sich mehr Hoffnung für Lovelace am Leben zu halten, als wir es tun können; gleichzeitig teilt sie unsere Faszination für sein Denken, seine schneidende Ironie, seinen draufgängerischen Skeptizismus in keiner Weise. Darüber weiß sie wenig, weil sie seine ungewöhnlichen Briefe nicht gelesen hat – wir kennen sie. Seine getriebene Energie, seine interessante Rücksichtslosigkeit scheinen nicht die Quellen ihrer Attraktion zu sein; sein gutes Aussehen und sein schlechter Ruf ziehen sie unwiderstehlich an. Es scheint nicht übertrieben modern zu sein, von ihrer versteckten Neugierde zu sprechen, ihrem Komplizentum in ihrer eigenen Demütigung, ihren unnötigen Aufenthalten an gefährlichen Orten, dem Interesse an der schließlichen drogenbetäubten Unbeweglichkeit, welche zur lange verzögerten Bedingung ihrer Vergewaltigung wird. Ihre Würde danach ist etwas anderes – ihr Erdulden, welches dem einer Heiligen gleichkommt, die Apotheose der Erniedrigung, die sie wahrhaft adelt wie eine schließliche Erlösung. Sie wird sterben, und sogar das ist plausibel in einer Welt frühen Todes durch Lungenentzündung, Tuberkulose, Verfall.

Clarissa wird nicht verführt, kann nicht verführt, in die Sünde gelogen werden. Sie kann vergewaltigt werden wie jede Frau. Dies ist die Bedeutung der Vergewaltigung im Buch: daß sie buchstäblich unverführbar ist und daß der Mann, wenn er den Akt unbedingt mit ihr vollziehen will, sie vorher besinnungslos machen muß, um seinen Willen mit ihr zu haben.

Lovelace haßt Clarissas Familie wegen ihrer bourgeoisen Durchschnittlichkeit und ihrem Zögern, aristokratische Privilegien anzuerkennen. Dies ist einer der Gründe, weshalb er so grimmig entschlossen ist, die Tochter zu unterwerfen. Noch mehr aber will er Clarissas Willen zur Macht durch Tugend vernichten. Als ein Wüstling und zugleich als kluger Mann muß er eine Menge über das Herrschaftsbedürfnis in einer bestimmten Art aggressiv reiner Frau gewußt haben. Er ist selbst ein unabhängiger, verwöhnter Mann, und Clarissas überwältigendes Maß an Tugend erbittert ihn und bedroht seinen sexuellen Stolz.

Die Frustrationen, die von der Tugend erzwungen werden, mögen einen Mann wie Lovelace erzürnen, aber ihre Zerstörung kann ihn nicht retten. Er wird allein gerettet durch seine mächtige Anziehungskraft auf Clarissa, ihr absolutes Bedürfnis nach ihm, ihre verwirrende Ohnmacht, sich aus dem Spiel der Verführung zurückzuziehen. In dem Gasthof, in dem sie auf der Flucht vor ihrer Familie abgestiegen sind, bricht ein Feuer aus. Er findet sie in ihrem Zimmer, angsterfüllt, halb bekleidet, ihm »ausgesetzt« – und tatsächlich erblickt Lovelace in dem Notfall die Möglichkeit, seinen Wunsch zu vollziehen. Schreie, Gebete, Appelle, Tränen erschöpfen ihn schließlich, aber nicht bevor er sich gewalttätig und herzlos benommen hat. Was tut Clarissa? Sie gibt ihm eine Woche Bewährung.

Ihre Erfahrungen den ganzen Roman hindurch sind extrem schäbig. Der Gasthof und die Prostituierten sind erschrekkend in ihrer schmutzigen Authentizität. »Das scheußliche Haus«, nennt Clarissa es. Sie lebt in Angst und Schrecken vor Lovelace – die Art von »Schrecken«, von dem, domestiziert und Teil eines riskanten Turniers, eine langverheiratete Frau sprechen mag. »Er hielt mich mit seinen Blicken in Angst und Schrecken und mit den wilden Gefühlen, mit denen er mich ansah ... Nie zuvor sah ich seine verabscheuungswürdigen Augen blicken, wie sie blickten ... Und doch war sein Verhalten anständig, denn er ergriff zwei- oder dreimal meine Hand und sprach Worte der Zärtlichkeit durch seine geschlossenen Zähne.« Lovelace spricht von Clarissa als einer »schlechten Intrigantin«, und wir müssen die Genauigkeit dieser Beobachtung zugestehen, da sie das Netz sucht, vor dem sie flieht.

Wut und Eitelkeit sind Lovelaces Züge. Tugend, die Liebe zur Macht und Neugier sind die bezeichnenden Elemente von Clarissas Wesen. Richardson selbst versteht Grausamkeit in seiner eckigen, verdeckten Weise sehr gut. Es sind nur ein paar Schritte hinunter zu *Les Liaisons Dangereuses*. Die beiden Werke sind durch ihre sexuelle und gesellschaftliche Brutalität verbunden. Der Fleiß, der in *Clarissa* steckt, die unermüdliche, brillante Intelligenz Richardsons hinter all dem Geschehen gibt dem Roman seine unglaubliche Faszination. Aber die Kraft der Geschichte liegt im Sex. Nur an der Oberfläche ist es ein Spiel um Ehe und Familie. Clarissa wird unter Drogen gesetzt und vergewaltigt – das ist das Ende, eine Auflösung. Es mag ein Verbrechen sein, aber es ist nicht unbedingt ein Betrug ihrer Erwartungen.

Die Absicht, sie zu verführen, ist von der ersten Begegnung Lovelaces und Clarissas an evident. Anziehung, »Liebe«, auch darum geht es. Wenn Clarissa betrogen wird, dann in ihrer Absicht, ihn zu bessern, und in ihrer umständlichen Kraft zum Guten, die durch die Unterströmung der Faszination ganz entwertet wird. Clarissa spielt mit der Gefahr und besteht dann auf ihrer Sicherheit. Sie ist ein Mädchen der Mittelklasse, an die Liebe ihrer Familie gewöhnt, sicher genug, um aufzubegehren, wegzulaufen und doch die höhere Empfindsamkeit persönlicher Gefühle zu ihrem Richter zu machen. In dieser Hinsicht hat sie nichts von der Verletzlichkeit einer Tess, einer Hetty Sorrel oder Jane Eyre, die alle arm und allein sind. Schließlich lebt Clarissa in einem sozialen Wirbel von Korrespondenzen; sie begrüßt die Morgenpost, als wären die Briefe eine Reihe von Leibwachen. Sie antwortet hektisch und in großer Länge und ist dadurch das am wenigsten isolierte aller bedrohten Mädchen. Die Worte sind ihr Schutz. Ihre Aufschreie zum Himmel gehen mit der nächsten Post hinaus. Ihre Kräfte sind nicht vollkommen, aber sie reduzieren den unüberwindlichen Lovelace auf Vergewaltigung, die unwürdigste letzte Zuflucht. Sind sie Liebende oder Gegner? Sie haben einander wütend und neugierig geprüft, und der Vollzug heißt Tod.

Tess ist die am perfektesten ersonnene der modernen betrogenen Heldinnen. Bäuerlicher Stoizismus und eine natürliche Verfeinerung des Gefühls sind in ihr besonders rührend, da sie auf einer so harten Erde gewachsen sind. Es ist nicht Stolz, was sie aufrecht hält, was die Verzweiflung daran hindert, ihren Charakter zu zerfressen. Stolz würde auf enttäuschten Hoffnungen beruhen, was eigentlich erwartete Achtung und Rücksicht angeht, und es ist gerade das Fehlen solcher Erwartungen, was die leidende Heldin in der Romanform auszeichnet. Hester Prynne hat keinen Stolz; sie hat Ausdauer und intellektuelle Prinzipien. Maslowa in *Auferstehung* wird von der Welt der Unterdrückten, Angeklagten, Eingekerkerten und in ihren früheren Jahren vom Alkohol und traurigen Ausschweifungen gestützt. Es ist Teil des Zaubers von Tolstoi, daß sie eine betrunkene Prostituierte sein kann, ohne ihre wesentliche Qualität der stoischen, alles überlebenden Heldin zu verlieren.
Stolz ist die Art der tragischen griechischen Heldinnen – nicht die Antwort in der praktischeren, reduzierten Welt des Romans. Hier müssen die Frauen mit dem Betrug als einer Tatsache des Lebens zurechtkommen. Ihre Erfahrungen erschüttern die Begriffe und Versprechungen der romantischen Liebe in der tiefstmöglichen Art. Sentimentalität ist falsch und flach, und sich auf sie zu verlassen, ist das

Zeichen einer niedrigen Lebenssicht. Vertrauen wird nicht entgolten, weil es in den Dingen von Sex und Liebe für Menschen schwierig ist, sich daran zu halten. Das Leben kommt dem nicht entgegen.

Hardy erkannte die Notwendigkeit, Tess' Schönheit in plausiblen Qualitäten zu verwurzeln, die sie ohne Prätention aus ihrer Welt herausheben würden. Sie ist ein später Sproß der alten, edlen Linie der D'Urbervilles und stellt den verarmten und dürr gewordenen Zweig einer uralten Familie dar. (Es ist interessant, daß der Rest ihrer Familie, der auf komische Weise dem Tagträumen und der Energielosigkeit zuneigt, keine ihrer Qualitäten teilt, da die Blutlinie so dünn geworden ist.) Ihr Verführer, Alec D'Urberville, hat nicht den gleichen wahren Anspruch auf den Namen wie Tess, aber er ist reich, und natürlich sind alle seine Möglichkeiten, die Ansprüche und Makel seines Charakters, durch die innere und äußere Wirkung des Reichtums gewandelt.

Hardy gibt Tess auch einen Oberschulabschluß, um sie vor der gutmütigen Ignoranz der anderen Dorfmädchen zu retten. Aber sie ist ein Mädchen vom Land, wenn auch von außerordentlicher Natürlichkeit und Feinheit, und alles in ihr ist so ländlich und einfach und stark, wie eine reine Bauernkultur es nur hervorbringen kann. Die Qualitäten ihres Wesens, die Art, in der sie ein wenig abseits steht, sind notwendig, weil sie jeden nur denkbaren Schlag hinnehmen muß und als Heldin ihrer Katastrophen würdig sein muß – Sex, Liebe, Schwangerschaft, Verlassenheit, Armut, harte Arbeit, Unglück und schließlich Hinrichtung wegen Mordes.

Tess' Liebesaffäre mit Alec D'Urberville ist eine Art von Verführung, zumindest aus der Sicht des Mannes. Verführung ist sein Ziel, und er arbeitet mit Schmeichelei, Vorspiegelung und schließlich einer rüden, überwältigenden Insistenz, um sie zu vollziehen. Es ist nicht die gewöhnliche Verführung, denn Tess mag ihn nie wirklich. Sie ist nicht geblendet von Illusion und Hoffnung und gibt nur mit einem zögernden, stillschweigenden Einverständnis nach. Das Leben läßt sie nachgeben, nicht ihr Wesen oder ihre Seele. Sie ist in ihren eigenen Gefühlen viel zu realistisch, um den Absichten von Alec in irgendeiner Weise zu trauen.

Und doch geschieht es, daß die Nacht mit Alec D'Urberville Tess' Leben ruiniert, sie schließlich sogar das Leben kostet. Es ist der Beginn der schmerzlichsten, zerstörerischsten Folge von Verwirrung und Unheil. Nach der Verführung wird ein Kind geboren; sie nimmt die Verantwortung demütig auf sich. Das Kind stirbt, es scheint für sie keine große Bedeutung gehabt zu haben, vielleicht weil sie den Vater nicht liebte. Es ist nicht das Kind, das einen solch langen Schatten wirft, sondern die Affäre selbst, ihr Fall, ihr Einverständnis. Dadurch verliert sie den Mann, den sie wirklich liebt, Angel Clare.

Angel ist der Sohn eines Geistlichen, will aber selbst kein Akademiker werden. Er trifft Tess, als er auf dem Bauernhof in die Meierei kommt, um zu lernen. Sie verlieben sich ineinander, tief und wahrhaft. Sie heiraten. Eine unausgesprochene Kenntnis der menschlichen Natur läßt Tess über ihre frühere Affäre schweigen; dieses Zögern ist ein verschleiertes Eingeständnis von Angels Grenzen, sie weiß, wie prekär sein Bruch mit den Pietäten seiner Klasse ist. In der Hochzeitsnacht gesteht Angel selbst die Abenteuer seiner Jugend, und Tess beichtet im Geist der Gegenseitigkeit, des Vertrauens und in dem Wunsch, sich von dieser Bürde zu befreien, ihre eigene Affäre mit Alec. Angel ist entsetzt, er verläßt sie und geht nach Brasilien. Wie Dimmesdale kann er Lebenshaltungen nicht fundamental in Frage stellen. Daher ist jede Gefühllosigkeit möglich, und seine vernichtende Zurückweisung Tess' ist eine der grausamsten Handlungen in der Romanliteratur.

Die enge Brutalität dieser Haltung wird so bitter empfunden, weil Hardy sein ganzes Genie eingesetzt hat, um zu

schildern, wie groß ihre Liebe und das Wunder war, nach so vielen Falschheiten eine so große und reine Liebe zu finden. Die bewußte Zerstörung des Wunders dieser Liebe aus Rücksicht auf – was? Auf eine Eitelkeit, die auf dem kaum noch erkennbaren Nachzittern einer Konvention beruht.
Dimmesdales Religion und Angel Clares Doppelstandard sind beide ziemlich real, aber es ist nicht leicht, ihnen das gleiche Recht zuzugestehen. Die Religion war für Dimmesdale das ganze Leben, hier und im Jenseits, und seine letzte Handlung ist eine Predigt über den »Tag der Erwählung«. Was Angel angeht, so treiben ihn eine mürrische Eitelkeit und ein enges Stammesdenken dazu, Tess zu verlassen. Man merkt an diesem Punkt, daß er einen gewissen Hang zur Abstraktion hat; er hätte Tess nicht geheiratet, hätte er nicht ein allgemeines, formales Bild eines schönen, unschuldigen Mädchens vom Lande, das er allein entdeckt hat. Die Wahrheit seiner wirklichen Liebe zu ihr liegt darin, daß er fast so sehr wie sie unter der Trennung leidet, und doch kann er seine pedantische Entscheidung nicht zurücknehmen. Das Ende der Geschichte ist, daß Tess Alec D'Urberville tötet und dafür hingerichtet wird. Dies ist der letzte Akt des Dramas, das in der Nacht ihrer Verführung begann.
Hardy sieht Tess als eine schöne, warme Seele, die von den Hunden des Schicksals gehetzt und gestellt wird, in ihrem Fall die Bluthunde von Sex und Liebe, Alec D'Urberville und Angel Clare. Ihre Hinnahme, ihr Aushalten schmerzlichster Erfahrung sind von der heroischen Art; sie begegnet dem Leiden, ohne ihre Empfindungskraft zu verlieren. Sie wird von Verlust und Zurückweisung nicht überrascht und daher von ihnen auch nicht erniedrigt. In Tess' Leben hat jedes Unglück seinen Doppelgänger. Ihr Elend angesichts der Flucht von Angel Clare geht Hand in Hand mit einer wachsenden Armut und einer tödlichen Einsamkeit. Gegen Ende des Buches ist ihre Familie in der Tat dem Verhungern nahe, und nur deshalb läßt sie sich noch einmal auf D'Ur-

berville ein. Sie wird durch ihre Arbeit definiert. Die Kurve ihrer Existenz ist ebenso von der Arbeit bestimmt wie von der Liebe.

Tess' frühe Jahre auf der Farm sind idyllisch, und die Felder und Kühe sind für sie gleichbedeutend mit Jugend und Liebe. Am Ende lebt sie in der trübseligen Kleinstadt Flintcomb-Ash, arbeitet an einer Dreschmaschine, die tageweise ausgeliehen wird. Die Farm ist eine Fabrik geworden, und einige Literaturkritiker glauben, daß es in *Tess von den D'Urbervilles* um den Tod der englischen Bauernschaft gehe. Die Zerstörung von Tess' Liebe ist wie ein ewiger Winter, und die Szene ihrer schließlichen Verzweiflung ist von düsterer und öder Epik:

> ... seltsame Vögel von der anderen Seite des Nordpols begannen, in den Hügeln von Flintcomb-Ash einzutreffen; magere, gespenstische Gestalten mit tragischen Augen – Augen, die Szenen katastrophalen Schreckens in unzugänglichen polaren Regionen gesehen hatten, Gegenden von einer gewaltigen Größe, wie sie kein Mensch sich je vorstellte, mit Temperaturen, die das Blut gerinnen ließen und die kein Mensch aushalten konnte ...

Am Ende tötet Tess Alec D'Urberville, weil er ihr Leben ruiniert hat, selbst wenn ihr wahrer Ruin durch Angel Clare kam. Hardy empfindet großes Mitleid für Tess, und doch hat er aus ihr keine Lehre gemacht, sondern einen ganzen Menschen; sie ist aufgrund ihrer Natürlichkeit, die niemals unmöglich wird, eine der originellsten Frauengestalten in der Literatur. In seinem Untertitel »Eine reine Frau wahrheitsgetreu dargestellt« und in Kapitelüberschriften wie »Die Frau zahlt« bezieht er die gesellschaftlichen Kräfte, die auf sie wirken, ein. Nichtsdestoweniger ist sie ein Paradox von der Art, das sich unwillkürlich der Vorstellung von Romanautoren aufdrängt, wenn sie sich der Fabel von Sex und dessen destruktiver Wirkung auf Frauen gegenübersehen. Obwohl es wahr ist, daß die Unsterblichen ihr Spiel mit ihr treiben, und trotz der bösartigen Kräfte der Umstände hat sie in einer transzendent stoischen Weise gelitten, sie hat ihr erstes Kind und dann die Ablehnung durch Angel Clare als ein Muster gesellschaftlichen Schicksals hingenommen, das tief in das Tuch des Lebens eingewoben ist.

Die betrogene Heldin steht im Unterschied zur bloß betrogenen Frau nie unter der Illusion, daß Liebe oder Sex den Menschen irgendein Recht geben. Sie mag natürlich am Anfang solche Hoffnungen haben, und eine Romanze könnte sonst kaum beginnen; indessen trifft sie die Wahrheit, wenn die Zeit gekommen ist, schwer wie eine Vision oder eine Offenbarung. Empfindungen sind keine *Dinge*, und Personen können nie Besitz werden, Sachen des Eigentums. Die verzweifelte Seele weiß dies sofort, und nur ein trivialer Mensch tut so, als könne es anders sein. Wenn Liebe scheitert, scheint das Überleben des Geistes ganz auf Ausdauer, Unabhängigkeit, Toleranz und einsame Trauer angewiesen zu sein. Das sind gewaltig rührende Qualitäten, und wenn sie auftreten, überschattet die Heldin gewöhnlich den Mann, der Ursprung ihrer Qualen ist. Sie steht unter dem Diktat der Notwendigkeit, der Konsequenz, der natürlichen Ordnung, und sich diesem Diktat zu beugen, ist das Zeichen eines überlegenen Wesens. So zumindest scheint es im Roman zu sein, einer Form, die nie ganz der Gleichgültigkeit und dem Wüten des Lebens entspricht.

Die Männer glauben nicht wirklich an Konsequenzen für sich selbst. Konsequenz bedeutete für sie ein weltlicher Verlust und eine Verminderung, die sie nicht hinnehmen wollen. Sie wollen das Barmädchen oder die Bauerntochter oder die Unjungfräuliche nicht heiraten. Sie weigern sich, den Ehebruch einzugestehen, wenn ihr Erfolg oder ihre Geborgenheit davon abhängen. Sie wollen nicht mit den Fehlern der Jugend oder irgendeiner anderen Zeit leben, wenn ihnen das hinderlich ist. Sex ist eine vollzogene Handlung, kein seltsames, flüchtiges Zusammenkommen, das die

Zukunft beleiht. Vielleicht mußte aus diesem Grund die heroische Frau in der Romanliteratur geschaffen werden. »Ah, sie will nicht sprechen!« ruft Dimmesdale aus. Als sie Tess fortbringen, um sie zu hängen und unter einer schwarzen Fahne zu begraben, hat sie nichts zu sagen außer: »Ich bin bereit.« Maslowa wendet sich am Ende ihrer Geschichte dem Fürsten Nechljudow zu und sagt: »Verzeihen Sie mir.« Sex ist eine universelle Versuchung und Handlung, und eine große Amnestie muß ihn das Leben hindurch umgeben. Kaum jemand wird wünschen, daß Sex das Leben eines Mannes definieren, einschließen, einkerkern sollte. Die Gesellschaft hält andere Arbeiten für ihn bereit, Soldat zu sein, zum Beispiel – eine Gruppe, die sexuellen Konsequenzen gegenüber notorisch gleichgültig ist. Verpflichtung ist so oft unwirtschaftlich, teuer. Dennoch, der Bruch menschlicher Liebe bleibt irgendwo im Menschen aufbewahrt, und manchmal, unter Regenwolken, schmerzt er wie eine Amputation. Aber er ist nicht *wirklich* ernst. George Eliot sagt einmal, daß sie ihre Romane in dem Glauben schrieb, ein Same könne im Lauf der Zeit seine eigene Ernte hervorbringen. Wie pointiert ist diese Metapher, wenn man sie auf die Fabel des Verbotenen, die Fabel der Liebe, anwendet.
Nun ist die alte Fabel tot, der Vergessenheit verfallen. Man kann niemanden verführen, wenn die Unschuld kein Wert ist. Die Wissenschaft vernichtet die Konsequenz. Heroisch zu sein ist schmerzlich, und niemand stellt sich leicht unter dieses Diktat. Die Heldinnen in Henry James' Romanen, reich und in jeder Hinsicht von den Umständen verwöhnt, werden von Oberflächen, vom Anschein verführt und betrogen, irregeführt, weil das Leben unter bestimmten Regeln eine Sprache ist, zu der sie den Schlüssel nicht besitzen. Das Gefühl und die Sehnsucht bleiben, und daher ist das Unglück (wenn auch nicht die Tragödie) im emotionalen Leben immer vor uns – es wartet auf seine Gelegenheit. Der Stoizismus, der daraus erwuchs, die tyrannischen Forderun-

gen der Konsequenz zu bewältigen, hat immer noch einen gewissen Nutzen im Leben und in der Liebe; aber wenn wir moderne Romane lesen, erfahren wir, daß die Improvisation besser ist, ökonomischer, schneller, aussichtsreicher.

Sex kann nicht länger der Keim, der Samen des Romans sein. Sex ist eine Episode, am angemessensten in episodischer Manier dargestellt, hastig, oft ironisch. Er ist ein Ausbruch nur einer der Zellen des omnipotenten »Ich«, der Stimme, die durch die Konzentration auf Ton und Form die Laute der Realität hervorzubringen hofft. Die Folge der Ereignisse ist nicht mehr unerbittlich; Mutation ist das Mittel der Zukunft, und ihr Frohsinn dazu.

Am Ende von *Nana* vermischt sich der Tod der schönen, gequälten Kurtisane mit dem aufgeregten Beginn des Französisch-preußischen Krieges. »*À Berlin! à Berlin! à Berlin!*« hört man es draußen rufen. Im Sarg sind Leidenschaft und Sinnlichkeit durch die Pocken auf einen »blasigen Eiter«, eine »rötliche Kruste« reduziert. Es ist mehr als das. Es ist der Tod des Sex als eines tragischen, hohen Themas. Wie Zola sagt: »Venus verrottete.«

Anmerkungen

Die Brontës

Arnold, Matthew (1822–1888). Englischer Kritiker, Schriftsteller und Poet. Vor allem bekannt durch seine kritischen Essays zur Literatur.

Gaskell, Elizabeth (1810–1865). Englische Romanschriftstellerin und Freundin Charlotte Brontës. Mrs. Gaskell besuchte das Pastorat in Haworth und war mit der Familie gut bekannt. Ihre Biographie ist ein herausragendes Werk, aber spätere Literaturwissenschaftler haben einigen ihrer Deutungen und Faktenangaben widersprochen.

Wordsworth, William (1770–1850). Einer der großen englischen Lyriker. Verherrlichte die Landschaft des Seendistrikts, in dem er lebte. Er schrieb zusammen mit Coleridge die *Lyrischen Balladen.*

Southey, Robert (1774–1843). Englischer Lyriker. Wurde zum »poet laureate« ernannt.

Thackeray, William Makepeace (1811–63). Becky Sharp ist die Heldin seines Romans *Jahrmarkt der Eitelkeit.*

Wilberforce, William (1759–1833). Englischer Politiker, der sich stark für die sozial Schwachen einsetzte. Wandte sich entschieden gegen die Sklaverei.

More, Hannah (1745–1835). Englische Schriftstellerin, die sich vorwiegend religiösen Themen widmete.

Eliot, George. Pseudonym der Marian Evans (1819–1880). Eine der großen englischen Romanschriftstellerinnen. Verfasserin von *Adam Bede, Die Mühle am Floß* und *Silas Marner.*

Stephen, Leslie (1832–1904). Biograph (*George Eliot*) und Kritiker. Schrieb eine Geschichte des englischen Denkens im 18. Jahrhundert sowie Essays zur Geistesgeschichte und Philosophie. Vater von Virginia Woolf und Vanessa Bell.

Ein Puppenheim

Zitate aus *Nora oder Ein Puppenheim* nach der Übertragung von Richard Linder.

Koht, Halvdan: Henrik Ibsen, Biographie (in norwegischer Sprache) 1928/29. Erweiterte Fassung 1959.

Kott, Jan (geb. 1914). Polnischer Literaturwissenschaftler und Theaterkritiker. Schrieb *Die Schule der Klassiker* und *Shakespeare heute*.
Archer, William (1856–1924). Er war der wichtigste englischsprachige Übersetzer Ibsens.

Hedda Gabler

Zitate aus *Hedda Gabler* nach der Übertragung von Hans Egon Gerlach.
Brandes, Georg (1842–1927). Dänischer Literaturwissenschaftler und Kritiker. Schrieb u. a. *Hauptströmungen der Literatur des 19. Jahrhunderts*.

Rosmersholm

Zitate aus *Rosmersholm* nach der Übertragung von Hans Egon Gerlach.
Bradley, Andrew Cecil (1851–1935). Englischer Literaturkritiker, Professor of Poetry in Oxford. Schrieb mehrere Werke über Shakespeare.
Meyer, Michael: Ibsen, A Biography, New York, 1971. Auf diese Biographie stützen sich auch die allgemeinen Angaben zu Ibsens Leben im Text.
Sigmund Freuds Ausführungen zu Rosmersholm finden sich in »Einige Charaktertypen aus der psychoanalytischen Arbeit«, Studienausgabe, Bd. X, S. 244–251, Frankfurt a. M., 1969.
James, Henry (1843–1916). *Die Flügel der Taube* (1902), *Bildnis einer Dame* (1881).

Zelda

Milford, Nancy: Zelda: A Biography, New York, 1970. Die allgemeinen Angaben zu Zeldas Leben stützen sich auf diese Biographie.
Turnbull, Andrew, Biograph von Scott Fitzgerald.
Wilson, Edmund (1895–1972). Einer der einflußreichsten amerikanischen Literaturkritiker dieses Jahrhunderts. Schrieb u. a. *Axels Schloß* (1931) und *The Shores of Light: A Literary Chronicle of the Twenties and Thirties* (1952).
Peale Bishop, John (1892–1944). Amerikanischer Dichter. Freund von Fitzgerald, Pound und Hemingway.
Save Me the Waltz, Roman von Zelda Fitzgerald, New York, 1932.

Perkins, Max war einer der berühmtesten Lektoren der amerikanischen Verlagsgeschichte. Entdecker und Förderer von u. a. Hemingway und Scott Fitzgerald.

De Quincey, Thomas (1785–1859). Englischer Schriftsteller. S. a. das Kapitel über Dorothy Wordsworth.

Sylvia Plath

Alvarez, Alfred: Der grausame Gott, Eine Studie über den Selbstmord, Frankfurt, 1974. A. Alvarez ist ein bekannter englischer Kritiker, Romanschriftsteller und Journalist. Er wurde in den letzten Monaten Sylvia Plaths zu einem ihrer nächsten Freunde und veröffentlichte ihre späten Gedichte in der Londoner Zeitung *The Observer*. Er war einer der ersten, der den Wert und die Originalität von Plaths Arbeiten verstand.

Sexton, Anne (1928–1974). Amerikanische Lyrikerin.

Steiner, George (geb. 1929). Bekannter englischer Kultur- und Literaturkritiker.

Herbert, Edward (1583–1648). Englischer Philosoph und Politiker, der die Grundsätze einer auf Vernunft basierenden Religion entwickelte.

Moore, Marianne (1887–1972) und

Bishop, Elizabeth (1911–1979) waren zwei der berühmtesten amerikanischen Lyrikerinnen des 20. Jahrhunderts.

Bloomsbury und Virginia Woolf

Die Zitate aus den Werken Virginia Woolfs nach den Übertragungen von Herberth und Marlys Herlitschka.

Strachey, Lytton (1880–1932). Biograph und Literaturkritiker und Mitglied des Bloomsbury-Kreises. Sein populärstes und einflußreichstes Werk war *Eminent Victorians* (1918).

Carrington, Dora (1883–1932). Malerin und Mitglied des Bloomsbury-Kreises. Sie war eine enge Freundin Lytton Stracheys und beging aus Trauer um seinen Tod Selbstmord. Briefe und Auszüge aus ihren Tagebüchern wurden in dem Band *Carrington*, New York, 1970 veröffentlicht.

Forster, E. M. (1879–1970). Englischer Romanautor. *Maurice*, ein Roman, der 1913/14 geschrieben wurde und von einer homosexuellen Liebesaffäre erzählt, wurde 1971, nach Forsters Tod, veröffentlicht. Der bekannteste Roman ist *Die Reise nach Indien*.

Bell, Vanessa war die Schwester von Virginia Woolf, verheiratet mit dem Literaturkritiker Clive Bell. *Roger Fry* war ein bekannter Kunstkritiker. *Duncan Grant* war Maler und einer der Liebhaber von Vanessa Bell.

Bennett, Arnold (1867–1931). Englischer Romanschriftsteller und Kritiker. Schrieb realistische Romane aus der Welt des Kleinbürgertums. Am bekanntesten sind seine *Clayhanger*-Bände.

Dorothy Wordsworth

Allgemeine Angaben über Wordsworth beruhen auf Leslie Stephens Biographie.

Wordsworth, Dorothy (1771–1855). Schwester des großen Dichters *William Wordsworth* (1770–1850). Dorothy lebte mit ihrem Bruder und seiner Familie in Grasmere, im Seenbezirk von England. Die Tagebücher ihrer Wanderungen und ländlichen Ausflüge wurden nach ihrem Tod veröffentlicht.

De Quincey, Thomas (1785–1859). Er hielt sich längere Zeit in Grasmere auf und hinterließ unvergleichliche Porträts von Dorothy und William Wordsworth, Coleridge und Southey. (*Recollections of the Lakes and the Lakes Poets*, 1862).

Hazlitt, William (1778–1830). Englischer Kritiker und Schriftsteller, der vor allem durch seine Essays bekannt wurde.

Empson, William (1906–1983). Einflußreicher englischer Literaturkritiker und Lyriker.

Troyat, Henri: Tolstoi, Biographie, dt. 1966.

Jane Carlyle

Jane Carlyle (1801–66) war die Frau des Historikers und Biographen *Thomas Carlyle* (1795–1881). Jane Carlyle war berühmt für den Witz und die Eleganz ihres Stils und gilt heute als eine der besten Briefschreiberinnen der englischen Literatur. Der Text stützt sich auf *The Collected Letters of Jane and Thomas Carlyle*, 4 Bde, Durham N. C., 1970. Jane Carlyles Briefe wurden zuerst von ihrem Gatten im Jahre 1866 herausgegeben.

Mazzini, Giuseppe (1805–1872). Italienischer Politiker, der für die nationale Einigung und innere Erneuerung Italiens kämpfte.

Jewsbury, Geraldine Endsor (1812–1880). Englische Schriftstellerin.

Martineau, Harriet (1802–76). Englische Schriftstellerin. Ihre *Autobiography* erschien 1877.
Mill, John Stuart (1806–73). Englischer Philosoph und Ökonom.
Symonds, Julian: Carlyle, Biographie.
Froude, J. A. (1818–1894). Historiker und Jünger von Thomas Carlyle. Verfaßte eine Biographie Carlyles.

Verführung und Betrug

Blackmur, R. P. (1904–65). Amerikanischer Literaturkritiker. Das Zitat stammt aus *Eleven Essays in the European Novel*, New York, 1964.
Hutchinson, Anne (1600–1643). Amerikanische religiöse Enthusiastin, die sich gegen die puritanische Geistlichkeit stellte.
Die Frau von Bath Gestalt aus Chaucers *Canterbury Tales* (1400).
Hawthorne, Nathaniel (1804–1864). *Der scharlachrote Buchstabe* (1850) gilt als sein bedeutendstes Werk.
Eliot, George (1819–1880). *Adam Bede* wurde 1859 veröffentlicht.
Dreiser, Theodore (1871–1945). *An American Tragedy* erschien 1925.
Tolstoi, Lew (1828–1910). *Auferstehung* wurde 1899 veröffentlicht, *Die Kreutzersonate* 1890. Zitate aus *Auferstehung* nach der Übersetzung von Hermann Asemissen. Gesammelte Werke in zwanzig Bänden, Berlin 1969.
Richardson, Samuel (1689–1761). *Clarissa Harlowe* (1748) ist ein außergewöhnlicher Roman, eigentlich der Anfang der englischen Romanliteratur. Das Buch war in England und ganz Europa unglaublich populär. An der Oberfläche sentimental, ist es in seinen psychologischen Analysen und seiner bewußten oder unbewußten erotischen Sensibilität von enormer Kraft.
Hardy, Thomas (1840–1928). *Tess von den D'Urbervilles* (1891) ist Hardys Meisterwerk. Die ländliche Atmosphäre in ihrer Eindringlichkeit, der Klassenkonflikt, die psychologische Tiefe der Auseinandersetzungen und Lösungen machen *Tess* zu einem der großen englischen Romanwerke.
Zola, Emile (1840–1902). *Nana* erschien dt. 1881.

Anmerkung des Verlags:
Die amerikanische Ausgabe von *Verführung und Betrug* bei Random House in New York enthielt keine Anmerkungen. Die hier abgedruckten Anmerkungen wurden unter Mitwirkung von Elizabeth Hardwick für die deutsche Ausgabe zusammengestellt.
Wo eine Angabe des Übersetzers fehlt, sind die Originaltexte für dieses Buch neu ins Deutsche übertragen worden.